東洋畵家 愚軒 崔德寅

39×53cm

아호연구
—
雅號研究

저자 임삼업

- 전라남도 나주 출생
- 광주상업고등학교 졸업
- 공군 병장 전역
- 전주 영생대학교 1년 수료
- 광주지방국세청 산하 세무서 근무(1967~1999년)
- 현재 一等 작명사주연구소 운영

전화 (062)431-0996
팩스 (062)361-9119
휴대폰 019-807-7324
홈페이지 http//www.aplusname.biz

아호연구
_____

1판 1쇄 인쇄일 │ 2009년 1월 6일
1판 1쇄 발행일 │ 2009년 1월 16일

발행처 │ 삼한출판사
발행인 │ 김충호
지은이 │ 임삼업

신고년월일 │ 1975년 10월 18일
신고번호 │ 제305-1975-000001호

411-776 경기도 고양시 일산서구 일산동 1654번지
산들마을 304동 2001호

대표전화 (031) 921-0441
팩시밀리 (031) 925-2647

값 26,000원
ISBN 978-89-7460-126-3 03180

신비한 동양철학 · 87

아호연구

—

雅號研究

임삼업 편저

삼한

누구나 人間(인간)으로 태어나면 이름(姓名)을 갖게 되어 平生
(평생)동안 쓰는 것이 당연한 人間事(인간사)이다.

우리에게는 本名(본명) 외에도 兒名(아명), 字(자), 雅號(아호)등
사람이 점차 人格體(인격체)로 성장해 가면서 時期(시기)나 程度
(정도)에 따라 別稱(별칭)을 부르는 美德(미덕)이 있어 왔다.

특히 우아한 칭호라는 뜻의 雅號(아호)를 갖는 美風良俗(미풍
양속)은 두 가지 이상의 이름을 갖는 風俗(풍속 復名俗, 복명속)
과 상대방의 이름과 인격을 존경하고 恭敬(공경)하는 敬名思想
(경명사상) 때문에 弱冠(약관)의 나이 20세가 지나면 成人(성
인)의 이름 부르기를 피하는 풍속(實名敬避俗, 실명 경피속)에
서 나왔다고 한다.

우리 先祖(선조)들은 成人(성인)이 되어 冠禮(관례)때 받은 字
(자)로도 未洽(미흡)하여 號(雅號)를 사용하였으며, 이는 멀리
三國時代(삼국시대)부터 천수백년을 면면히 이어오고 있는 傳統
(전통)이다.

雅號(아호)는 이름있는 文學人(문학인) 書畵家(서화가), 政治人(정치인)이나 演藝人(연예인), 그리고 哲學者(철학자)들만의 專有物(전유물)은 아니다.

男女(남녀)를 不問(불문)하고 평범한 보통사람들도 號(아호의 준말)을 지어 누구나 허물없고 거리낌 없이 情(정)있게 부를 수 있도록 高尙(고상)하고 점잖으면서도 品位(품위)마저 있게 살아가는 지극히 쉬운 멋을 부려볼 필요가 있다.

雅號(아호)는 웃어른이나 스승(師父, 사부)이 지어 주거나 自號(자호)라 하여 當事者(당사자)인 본인이 스스로 지어(작호作號) 사용할 수 있다는 것이 特色(특색)이라고 할 수 있다.

더욱 本名(본명)이 흉명(凶名)임을 直間接的(직간접적)으로 알고서도 改名(개명)이라는 번거롭고 경제적인 어려움을 代身(대신)하여, 본명 이외의 稱號(칭호)로서 자신이 타고난 宿命(숙명)을 다소 人爲的(인위적)으로 良導(양도)하여 幸運(행운)이 찾아오게 하는 唯一(유일)한 手段(수단)으로, 개명에 따른 법적 절차가 필요 없다는 長點(장점) 때문에 이러한 아호의 사용이 전적으로 脚光(각광) 받고 있는 실정이다.

近來(근래)에는 생활의 여유와 정신문화의 향상으로 物質萬能(물질만능)의 裏面(이면)에 억눌린 정신적인 感情(감정)의 發露(발로)인 것 같이, 아호의 常用化(상용화)는 流行(유행)까지 되고 있는 趨勢(추세)이다.

옛날과 달리 人口(인구)가 폭발적으로 增加(증가)하다 보니, 同名異人(동명이인)이 너무나도 많은 世上(세상)이 되어 본명과는 別途(별도)인 號(호)를 가짐으로써, 個性(개성)이 다른 자신을 差別化(차별화)할 수 있는 戰略(전략)으로 그 중요성과 必要性(필요성)이 强調(강조)되고 있다.

유독 순 한글 이름의 경우에는 동명이인이 무척 많은데(한글이름 '보람'은 전국적으로 25,000명도 넘는다고 들었음), 하나뿐인 인격체로의 나 자신만의 固有名詞(고유명사)가 흔해 빠진 돌멩이처럼 굴러다니는데, 正常人(정상인)의 素養(소양)이라면 하나쯤 別號(별호)를 갖고 싶은 好奇心(호기심)이나 충동을 느끼고도 남을 일이다.

妻子(처자)있는 어른의 이름을 마구 부르고 상스러운 언어를 사용하는 것 보다, 동료 친지간 그리고 선후배 그 이상의 사람까지도 거리낌 없이 점잖고 친근하게 부를 수 있는 아호를 사용하는 것이, 인격 陶冶(도야)의 측면에서도 얼마나 보람있고 價値(가치)있는 일이겠는가?

弱冠(약관)의 나이 成年(성년) 20세에는 고등교육을 마치고 自立(자립)하여 생활 전선에 뛰어 들거나 대학 생활을 하는 때인데, 이 시기에 雅號(아호)를 갖는 것이 바람직한 일이다.

그런데 立志(입지) 30세, 不惑(불혹) 40세를 지나 지천명(知天命) 50세에 지위와 돈은 갖고 있으면서도 雅號가 없다면 좀 이상하지 않겠는가?

필자는 오래전부터 作名에 관해 공부하고 연구하는데 열중하였지만, 대부분의 작명책에는 雅號에 관해서는 전혀 言及(언급)하지 않았으며 간혹 擧論(거론)하였다 해도 단 몇 줄 정도의 뜻풀이에 불과하거나, 一般 作名方法(일반 작명방법)에 準(준)한다는 暗示(암시)만 풍기며 끝을 맺기 일쑤였다.

개중에는 몇 페이지를 割與(할여)하기도 하였으나 그마저 序說(서설) 식이여서 그 論據(논거)조차 찾아보기 힘들었으며, 先人(선인)들의 아호 일부만을 소개하는 정도일 뿐 그 내용이 많지도 않았다. 따라서 필자가 참고한 文獻(문헌)도 상대적으로 적었음을 솔직히 인정한다.

雅號(아호)에 관심이 있다 하더라도 그 資料(자료)를 구하지 못하는 現實(현실)임에 着眼(착안)하여 필자 나름대로 刻苦(각고) 끝에 集大成(집대성)하여 본서를 펴내기에 이른 것이다.

號(호)를 짓는 작호(作號)의 방법들을 紹介(소개)하였지만 그것이 대단하거나 크게 복잡한 事案(사안)은 결코 아니라고 斷言(단언)할 수 있다.

姓名(성명)의 撰定(찬정)도 마찬가지지만 附錄(부록)의 5178字에 달하는 人名用 漢字(인명용 한자)는 여러 가지로 쓰임새가 있을 것으로 믿으며, 작호(作號)나 감호(鑑號)하는데 크게 도움이 되기를 바라는 마음이다.

누구나 不惑(불혹)의 나이 40이 넘었다면 號(호)를 짓는 일(作號,작호)이 우선 되어야 할 것이다.

雅號(아호)를 너나없이 그리고 아무 거리낌도 없이 서로 불러 주는 社會(사회)에서 마음으로 배부른 滿足(만족)을 느끼고, 각자의 運勢(운세)도 좋은 쪽으로 이끌어 가자고 提案(제안)을 드린다.

더욱 지금처럼 刻薄(각박)하고 메마른 사회 情緖(정서)속에서 아호의 사용이야말로 物心兩面(물심양면)으로 豊饒(풍요)의 균형을 이루는 일이며, 진정으로 살맛나는 세상을 만들어가는 일이며 또한 우리 언어의 純化(순화)에도 크게 寄與(기여)할 것으로 기대하는 일이 되는 것이다.

본서의 出刊(출간)을 書畵(서화)로 축하의 뜻을 주신 愚軒(우헌) 崔悳寅(최덕인)님에게 고마운 마음을 전하며, 책을 펴는데 淨書(정서)의 수고를 해준 고진숙 여사님께 고마운 마음을 간직한다.

出版(출판)의 번거로움에도 흔쾌히 응해주신 삼한출판사 金冲鎬 사장님의 깊은 배려에 머리 숙여 감사를 드린다.

서기 2008년 9월 어느 날
木向堂에서
敬義齋 林三業 識

$$\boxed{\text{I}}$$

雅號(아호)란 무엇인가

1. 아호

號(호, 雅號아호)는 名(명, 이름)이나 字(자)외에 누구나 허물없이 부를 수 있도록 지은 칭호이다. 英語(영어)의 pen name과 비슷한 뜻을 가지고 있다.

인간이 肉體(육체)는 물론 精神的(정신적)으로 좀 더 나은 삶을 영위하고 싶은 慾望(욕망)을 항상 지니고 사는 원초적인 名分(명분)에 비추어, 그 사람의 品位(품위)와 人格(인격)을 구현하는 일종의 符號(부호)와 같은 의미를 內包(내포)하고 있는데, 특히 아호에는 高尙(고상)하고 무게가 있어야 함이 중요하다.

아호가 한 가지 物名(물명)에 屬(속)하는 정도라면 俗(속)된 느낌이 들어서, 진정한 아호의 깊은 맛을 풍길 수 없다고 보는 것이다.

이러한 號(호)는 雅號(아호)와 堂號(당호)로 나누어 볼 수 있다.

아호란 예술가등이 詩文(시문)이나 書畵(서화)등에 쓰는 본명 외의 우아한 號(호, 아호의 준말)란 뜻이며, 堂號(당호)는 본래

堂宇(당우)의 별칭이었지만 후에 주인을 나타내는 별칭이 되었다가 지금은 號, 雅號, 堂號등이 모두 같은 의미로 쓰이고 있는 실정이다.

號(호)는 본래 중국에서 亭子(정자), 별장, 住居(주거), 出生地(출생지)등에 연유해서 붙인 이름을 각자의 別名(별명)으로 하여 시문이나 서화등 作品(작품)의 署名(서명)에 많이 썼던 것인데, 송대(宋代)부터 그 사용이 보편화 되면서 호는 누구나 거리낌 없이 부를 수 있는 가장 널리 불려지는 칭호로 바뀐 것이다.

別號(별호) 宅號(택호), 諡號(시호) 불가의 法名(법명 僧名), 천주교의 洗禮名(세례명)도 광의의 號에 속한다. 宅號(택호)는 유명인사의 가옥 위치를 그 사람의 호로 부르는 것으로, 雲泥洞大監宅(운니동대감댁)이나 시골에서 어른들을 무슨 양반, 무슨 댁으로 부르는 것을 말하는데, 대개 시집온 마을 이름을 따서 그곳에서 시집온 여자, 그곳으로 장가든 남자라는 뜻이 된다.

그래서 성인남녀에게 댁호는 평생 바꿀 수 없는 명예가 됨과 동시에 구속도 되겠지만 가족과 이웃들은 가령, 서동댁 서동양반이 서동아주머니 서동아저씨 서동할머니 서동할아버지로 바뀌어 가면서 친근하게 불리어왔던 그리 머지않은 옛 시절, 그런 감각으로 이 시대에 걸맞은 댁호같은 아호의 사용이 요구된다 할 것이다.

하여간 號의 사용이 일반화 되면서부터 成人(성인)의 이름은 君師父(군사부) 외에는 부를 수 없을 정도로 존귀하게 여겨(敬名

思想 경명사상), 避諱(피휘)하는 實名 敬避俗(실명 경피속)의 하나로 字(자)와 함께 실제의 이름을 공경하여 부르기를 꺼려 한데서 나왔다고 한다. 호는 학문이나 도덕 혹은 예술에서 一家를 이뤄 남을 가르칠만한 자리에 이른 사람만이 가지는 명예이며 대개는 스승이 지어주거나 가까운 친구가 지어주기도 하고 때로는 스스로 짓기도 한다.

그리고 호를 가진 사람에게는 선생이라는 극존칭을 붙이기도 하는데 의례적으로 그리해온 것 같다.(圃隱선생, 栗谷선생 등)

요즘에는 미술은 물론 음악, 연극, 영화 등 예술 분야에 종사하는 연예인들의 본명과 姓(성)조차 다르거나, 이름뿐인 藝名(예명)을 세련되고 현대적인 감각이나 영어의 발음을 한글 표기식으로 이름을 지어 쓰고들 있다. 이 또한 號라 아니할 수 없을 것이다.

이와 마찬가지로 字(자) 역시 平交(평교) 이하는 부를 수 없게 되었으므로 아호의 사용이 더욱 널리 성행하고 있다. 그래서 後世(후세) 사람들이 先人(선인)들의 名이나 字보다는 號를 더 잘 알게 된 연유가 된 것 같다.

사람이 호를 얻게 되면 그 이상의 영예가 없다할 수 있으므로 이웃이나 제자들은 모두 호를 부를 뿐 字나 이름을 부르지 않게 되는 것이다.

▌예▌

李栗谷(이율곡) 李珥(이이)

丁茶山(정다산) 丁若鏞(정약용)

그리고 筆名(필명, 문학 작품 등의 글을 쓸 때 사용하는 집필 <저술>가의 이름)에 姓氏(성씨)를 넣어 表記(표기)한 예도 많다.

┃예┃

金素月(김소월) 朴木月(박목월) 朴花城(박화성) 김삿갓

號가 없는 사람은 시호나 관직명을 붙였으며 (李忠武公 이충무공, 黃政丞 황정승, 李博士 이박사 등) 그도 없으면 先生(선생)이라는 칭호를 붙여서 불러왔다.

이를 통해 보더라도 우리의 옛 선인들이 이름을 얼마나 소중하게 여겼는가를 알 수 있다.

號는 본인도 자신의 名이나 字대신 사용하였으며, 타인들이 名, 字 대신 불러주는 것이 일반적인 通例(통례)이다. 그러나 타인이 호를 부를 때는 상대를 존경하는 뜻에서 稱號(칭호)하여야 할 것이다.

字(자)는 成人(성인)이 되면 부모나 집안 어른이 지어주는 것이 보통이나, 號는 웃어른 또는 스승(師父 사부)이 지어주거나 自號(자호)라 하여 스스로 지어 사용할 수 있다는 것이 특색이라고 볼 수 있다.

本名(본명, 이름)에는 先代(선대)의 銜字(함자)를 절대 사용하지 않는 것이 不文律(불문율)이듯이, 先人(선인)이나 先輩(선배)가 사용했던 雅號는 예의상 쓰지 않는 것이 원칙이다.

近來(근래)에는 본명이 凶名(흉명)임에도 改名(개명)의 곤란한 점이나 노령 등으로, 본명 이외의 칭호로써 자신의 운명을 인위

적으로 良導(양도)하는 수단으로, 개명과 같은 법적 절차가 필요 없다는 장점 때문에 아호의 사용이 전적으로 통용되고 있는 실정이며 더불어 유행까지 되고 있는 추세이다.

본명은 본명대로 사용하고 별도로 雅號를 사용하는 경우가 되니 姓名運(성명운) 10중 아호는 5,6의 比例(비례)로 운세가 변화 발전된다고 하고 있다.
다른 견해는 本名(본명)이 6~70%, 아호는 3~40%의 比重(비중)이라고도 하나, 이는 先天受記(선천수기)인 先天名(선천명 四柱 사주)의 好不好(호불호)와 格(격)의 호불호 그리고 아호의 호불호에도 달려 있다 하겠다.

아호의 사용 시기가 선천명이 지배적인 영향을 끼치는 청년기를 지나 姓名의 영향력이 漸增(점증)하는 40세 이후의 壯年期(장년기), 다시 말하면 출세하여 公人(공인)이 되는 등 시기적인 측면도 참작하여 그 비율이 정해질 수 있다고 보는 것이다. 그리고 人生 80이라면 雅號는 4~50년 정도 사용하는 셈이 된다.

우선 雅號에 많이 쓰는 글자를 적어 보자면,
岡 江 (강) 耕 (경) 溪 (계) 光(광) 谷(곡) 南(남) 堂(당)
蘭(란) 峰(봉) 山(산) 石(석) 雪(설) 庵 菴 岩 巖(암) 雲(운)
圓 元 苑(원) 月(월) 齋(재) 田(전) 亭 貞(정) 竹(죽) 中(중)
川 泉(천) 村(촌) 坡 波(파) 軒(헌) 湖(호)등이다.

※ 子(자)는 孔孟(공맹)같은 성인이 아니면 안쓴다고 하던데 일제시대에는 여자 이름에 특히 많이 썼으니, 그 후유증으로 八

字(팔자) 사나운 여자가 많았다는 우스개 이야기도 있다.

또 同門(동문). 同志(동지) 道伴(도반)을 나타내며 결속을 다짐하면서, 道(도)를 같이 指向(지향)함을 暗示(암시)하는 예도 있다.

▎예▎

海月(해월) 崔時亨(최시형) : 東學 敎祖(동학 교조)

庵(암)字

也山(야산) 李達(이달) : 近世(근세) 周易大家(주역대가)

山, 岡, 峰字

※ 필자도 也山 門下의 眞山 文明洙(진산 문명수) 선생의 弟子(제자)로서 管山(관산)을 賜號(사호, 임금이 내려준 號라는 뜻도 있으나 師號<사호>의 뜻으로 씀)로 소중하게 받아쓰고 있다. 여기에 1998년 5월에 마니산 참성단에서 告天(고천)한 필자(林炅桓 임경환)의 雅號 '管山 관산'에 대하여 恩師(은사) 眞山(진산)이 내려준 號文(호문)을 적는다.

桓 公 之 炅 春 秋 新 (환공지경 춘추신)
환공(춘추시대 齊나라 15대 임금)의 빛남이 춘추로 새로움은

富 國 強 兵 管 仲 申 (부국강병 관중신)
나라가 부흥하고 군사가 강하게 함을 관중(제나라의 명상)이 폄일세

鳴 鶴 在 陰 其 子 和 (명학 재음 기자화)
우는 학(周易 中孚卦 九二, 繫辭上8章)이 그늘에 있거늘 그 아들이 화답하고

聖 君 言 出 加 乎 民 (성군 언출 가호민)
성군(繫辭上8章)이 말을 내어(명령하여) 백성을 가호하네

※ 繫辭(계사)上 8章 2節

鳴鶴이 在陰이어늘 其子ㅣ和之로다 我有好爵하야 吾與爾靡之라 하니
子曰 君子ㅣ居其室하야 出其言에 善이면 則千里之外ㅣ應之하나니 況
其邇者乎여 居其室하야 出其言에 不善이면 則千里之外ㅣ違之하나니
況其邇者乎여 言出乎身하야 加乎民하며 行發乎邇하야 見乎遠하나니
言行은 君子之樞機니 樞機之發이 榮辱之主也ㅣ라 言行은 君子之
所以動天地也ㅣ니 可不愼乎아

【字義】鳴:울명. 爵:벼슬작. 和:화할화. 爾:너이. 愼:삼가할신. 見:
나타날현. 靡:얽을미,함께할미. 邇:가까울이. 樞:문지도리추. 機:기
틀기. 樞機:문설주에 지도리로서 중추적인 역할을 하는 곳. 辱:욕
될욕. 室:방실. 榮:영화영. 孚:믿을부. 敷:펼부. 衍:펼연,흐를연. 經:
경영할경. 綸:경륜할륜. 脈:맥맥,맥박맥. 境:지경경. 靈:신령령. 違:
어길위

【해설】 우는 학이 그늘에 있거늘(보이지 아니한다는 뜻) 그 아들
이 화답하도다. 내게 좋은 벼슬이 있어서 내가 너와 더불어 얽히
고자 하니, 공자 말씀하시되 군자가 그 방에 거해서 그 말을 냄에
착하면 곧 천리의 밖에서 응하나니 하물며 그 가까운데랴. 그 방
에 거해서 그 말을 냄에 착하지 아니하면 곧 천리의 밖에서 어기
나니 하물며 그 가까운데랴. 말이 몸에서 나와서 백성에게 더하여
지며 행실이 가까운데서 발해서 먼데까지 나타나나니, 언행은 군
자의 추기(지도리와 기틀)니 추기의 발함이 영욕의 주가 된다. 언
행은 군자가 써 천지를 움직이는 바니 가히 삼가하지 아니하랴.

이 문장은 風澤中孚卦(풍택중부괘☰☱) 九二爻에 대한 敷衍(부
연) 說明(설명)으로 언행의 중요함을 말하였다.

2. 雅號(아호)의 由來(유래)

號의 起源(기원)에 대한 명확한 기록은 없는 것 같다.

다만 신라 말기의 고승 元曉(원효 617~686)는 小性居士(소성거사), 아들 대학자인 薛聰(설총)은 氷月當(빙월당)이라는 號를 남겼으며, 그 뒤의 碩學(석학) 崔致遠(최치원)의 字가 孤雲이였음에 비추어, 불교 문화가 暢達(창달)한 시기로 號 역시 字와 함께 사용되었으리라 생각한다.

우리나라 최초로 號作法(호작법)에 대하여 記述(기술)한 사람은 고려 중엽에 白雲去士(백운거사, 三酷好先生 삼혹호선생) 李奎報(이규보)이다.

그는 東國李相國集(동국이상국집)에서 옛날 사람들은 號로써 이름을 대신한 사람이 많았다고 하고, 號를 지을 때 ① 거처하는 곳을 따서 호를 삼는 사람이 있고 ②소유한 재물로 호를 삼는 이와 ③ 혹은 자기가 얻고 깨달은 실체를 호로 하는 것 등이 있다고 하였다.

적어도 800년 전에 '號로서 이름을 대신하는 사람이 많았다'고 말할 정도였으니 식자층에서는 그 사용이 보편화 되었음과, 우리의 선인들은 삶을 여유롭고 정신적으로 牧歌的(목가적)인 생활을 영유하였음도 엿볼 수 있다.

이를 土臺(토대)로 作號對象(작호대상)을 素材別(소재별)로 다음과 같이 分類(분류)한다.

3. 아호의 分類(분류)

1) 形而上的(형이상적) 意志(의지)의 號

당사자의 理性(이성)이나 人生觀(인생관)을 나타내는 정신적이며 관념적인 號로써 극히 抽象性(추상성)을 지니고 있다.

▎예1▎
海公(해공) 申翼熙(신익희) → 독립운동가,
                              정치가, 대통령 후보
海者心也 公者我也(해자심야 공자아야) : 바다는 마음을 뜻하고 공이라는 것은 나라는 것을 뜻한다는 옛글을 引用(인용)한 것으로 '마음과 나' 즉 '마음의 주인이 나' 라는 것이다.

▎예2▎
无涯(무애) 梁柱東(양주동) → 시인, 문필가
出典(출전)은 莊子(장자)의 養生主(양생주) 첫머리에서 인용 그는 '가 없는것을 좋아한다' 하였으며 같은 音(음)으로 無哀, 無愛(무애) 라 쓸 수 있는데, 모두 憧憬(동경)하는 삶의 理想(이상)이라 하였다.

▎예3▎
憑虛(빙허) 玄鎭健(현진건) → 소설가, 언론인
자기가 좋아하는 蘇東坡(소동파)의 赤壁賦(적벽부)에서 본 땄다 한다. 철학적인 의미를 지닌 自號(자호)이며 그 뜻은 蒼空(창공)을 뜻한다 하였다.

그 외 先人(선인)들의 雅號(아호)를 적는다.

無極(무극) 一 然(일 연) 1206~1289 → 고려후기의 고승
古佛(고불) 孟思誠(맹사성) 1359~1438 → 조선초기의 명신
太古(태고) 普 愚(보 우) 1301~1382 → 고려말의 승려
尤史(우사) 金奎植(김규식) 1877~1952 → 독립운동가,정치가
春史(춘사) 羅雲奎(나운규) 1904~1937 → 영화인
空超(공초) 吳相淳(오상순) 1894~1963 → 근대 시인
草夢(초몽) 南宮璧(남궁벽) 1895~1922 → 신문학 시인
餘心(여심) 朱耀燮(주요섭) 1902~1972 → 작가, 교육자

2) 形而下的(형이하적) 自然(자연)의 號

지구상의 자연물이나 宇宙(우주)의 물건을 소재로 하여 지은 號를 말함인데, 주로 당사자와 연고가 있는 지역이나 地名(지명), 자기가 좋아하는 산과 들 언덕과 바위돌 등의 無生物(무생물)과 달과 구름, 가옥과 초목 등을 소재로 하였다.

옛날부터 자기의 호를 擬自然化(의자연화)하여 인생관이나 의지를 표현하고 은연중 自矜心(자긍심)을 가지고 자신의 생활을 즐겼음도 알 수 있다.

이를 다시 편의상 일곱 가지로 분류하여 설명을 곁들인다.

① 地名(지명)의 號

■ 栗谷(율곡) 李珥(이이) 1536~1584
조선중기의 대학자
관직을 그만 두고 낙향하여 경기도 坡州(파주) 栗谷村(율곡촌)에서 후학을 양성하였다.

- 花潭(화담) 徐敬德(서경덕) 1489~1546

  조선중기의 학자

  지금의 이북땅 개성의 花潭(화담)에서 살았다.

- 樹州(수주) 卞榮魯(변영로) 1897~1961

  신문학 시인

  경기도 부천군의 신라시대 지명이 樹州(수주)이다

- 巴人(파인) 金東煥(김동환) 1901~1950

  서사시인, 기자

  중국의 詩聖(시성) 李太白(이태백)이 자랐던 중국의 파촉땅
  을 동경하여 지었다고 한다.

그 외 지명 田園(전원)의 號를 적는다.

陽村(양촌) 權　近 (권 근) 1352~1409 → 조선초기학자 명신

耐村(내촌) 姜弘立(강홍립) 1560~1627 → 조선중기의 장군

梧里(오리) 李元翼(이원익) 1547~1634 → 조선중기의 대신

檀圓(단원) 金弘道(김홍도) 1760~미상 → 조선후기의 화가

春圓(춘원) 李光洙(이광수) 1892~미상 → 소설가, 평론가

青田(청전) 李象範(이상범) 1897~1972 → 근대 한국화가

② 堂 齋 軒(당 재 헌)의 號

가옥이나 가옥 일부 건물의 명칭이었으나 후세에 오면서는 그러한 건물을 갖지 않고서도, 이상이나 추상적으로 堂齋(당재)의 號를 갖는 것이 보편화 되었다.

號譜(호보)에 의하면 선인들이 사용한 주거의 명칭은 齋(재) 堂(당) 庵(암) 軒(헌) 亭(정)의 順(순)으로 많았다. 그 외 窩

(와) 樓(루) 閣(각) 室(실) 屋(옥) 庄(장) 宇(우) 館(관) 巢(소) 등도 보인다.

※ 여자로서 당호를 얻은 사람도 더러 있다.

　(申師任堂, 許蘭雪軒)

▌예1▐

不憂軒(불우헌) 丁克仁(정극인) 1401~1481 → 조선세종 때 학자

그 吟(음)에서 "푸른산엔 흰구름 얹혀 있고,

목마르면 물마시고 한가로움 속이 멋이여

밝은 달 맑은 바람과 더불어 살리라" 하였다.

▌예2▐

芸齋(운재) 尹濟述(윤제술) 1904~1986 → 정치인 서예가

芸(운)은 향기나는 풀로 책갈피에 넣으면 좀을 막는 나프탈린 대용이다.

"별로 두드러지지 않고 모양있는 풀도 아니면서 좀을 막을 수 있는 그런 풀이 되고프다"고 하였다.

선생은 藝(예)의 약자와 비슷해서 "예"로 부르는 것이 질색이었다고 한다.

누구나 漢字(한자) 이름을 잘못 읽고 다른 발음으로 말하면, 그 사람의 無識(무식)을 탓하면서도 마음이 더없이 언짢아진다. 가뜩이나 예민한 세상인데 조심해야 할 일이다.

불우헌이나 운재는 두 사람 다 건국 초기 격동기에 욕심없이 80 장수한 선비로 유사한 점이 많은데, 不憂軒(불우헌)에는 집

헌(軒)의 뜻이 은연중에 풍기는 반면 芸齋(운재)는 집 재(齋)의 의미는 아무런 실사성을 찾아보기 어렵다.

현재 堂(당) 齋(재) 軒(헌)등의 號를 가진 대부분의 경우 "집"의 의미는 象徵性(상징성)만을 지니고 있다고 보아야 한다.

그 외 堂 齋 軒 菴(당 재 헌 암)의 號를 적는다.

梅竹軒(매죽헌) 成三問(성삼문) 1418~1456 → 사육신, 학자
學易齋(학역재) 鄭麟趾(정인지) 1396~1478 → 조선초기의 학자
春 亭(춘 정) 卞季良(변계량) 1369~1430 → 조선초기의 문신
希樂堂(희락당) 金安老(김안로) 1471~1531 → 조선중종때의 권신
阮 堂(완 당) 金正喜(김정희) 1786~1856 → 금석학자,서도가
以 堂(이 당) 金殷鎬(김은호) 1892~1979 → 근대채색화의대가
韋 庵(위 암) 張志淵(장지연) 1864~1921 → 구한말의 언론인
梅 軒(매 헌) 尹奉吉(윤봉길) 1908~1932 → 의사, 독립운동가.

③ 山 巖(산암)의 號

山(산) 峰(봉) 谷(곡) 岡(강) 嶽(악)등의 산과 峴(현) 嶺(령) 厓(애) 坡(파) 丘(구) 陵(능) 堤(제) 陸(육)등의 고개나 언덕과 巖(암) 石(석)등의 암석을 뜻하는 文字(글자)를 써왔다.
※ 조선시대 선비들은 자연에 대한 회귀를 담고 있는 山 溪 隱字 등을 즐겨 사용하였다 한다.

그 例(예)를 들어 적는다.
孤 山(고산) 尹善道(윤선도) 1587~1671 → 조선중기의 시조작가
西 山(서산) 休 靜(휴 정) 1520~1604 → 조선 선조때의 고승

茶 山(다산) 丁若鏞(정약용) 1762~1836 → 조선말기의 대학자

雪 山(설산) 張德秀(장덕수) 1896~1947 → 한말의 정치가

芝 峯(지봉) 李睟光(이수광) 1563~1628 → 조선중기의 명신

白 巖(백암) 朴殷植(박은식) 1859~1926 → 독립운동가

石 坡(석파) 李昰應(이하응) 1820~1898 → 흥선대원군

④ 江 海 蓮(강 해 연)의 號

바다를 뜻하는 海(해), 강을 뜻하는 江(강) 河(하), 연못이나 호수를 뜻하는 湖(호) 蓮(연) 潭(담) 塘(당) 沼(소) 地(지) 澤(택) 물가의 浦(포) 洲(주) 汀(정) 津(진) 등과 시내의 川(천) 溪(계), 물결의 潮(조) 浪(랑) 波(파)등을 號(호)에 사용하였다.

그 例(예)를 들어 적는다.

秋 江(추강) 南孝溫(남효온) 1454~1492 → 생육신

白 湖(백호) 林 悌(임 제) 1486~1857 → 조선의 문장가

海 月(해월) 崔時亨(최시형) 1829~1898 → 종교가 동학교주

西 浦(서포) 金萬重(김만중) 1637~1692 → 조선 숙종때의문학자

丹 溪(단계) 河緯地(하위지) 1387~1456 → 사육신

退 溪(퇴계) 李 滉(이 황) 1501~1570 → 조선중기의 대학자

月 灘(월탄) 朴鍾化(박종화) 1901~1981 → 시인 소설가

⑤ 雲 日 月 星(운 일 월 성)의 號

天(천) 日(일) 月(월) 星(성) 陰陽(음양) 東西南北(동서남북) 上下(상하) 氣候(기후) 雨雲(우운) 등 천지 공간의 물체나 현상

을 號의 소재로 사용하였다.

　그 例(예)를 들어 적는다.

守 天(수천) 鄭光弼(정광필) 1462~1538 → 조선 중종때의 정치가 정승

梧 陰(오음) 尹斗壽(윤두수) 1533~1601 → 조선 선조때의 문신

漢 陰(한음) 李德馨(이덕형) 1561~1613 → 조선중기의 충신

夢 陽(몽양) 呂運亨(여운형) 1885~1947 → 정치가. 사상가

月 南(월남) 李商在(이상재) 1850~1927 → 정치가 · 민권운동가,종교인

月 城(월성) 崔 北(최 북) 1712~1786 → 조선 영조때의 화가

又 月(우월) 金活蘭(김활란) 1899~1970 → 여성교육자

素 月(소월) 金涎湜(김정식) 1902~1934 → 신문학 시인

木 月(목월) 朴泳鍾(박영종) 1916~1976 → 문인. 소설가

古 下(고하) 宋鎭禹(송진우) 1894~1945 → 독립운동가. 정치가

⑥ 草 木 禽 獸(초 목 금 수)의 號

　松(송) 竹(죽) 桂(계) 梅(매) 菊(국) 蓮(련) 花(화) 林(림) 草
(초)등 초목과 관련된 나무나 꽃, 鳳(봉) 鶴(학) 馬(마) 鹿(록)
鵝(아)등 상서로운 동물의 이름을 號에 사용하였다.

　그 例(예)를 들어 적는다.

一 松(일송) 金東三 (김동삼) 1878~1937 → 독립운동가

中 樹(중수) 朴正熙 (박정희) 1917~1979 → 제5 · 6 · 7 · 8 · 9대 대통령

菊 初(국초) 李人稙 (이인직) 1862~1916 → 신소설 작가, 언론인

靑 馬(청마) 柳致環 (유치환) 1908~1967 → 시인 · 교육자

鷺 山(노산) 李殷相 (이은상) 1903~1982 → 시조시인 · 사학자

⑦ 人 民 居士(인 민 거사)등 기타의 號

人(인)　民(민)　居士(거사)　隱(은)　翁(옹)　子(자)　處士(처사)
散人(산인)　史(사)　客(객)　山人(산인)등 사람을 지칭하는 글자
등을 쓰기도 하였다.

그 例(예)를 들어 적는다.

牧　隱(목　　은) 李 穡 (이 색) 1328~1396 → 고려말 문신. 성리학자

圃　隱(포　　은) 鄭夢周 (정몽주) 1337~1392 → 고려말 학자 · 정치가 · 충신

冶　隱(야　　은) 吉 再 (길 재) 1353~1419 → 고려말 조선초의 학자

巽　翁(손　　옹) 周世鵬 (주세붕) 1495~1554 → 조선 중종때의 문신 ·
　　　　　　　　　　　　　　　　　　　　　　성리학자. 서원창시

佐　翁(좌　　옹) 尹致昊 (윤치호) 1864~1946 → 구한말의 정치가 · 계몽운동가

三憂居士(삼우거사) 文益漸 (문익점) 1325~1398 → 고려말의 학자

古 山 子(고 산 자) 金正浩 (김정호) 미상 ~1864 → 조선 후기의 지리학자

雅　人(아　　인) 金來成 (김래성) 1909~1957 → 신문학. 작가

定齋散人(정재산인) 朴泰輔 (박태보) 1654~1689 → 조선 중종때의 문신

汝　諧(여　　해) 李舜臣 (이순신) 1545~1598 → 조선선조때 수군명장, 충무공

神 眼 生(신 안 생) 李海朝 (이해조) 1869~1927 → 신소설 작가

⑧ 한글 號

한힌샘 周時經(주시경) 1876~1914 → 학자 · 국어운동가 · 교육자

늘　봄 田榮澤(전영택) 1891~1968 → 소설가 · 목사

한　결 金允經(김윤경) 1894~1969 → 국어학자 · 교육자

외　배 李光洙(이광수) 1892~1950 → 소설가 · 문학평론가 · 사상가. 언론인

한 솔 李孝祥(이효상) 1906~1989 → 정치가. 시인

가 람 李秉岐(이병기) 1891~1968 → 시조시인·국문학자

저절로 禹昇圭(우승규) 1903~1985 → 언론인·작가

⑨ 이름과 類似(유사)한 號

夕 汀(석정) 辛錫正(신석정) 1907~1974 → 신문학 시인

尙 火(상화) 李相和(이상화) 1900~1943 → 문인. 백조창간

想 白(상백) 李相佰(이상백) 1904~1966 → 사회학자·체육인

想 渉(상섭) 廉尙燮(염상섭) 1897~1963 → 신문학 소설가

冬 州(동주) 李東柱(이동주) 1920~1979 → 시인 실명소설가

琴 童(금동) 金東仁(김동인) 1900~1951 → 신문학 소설가

⑩ 1人의 多號(다호)

사람이 일생동안 살아가면서 人生觀(인생관)의 변화나 연령이나, 예술작품의 변혁 등을 계기로 다시 號를 지어 사용함에 따라 여러 개의 雅號가 존재하는 경우 또한 있다.

그러나 여러 개의 號를 가진 사람은 흔치 않으며 그것을 공연히 부러워할 필요는 없다. 다만 號에 대한 관심도 많은 사람이 古典(고전)에 심취하여 학문적으로 발전하거나, 書畵(서화)등 예술품의 格(격)을 염두에 두고 다른 의미를 含蓄(함축)한 호를 지을 수 있다고 본다.

필자는 匹夫(필부)에 지나지 않지만 여러 번 號(호)를 가졌으며, 3字號는 경로우대 대상이 되는 지금부터 쓰려고 漢學者(한학

자)에게 부탁하여 얻은 것이다. 紹古子(소고자)는 더 나이 들어
쓰려고 준비하고 있는 호이다.

苦突(고돌), 乙田(을전), 向木(향목) 管山(관산)-2字號
敬義齋(경의재)-3字號

先人(선인)의 例(예)를 적는다.
■ 金正喜(김정희) 1786~1856 → 금석학자 서도가
　 秋史(추사), 阮堂(완당), 梅花舊主(매화구주), 老融(노융)
　 果坡(과파), 時庵(시암), 騎虎老人(기호노인), 覃硏齋(담연재)

■ 林悌(임제) 1786~1857 → 조선 문장가
　 白湖(백호), 楓江(풍강), 嘯癡(소치), 謙齋(겸재)

■ 李圭報(이규보) 1168~1241 → 고려 문장가
　 三酷好先生(삼혹호선생), 白雲居士(백운거사), 止止軒(지지헌)
　 四可齋(사가재), 自娛堂(자오당), 南軒丈老(남헌장노)

■ 金時習(김시습) 1435~1493 → 생육신 학자
　 梅月堂(매월당), 淸寒子(청한자), 雪岑(설잠), 東峰(동봉)
　 碧山淸隱(벽산청은)

■ 許鈞(허균) 1501~1570 → 조선중기의문신, 문장가
　 喬山. 蛟山(교산), 惺所(성소), 鶴山(학산)

■ 李滉(이황) 1501~1570 → 조선 대학자
　 芝山(지산), 退溪(퇴계), 陶山老人(도산노인), 淸浪山人(청랑산인)

■李 珥(이이) 1536~1584 → 조선 대학자
栗谷(율곡), 石潭(석담), 愚齋(우재)

■丁若鏞(정약용) 1762~1836 → 조선의 문신 학자 저술가
三眉(삼미), 茶山(다산), 俟菴(사암), 託翁(탁옹), 與猶堂(여유
당) 明巖逸人(명암일인), 鐵馬山樵(철마산초), 三眉子(삼미자)

■南孝溫(남효온) 1454~1492 → 생육신
秋江(추강), 杏雨(행우), 最樂堂(최락당)

■李光洙(이광수) 1892~납북 → 소설가 평론가
春園(춘원), 長白山人(장백산인), 孤舟(고주)
외배, 올보리. 외돗, 노아자, Y生등 15개나 된다고 함.

■崔南善(최남선) 1890~1957 → 사학자 작가 신문화 운동가
六堂(육당), · 六堂學人(육당학인), 公六(공육), 公六子(공육
자) 覺泉(각천), 大夢生(대몽생), 引慶度人(인경도인), 白雲
香徒(백운향도), 한샘 등 18개나 된다고 함.

■許百練(허백련) 1891~1977 → 근세 동양화 대가
毅齋(의재), 毅齋散人(의재산인), 毅道人(의도인), 毅翁(의옹)

※참고로 이 地方(광주지방) 書畵家(서화가)들의 雅號(아호)를 적는다.

沃山(옥산)	金玉珍(김옥진)	丁山(정산)	白賢鎬 (백현호)
碩星(석성)	金亨洙(김형수)	木雲(목운)	吳銒奎(오견규)
梅汀(매정)	李昌柱(이창주)	雪岩(설암)	李鍾川(이종천)
雅山(아산)	趙邦元(조방원)	東谷(동곡)	趙光涉(조광섭)
稻邨(도촌)	辛永卜(신영복)	長田(장전)	河南鎬(하남호)
月峰(월봉)	趙東熙(조동희)	雲庵(운암)	趙鏞敏(조용민)
春汀(춘정)	柳明烈(유명렬)	龍谷(용곡)	曹基銅(조기동)
希載(희재)	文章浩(문장호)	鶴亭(학정)	李敦興(이돈흥)
林農(임농)	河喆鏡(하철경)	雲谷(운곡)	朴重來(박중래)
愚軒(우헌)	崔悳寅(최덕인)	素玄(소현)	柳鳳子(유봉자)
忍齋(인재)	朴素榮(박소영)	松南(송남)	梁丁太(양정태)
聽谷(청곡)	尹義重(윤의중)	金草(금초)	鄭侊柱(정광주)
浦馬(포마)	魯卿相(노경상)	白民(백민)	曹圭逸(조규일)
直軒(직헌)	許達哉(허달재)	又湖(우호)	林炳星(임병성)
芝岩(지암)	金大原(김대원)	白悅(백열)	金永太(김영태)
石峴(석현)	朴銀容(박은용)	雲江(운강)	明昌俊(명창준)

4. 作號(작호)의 一般的 基準(일반적 기준)

 雅號를 지을 때(作號) 그 文字(문자, 글자)의 선택에는 字意(자의, 글자의 뜻)를 念頭(염두)에 두는데, 대체로 다음과 같이 세분할 수 있으며 이는 작호의 기준이 될 뿐 아니라 필수적인 우선 사항이며 공통 사항이 된다.

① 所處(소처)―하는곳
 出生地(출생지), 成長地(성장지), 특별히 인연이 있는 地名(지명)

② 所志(소지)―바라는 것
 所望(소망), 目標(목표), 意志(의지), 德行.目(덕행.목)

③ 所遇(소우)―만나는 것
 자신이 처한 環境(환경), 職業(직업), 活動舞臺(활동무대)

④ 所玩(소완)―노는 것
 좋아하는 물건 또는 自然物(자연물), 趣味(취미), 嗜好(기호)

⑤ 特徵(특징)―표나는 것
 자기의 人相(인상), 人品(인품). 특징. 特技(특기). 長點(장점)

⑥ 聯關性(연관성)―맺는 것
 성명(본명)과의 관계. 先祖(선조)와 연관성

5. 作號 時 留意事項(작호 시 유의사항)

① 難字(난자)나 僻字(벽자)를 피하고 쉬운 글자를 쓰는 것이
   좋다.
② 別名(별명)이 든 글자나 語感(어감)이 어색한 글자를 피한다.
③ 字意(자의)가 좋아야 하고 高尙(고상)한 뜻까지 풍기면 더
   욱 좋다.
④ 부르기 수월하고 싫증이 나지 않아야 한다.
⑤ 너무 지나치게 고상하지 않으며 자기 위치에 걸맞게 짓는다.
⑥ 저속하거나 자기를 卑下(비하)하는 식은 곤란하다.
⑦ 자기의 人品(인품)이나 환경. 직업 등에 알맞게 짓는다.
⑧ 무엇보다도 성명학적 常識(상식) 정도는 고려해야 한다.

6. 自號(자호. 自作號)

先人(선인, 現存人物 현존인물 포함)등의 雅號(아호)를 보면
극히 단순하고 쉽게 作號(작호)한 예가 많은 것에 유의 할 필요
가 있다.

李之菡(이지함) 土亭(토정) → 마포나루터 토담집에서 살았음
李承晚(이승만) 雩南(우남) → 서울 우이동 남쪽에 살았음
                            (중구 도동 雩守峴)
金泳三(김영삼) 巨山(거산) → 경남 거제도에서 출생하여 成長
                            (성장) 하였음.
金大中(김대중) 後廣(후광) → 고향 마을 이름이 後廣里임

禹 卓(우 탁) 易東(역동) → 東方(동방)의 나라에서 周易
(주역)에 능함

方定煥(방정환) 小波(소파) → 아동문학가. 어린이란 말을 처음사용

그 외 自號(자호)의 예

- 白凡(백범) 金九(김구) → 독립운동가. 임정주석
  안중근 의거 후 데라우찌 일본총독의 암살 모의 혐의로 복역
  중, 白丁(백정)과 凡人(범인)을 따서 가장 미천한 사람까지 애
  국심을 가져야 한다는 소망을 담았다 한다.

- 島山(도산) 安昌浩(안창호) → 독립운동가. 계몽가 교육자
  24세때 갓 결혼한 신부와 함께 인천항을 떠나 미국 유학길에
  올라, 수일간의 항해 끝에 하와이 섬을 보는 순간 號想(호상)
  이 떠올라 지었다고 한다.

- 陸史(육사) 李源三(이원삼. 源祿 원록) → 독립운동가. 시인
  일제시대 의혈단원으로 대구 조선은행 폭파사건 때문에 검거
  되어 복역중 수감번호가 '264'였는데 이를 아호로 썼다고 한
  다.

  그 외 유명인의 自敍傳(자서전)이나 傳記(전기)를 多讀(다독)
하지 않아 많은 예를 인용하지 못하였음을 아쉽게 생각한다.

作號方法(작호방법)

雅號(아호. 통상 號)를 撰定(찬정, 作號)하는 일에 관해 서술한 책들이 드물다. 대부분의 작명책에는 전혀 언급조차 하지 않았고, 간혹 거론하였다 해도 단 몇 줄 정도의 뜻풀이거나 일반 작명 방법에 준한다는 암시로 끝을 맺기 일쑤였다.

개중에는 몇 페이지를 할애한 책도 있으나 序說(서설)식이어서 그 論據(논거)를 찾을 수 없으며, 先人(선인)들의 雅號(아호) 일부를 소개하는 정도일 뿐 그 내용이 많지 않았다.

따라서 필자가 참고할 문헌도 많지 않았음을 솔직히 시인하면서 雅號(아호)에 관심이 있다 해도 그 資料(자료)를 구하지 못하는 현실에 着眼(착안)하여 필자가 나름대로 集大成(집대성)하였으며, 다음과 같이 大別(대별)하고 그 작호 방법의 명칭 역시 필자가 任意(임의)로 이름 붙였음을 밝혀둔다.

1. 작호방법 分類(분류)

1) 작호방법1. 四柱法(사주법)

① 姓 無關(성 무관)

② 四柱用神(사주용신) 적용

  : 音靈(음령) 및 字源(자원)오행으로 보완

③ 陰陽(음양) 數理(수리) 적용

2) 작호방법2. 數理法(수리법)

① 姓 無關(성 무관)

② 음양 조화 및 相生五行(상생오행)

③ 字劃合數(자획합수)에 따른 81 數靈動力(수영동력) 적용

3) 작호방법3. 姓字合看法(성자합간법)

① 姓과 合看(합간. 함께 봄)

② 일반 作名方法(작명방법) 代入(대입)

 −음양. 음오행. 삼원오행. 수리오행. 易象(역상) 적용

③ 사주 評價不要(평가불요)

4) 작호방법4. 所志法(소지법)

① 姓 無關(성 무관)

② 발음 오행과 음양 조화 自由(자유)

③ 希望(희망) 職業(직업)등 고려

5) 작호방법5. 姓名合看法(성명합간법)

① 姓名(이름)과 합간

② 일반 작명방법 대입(자원오행 가미하고 역상 제외)

③ 數理(수리, 元亨利貞 원형이정) 81수영동력 적용

④ 아호와 성명 간 오행의 生剋(생극) 관계

6) 작호방법6. 河洛理數 作號法(하락이수 작호법)

① 사주의 喜神(희신)을 자원오행으로 補充(보충) 보완

② 河洛理數(하락이수) 作卦(작괘) 및 元氣化工(원기화공) 活用(활용)

③ 主運(주운. 姓名)과 客運(객운. 雅號)의 作卦(작괘)

④ 字劃合數(자획합수)의 81수 영동력 적용

7) 작호방법7. 朱子式 作號法(주자식 작호법)

朱子式 解名法(주자식 해명법) 적용

위 6의 河洛理數(하락이수) 작호법과 함께 검토하면 그 완성도를 높이게 될 것이다.

2. 作號方法(작호방법)

1) 작호방법1. 四柱法(사주법)

生年月日時에 따른 四柱八字를 定(정)하여 사주의 用神(용신, 제일 필요로 하는 것 또는 가장 도움을 주는 오행)을 파악하고, 그 부족한 오행을 音靈五行(음령오행) 또는 字源五行(자원오행) 으로 補完(보완, 補充보충) 하는 것이 原則(원칙)이다.

그러나 命理(명리) 推命學(추명학)의 格局用神(격국용신)은 너무 난해하고 복잡한 문제이므로, 전문 易術人(역술인)이 아닌 바에야 다음에 설명한 별도의 簡便法(간편법)을 활용하여 어느 정도 가능하다는 假定(가정)을 前提(전제)로 해둔다.

❙작호요령❙
① 姓無關(성무관) ② 四柱用神(사주용신) 적용
③ 陰陽(음양) 數理(수리) 적용

❙예❙ 남자 壬子年 1月 6日 未時生(미시생)

時	日	月	年	四
辛	甲	辛	壬	柱
未	午	亥	子	
金	木	金	水	五
土	火	水	水	行

水旺(수왕 4, 月支는 2로 봄)
寒(한. 차가움)을 보완하는데 木火의 緩(완. 따뜻함)이 필요하다.

<雅號>

우 祐 10   당 堂 11

●   ○

土   火 (음오행)

祐의 음령 土 역시 사주의 水를 剋制(극제)한다.

: 버거운 짐 역활이 됨을 弱化(약화)시킨다.

字劃合數(자획합수) 21은 81數靈動力(수영동력)으로

頭領運(두령운)이며 吉(길)하다.

2) 작호방법2. 數理法(수리법)

┃작호요령┃

① 姓無關(성무관) ② 陰陽調和(음양조화)

③ 字劃合數法(자획합수법)

┃예┃ 모두 남자의 경우이며 사주는 不要(불요)

① 덕 德 15 헌 軒 10

○   ●

火   土

陰陽(음양) : 陽(양). 陰(음)으로 調和(조화)

音五行(음오행) : 火生土로 相生(상생)

字劃合數(자획합수) 25 : 健暢運(건창운)으로 吉(길)하다.

② 계 桂 10 당 堂 11

●   ○

木   火

陰陽(음양) : 陰(음).陽(양)으로 調和(조화)

音五行(음오행) : 木生火로 相生(상생)

字劃合數(자획합수) 21 : 頭領運(두령운)으로 吉(길)하다.

③ 명 明 8 재 齋 17

●   ○

水   金

陰陽(음양) : 陰(음).陽(양)으로 調和(조화)

音五行(음오행) : 金生水로 相生(상생)

字劃合數(자획합수) 25 : 健暢運(건창운)으로 吉(길)하다.

④ 계 桂 10 포 圃 13

●   ○

木   水

陰陽(음양) : 陽(양).陰(음)으로 調和(조화)

音五行(음오행) : 水生木로 相生(상생)

字劃合數(자획합수) 23 : 隆昌運(융창운)으로 吉(길)하다.

⑤ 아 雅 10 석 石 5

●   ○

土   金

陰陽(음양) : 陽(양).陰(음)으로 調和(조화)

音五行(음오행) : 土生金으로 相生(상생)

字劃合數(자획합수) 15 : 壽富運(수부운)으로 吉(길)하다.

⑥ 송 **松** 8   원 **圓** 13

●   ○

金   土

陰陽(음양) : 陽(양).陰(음)으로 調和(조화)

音五行(음오행) : 土生金으로 相生(상생)

字劃合數(자획합수) 21 : 頭領運(두령운)으로 吉(길)하다.

※ 이상을 제 1방법의 四柱法(사주법)으로 본다면, 음오행이 相生(상생)되는 두오행 또는 한오행이 사주의 用神(용신) 과 附合(부합)하면 같게 된다.

3) 작호방법3. 姓字合看法(성자합간법)

보통 雅號만 사용하는 것이나 같은 아호를 가진 사람이 同席時(동석시)에는 부득이 姓氏(성씨)를 첨가하여도 무방하다.

그럼에도 작호시 姓과 號를 함께 검토해야 한다는 主張(주장)도 있다. 이 경우에는 사주는 물론 生年干支(생년간지)도 不要(불요)하다.

▌작호요령▐

① 姓字合看(성자합간) ② 일반 作名方法代入(작명방법대입)

③ 사주 平價 不要(평가 불요)

┃ 예 ┃

		삼원 오행	음령 오행	음양
이 **李** 7	7(天)	金	火	○
토 **土** 3	10(人)	水	火	○
정 **亨** 9	12(地)	木	金	○

이 **李** 7) 10 ⌉
토 **土** 3   ⎬ 16
정 **亨** 9) 12 ⌋

합수 19 (元亨利貞)   吉 凶 凶

數理(수리 元亨利貞 원형이정)
元 12: 薄弱運(박약운) 凶, 亨 10: 短命運(단명운) 凶
利 16: 德望運(덕망운) 吉, 貞 19: 病弱運(병약운) 凶

易象(역상)
貞格(정격)19÷8=나머지 3 火(離) 上卦 ⌉ 火雷噬嗑卦
地格(지격)12÷8=나머지 4 雷(震) 下卦 ⌋ 화뢰서합괘

화뢰서합괘는 입안에 물건이 들어 있는 상(頤中有物之象 이중유물지상)이다.

입과 불가분의 관계로 오늘날에도 土亭秘訣(토정비결)등으로 萬人(만인)의 입에 오르내리는 큰 人物(인물)이다라고 풀이하고 있다.

※ 여기에서 부득이 일반작명법과 사주를 간략하게 설명하고 사주의 喜用神(희용신)을 잡는 簡便法(간편법)을 소개한다.

4) 一般 作名方法(일반 작명방법)

① 陰陽(음양)

▶ 성명문자의 홀수(奇數 기수 1,3,5,7,9획 ○)을 陽數(양수), 짝수(偶數 우수 2,4,6,8,10획 ●)를 陰數(음수)라 하며 이의 조화 여부로 길흉을 판단한다.

▌吉例(길례) ▌

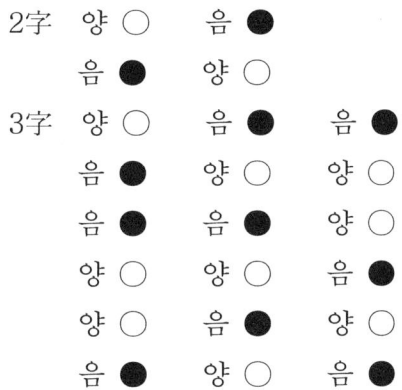

▶ 성명문자가 縱橫(종횡)으로 갈라지는 경우 陰(음) ▬ ▬, 갈라지지 않은 경우 陽 ▬ 으로 보는데, 이를 字形陰陽(자형음양)이라 하며 서로 조화를 이룬다면 음양이 부합된 것으로 본다.

예를 들어보자면 韓, 朴, 鄭, 旼, 銀, 根, 株, 鮮(한,박,정,민,은,근,주,선)은 陰에 속하는데, 성명이 이런 陰으로만 이루어진 경우를 크게 禁忌時(금기시)하고 있다. 그리고 文, 秀, 起, 石, 李, 玉, 民, 子, 金, 九(문,수,기,석,이,옥,민,자,김,구)는 陽에 속한 것들이다.

▌자형의 유형 ▌

□ 國 同 我 등	□ 吉 圭 夏 등	□ 鍾 油 培 등
□ 盆 空 昌 등	Ⅲ 湘 卿 衍 등	□ 靈 苔 築 등
○ 婉 嬉 學 등	△ 生 必 允 등	▽ 甲 守 午 등
□ 賢 獎 醫 등	□ 窺 菽 등	□ 孌 戀 등

참고로 자형의 적당한 배열을 적어본다.

이보성(李甫誠) □ □ □   주현식(周賢植) □ □ □

우상주(禹湘宙) □ Ⅲ □

▌ 字源五行(자원오행)

자원오행이라 하면 원래 글자의 원천이 되는 易理五行(역리오행)을 말하며 부수에 따른 오행과 字意(자의)에 따른 오행 등을 묶어서 말한다. 이러한 자원오행은 씨족의 돌림자로 쓰기 위한 목적 뿐 아니라 개개인의 사주에 결여된 五行星(오행성)을 채워주고 보완하기 위한 목적도 있는 것이다.

部首(부수)에 따른 字邊五行(자변오행)

五行	字 邊 (部首)	例
木 (목)	목(木) 두(艹,屮) 화(禾) 생(生) 의 (衣,礻) 죽(竹) 미(米) 사(糸) 각 (角) 청(靑) 혈(頁) 풍(風) 향(香) 식(食) 마(麻) 서(黍) 용(龍)	林 朴 根 本 柱 李 植 杞 杓 東 杰 柳 校 權 등
火 (화)	심(心,忄) 화(火,灬) 일(日) 목(目) 시(示) 견(見) 적(赤) 마(馬) 고 (高) 조(鳥) 비(飛)	炅 性 炳 烈 炫 煥 熱 輝 熺 見 性 熙 등
土 (토)	토(土) 기(己) 산(山) 우(牛) 혈 (穴) 전(田) 석(石) 양(羊) 진(辰) 간(艮) 곡(谷) 리(里) 읍(邑,阝) 부 (阜,阝) 황(黃)	圭 均 城 坤 美 培 堂 良 埈 郁 院 隆 등
金 (금)	도(刀,刂) 과(戈) 백(白) 옥(玉) 패 (貝) 신(辛) 유(酉) 금(金)	銀 鍊 錦 劉 錫 鎭 璟 玲 玫 珪 琳 등
水 (수)	수(水) 구(口) 자(子) 여(女) 정 (井) 월(月) 현(玄) 수(水,氵) 혈 (血) 어(魚) 흑(黑)	江 河 沈 求 泳 泉 法 姮 喆 徹 淸 澤 浦 등

字意(자의)에 따른 오행

五行	例
木(목)	동(東), 록(綠), 룡(龍), 묘(卯), 강(康), 건(建), 걸(杰) 등
火(화)	형(亨), 홍(紅), 가(佳), 란(爛), 득(得), 률(律), 려(慮) 등
土(토)	강(岡), 견(堅), 경(京), 곤(坤), 곽(郭), 균(均), 봉(峯) 등
金(금)	호(皓), 상(尙), 현(現), 훈(訓), 돈(敦), 겸(兼) 등
水(수)	국(國), 기(氣), 길(吉), 랑(朗), 려(呂), 범(凡), 보(甫) 등

② 音靈五行(음령오행, 音五行, 發音五行)

姓名(성명)을 부를 때 소리나는 닿소리(子音. 입안에 닿아서 나는 소리)를 오행의 屬性(속성)으로 즉 인체의 구조에서 나오는 音(음)의 감각으로 분류하여, 그 오행들이 相生(상생)되는지 相剋(상극) 되는지에 따라 성명 풀이의 吉凶(길흉)을 推論(추론)하는 것이다.

音五行(음오행)

五行		木	火	土	金	水
音五行		ㄱㅋ	ㄴㄷㄹㅌ	ㅇㅎ	ㅅㅈㅊ	ㅁㅂㅍ
備考	行音 (五音)	牙音 (어금닛소리)	舌音 (헛소리)	喉音 (목구멍소리)	齒音 (잇소리)	脣音 (입술소리)
	五音 (樂)	角音 (각음)	徵音 (치음)	宮音 (궁음)	商音 (상음)	羽音 (우음)
	結果 性能	有文, 貴賤	有權, 剛柔	有子, 貧富	有祿, 壽夭	有財, 智運
	五味 五色	酸 靑(綠)	苦 赤	甘 黃	辛 白	鹹 黑
	英語	CGKQ	DLNRT	AEHFIOUWXY	CXSZ	BFMPV

音靈五行吉凶表(음령오행길흉표)

木木木	○	立身出世格	火木木	○	富貴安泰格	土木木	×	虛名無實格
木木火	○	立身出世格	火木火	○	龍逢得珠格	土木火	▽	雲中之月格
木木土	△	苦難辛苦格	火木土	△	先苦後吉格	土木土	×	古木落葉格
木木金	×	苦難辛苦格	火木金	×	先苦後破格	土木金	×	小事難成格
木木水	○	成功發展格	火木水	○	自手成家格	土木水	×	有頭無尾格
木火木	○	春山花開格	火火木	○	日進月將格	土火木	○	日光春城格
木火火	○	古木逢春格	火火火	×	開花逢雨格	土火火	○	春日芳暢格
木火土	○	大志大業格	火火土	○	美麗江山格	土火土	○	立身出世格
木火金	×	平地風波格	火火金	×	有頭無尾格	土火金	×	苦難自成格
木火水	×	先富後貧格	火火水	×	平地風波格	土火水	×	進退兩難格
木土木	×	四顧無親格	火土木	×	先吉後苦格	土土木	×	先苦後敗格
木土火	×	骨肉相爭格	火土火	○	日興中天格	土土火	○	錦上添花格
木土土	×	速成速敗格	火土土	○	萬化芳暢格	土土土	▽	一慶一苦格
木土金	×	敗家亡身格	火土金	○	花柳長春格	土土金	○	古園回春格
木土水	×	古木落葉格	火土水	×	大海片舟格	土土水	×	四顧無親格
木金木	×	骨肉相爭格	火金木	×	開花風亂格	土金木	×	鳳鶴傷翼格
木金火	×	獨生歎息格	火金火	×	無主空山格	土金火	×	骨肉相爭格
木金土	△	初失後得格	火金土	▽	先苦後吉格	土金土	○	日光春風格
木金金	×	不知爭論格	火金金	×	四顧無親格	土金金	○	幽谷回春格
木金水	×	萬事不成格	火金水	×	開花無實格	土金水	○	錦上有紋格
木水木	○	富貴雙全格	火水木	×	意外災難格	土水木	×	勞而無功格
木水火	×	速成速敗格	火水火	×	秋風落葉格	土水火	×	風波折木格
木水土	×	早起成敗格	火水土	×	錦衣夜行格	土水土	×	敗家亡身格
木水金	○	魚變成龍格	火水金	×	雪上加霜格	土水金	×	先貧後苦格
木水水	○	大富大貴格	火水水	×	病難辛苦格	土水水	×	一場春夢格

※ 大凶 × 大吉 ○ 半吉 ▽

金木木 × 秋風落葉格	水木木 ○ 萬花芳暢格	
金木火 × 寒山空家格	水木火 ○ 立身揚名格	
金木土 × 心身過勞格	水木土 △ 茫茫大海格	
金木金 × 流轉失敗格	水木金 × 一吉一凶格	
金木水 × 苦痛難免格	水木水 ○ 淸風明月格	
金火木 × 欲求不滿格	水火木 × 病難辛苦格	
金火火 × 萬苦呻吟格	水火火 × 一葉片舟格	
金火土 ○ 立身揚名格	水火土 × 先貧後困格	
金火金 × 早起成敗格	水火金 × 心身波難格	
金火水 × 無主空山格	水火水 × 先無功德格	
金土木 × 平地風波格	水土木 × 風前燈火格	
金土火 ○ 古木逢春格	水土火 × 落馬失足格	
金土土 ○ 立身出世格	水土土 × 江上風波格	
金土金 ○ 意外得財格	水土金 ▽ 先苦後安格	
金土水 × 災變災難格	水土水 × 病難辛苦格	
金金木 × 平生病苦格	水金木 × 暗夜行人格	
金金火 × 敗家亡身格	水金火 × 開花狂風格	
金金土 ○ 大志大業格	水金土 ○ 發展成功格	
金金金 × 孤獨災難格	水金金 ○ 順風順成格	
金金水 ○ 發展向上格	水金水 ○ 魚變成龍格	
金水木 ○ 發展成功格	水水木 ○ 萬景暢花格	
金水火 × 先無功德格	水水火 × 孤獨短命格	
金水土 × 不意災難格	水水土 × 百謀不成格	
金水金 ○ 富貴功名格	水水金 ○ 春日芳暢格	
金水水 ○ 發展便安格	水水水 × 平地風波格	

※ 大凶 ×　大吉 ○　半吉 ▽

③ 三元五行(삼원오행 天干五行천간오행)

姓名字(성명자)의 획수에 의해 五行(오행)으로 분류하며, 그 오행의 配合(배합)이 相生相剋(상생상극) 인지에 따라 吉凶(길흉)을 판단하는 것이다.

天干五行(천간오행)		音靈五行(음령오행)	
1	木	ㄱ ㅋ	木
2			
3	火	ㄴ ㄷ	火
4		ㄹ ㅌ	
5	土	ㅇ ㅎ	土
6			
7	金	ㅅ ㅈ ㅊ	金
8			
9	水	ㅁ ㅂ ㅍ	水
10			

┃ 天干五行 原理(천간오행 원리) ┃

甲乙　丙丁　戊己　庚辛　壬癸

木　　火　　土　　金　　水

1 2　　3 4　　5 6　　7 8　　9 10

▌ 三元五行의 構成(구성)

김	준	형

1) 金 8   俊 9   衡 16   金 水 土 ▽

    金①   水②   土③

※ 인격에 외격 또는 명격으로 성
공운을, 인격만으로 성격과 운세를
보고 외격으로 배우자운을 본다.

2) 金 8   俊 9   衡 16

         17   25

    金①   金②   土③   金 金 土 ▽

3) 金 8   俊 9   衡 16

           17金②   25土③   火 金 土 ▽(四格式)

              24(火)①

4) 金 8   俊 9   衡 16

            24(火)①外   (丙戌生-土, 총격 33-火)

         (金)人   (土)地   ①土金(人·生) ○

              17②   25③   ②火金(총·人) ×

                                      ③火土(外·生) ○

                                      ∴①○ ②× ③○ →▽

三元五行 吉凶 早見表(삼원오행 길흉조견표)

木木木 ○	火木木 ○	土木木 ▽	金木木 C	水木木 ○
木木火 ▽	火木火 ○	土木火 ▽	金木火 ×	水木火 C
木木土 ▽	火木土 ○	土木土 C	金木土 ▽	水木土 ○
木木金 ▽	火木金 ▽	土木金 C	金木金 ×	水木金 ▽
木木水 C	火木水 ▽	土木水 ▽	金木水 ▽	水木水 ○
木火木 ○	火火木 ▽	土火木 ○	金火木 ▽	水火木 ▽
木火火 ▽	火火火 ▽	土火火 C	金火火 ▽	水火火 ▽
木火土 ▽	火火土 ×	土火土 ○	金火土 ▽	水火土 ▽
木火金 ▽	火火金 ○	土火金 ∧	金火金 ×	水火金 ×
木火水 ▽	火火水 ▽	土火水 ∧	金火水 ×	水火水 ×
木土木 ▽	火土木 ▽	土土木 C	金土木 ▽	水土木 ×
木土火 ▽	火土火 ○	土土火 ○	金土火 ∧	水土火 ∧
木土土 ▽	火土土 ○	土土土 ▽	金土土 ○	水土土 ○
木土金 ▽	火土金 ▽	土土金 ○	金土金 ○	水土金 ▽
木土水 ×	火土水 ▽	土土水 ○	金土水 ▽	水土水 ×
木金木 ×	火金木 ×	土金木 C	金金木 ∧	水金木 ▽
木金火 ×	火金火 ×	土金火 ∧	金金火 C	水金火 ∧
木金土 ▽	火金土 ▽	土金土 ○	金金土 ▽	水金土 ○
木金金 ▽	火金金 ▽	土金金 C	金金金 ×	水金金 ▽
木金水 ▽	火金水 ▽	土金水 ▽	金金水 ▽	水金水 ▽
木水木 ▽	火水木 ∧	土水木 C	金水木 ▽	水水木 ▽
木水火 ∧	火水火 ▽	土水火 ×	金水火 ∧	水水火 ×
木水土 ×	火水土 ×	土水土 C	金水土 ▽	水水土 ▽
木水金 ▽	火水金 C	土水金 ▽	金水金 C	水水金 ▽
木水水 ▽	火水水 ▽	土水水 C	金水水 ○	水水水 ▽

註 : 大凶 × 大吉 ○ 平吉 ▽ 小吉 C 小凶 ∧ 表示임

④ 數理(수리)

　數理(수리)는 글자(文字)의 획수에 따라 생긴다. 모든 글자와 숫자에는 고유의 靈力(영력) 誘導暗示力(유도암시력)이 살아 움직이고 있는데, 숫자를 지니면 그 숫자가 발산하는 고유의 영향을 받게 된다는 것이다.

▌1~10수의 **靈意**(영의, 暗示誘導力 암시유도력) ▌

▶ 1數 : 奇數 天數(1 3 7 9), 陽數 적극수(1 −4) 태극수 幼數(1-4)
　　　　始 收 聚의 靈意 집합 독립 단행 창조 신장 최고 발랄
　　　　부귀 남성적마음
▶ 2數 : 偶數 地數(2 4 6 8), 음양의 집합수, 최초 現象的 수
　　　　혼합 집산 분리 불철저 유약 불구 수동성 의존성 여성적 情(정)
▶ 3數 : 1의 伸長, 양수 1과 음수 2의 조화수, 만물 성형의 수 鼎足數
　　　　완성 다수 성취 성대 발전 안정 자연적 풍족 이지 권위
　　　　성공 부귀
▶ 4數 : 2의 伸長 분파형성의 수, 미정수 死數 嗣數(사수)
　　　　결합 파괴 쇠약 분산 변동 멸망 변란 역경 신고
▶ 5數 : 중간수 中幹변화수(生數에 가산 成數) 주체적인 수
　　　　(五行 오장) 土德數
　　　　走動 진취 심신건전 중후원만 주체역할 自得명예 안정 성취
▶ 6數 : 음수의 두령수 음수의 更始數 老數(6-9) 소극수(6-9)
　　　　天德地祥의 樂數(樂極이면 生悲)
　　　　收 合 續의 영의 기괴변태(변괴 등 극단적−26수 以上)
　　　　분리 파경

▶ 7數 : 破劫의 수, 5의 성수와 2의 파운합수로 양극단, 홀로서기 의미

    頑迷(완미) 단행 만난돌파 건창 융성 출세 권위

▶ 8數 : 3+5의 합수 爲忠, 4+4 합수 爲奸(음양부조화) 양기운 생동

    勇力 인내심 발달 천신만고 自取발전의 노력, 자수성가

▶ 9數 : 九宮, 3수의 積(신장) 양수의 終 기수의 최후수

    智力 재능 財利 성취 활동과 궁박 고독 표류 은퇴 등의

    이중적 意味

▶10數 : 기본수의 終極數(종극수) 陰極 零空(영공)의 數 흉수 중

    가장 忌數(기수)

    萬事虛空(만사허공) 비애 참극 손실 소비 전복 파멸 암

    흑 종말

四格(4격, 元亨利貞원형이정)오행의 구성

1字姓1字名	1字姓 2字名	1字姓 3字名
金 8 ─8(利)天 玉 5 ─5(元)地 13 人(亨) 總13 貞格	姜 9 ┐16(亨) 冏 7 ┘ 天(利)25 導 16 ┘23(元地) 總32 貞格	李 7 ┐18(亨) 梧 11 ┘ 天(利)18 竹 6 堂 11 ┘28(元地) 總35 貞格

2字姓1字名	2字姓 2字名	2字姓 3字名
諸 16 ┐31(利)天 蔔 15 ┘ 39 人(亨) 明 8 ─8 地(元) 總39 貞格	乙 1 ┐5 支 4 ┘9(亨) 天(利)20 文 4 德 15 ┘19(元地) 總24 貞格	南 9 ┐19 宮 10 ┘27(人亨) 天(利)34 松 8 雪 11 ┐34 地(元) 德 15 ┘15 總36 貞格

81數 吉凶表(남여구분)

획수	남자	여자	획수	남자	여자	획수	남자	여자
1	○	○	28	×	×	55	×	×
2	×	×	29	○	▽	56	×	×
3	○	○	30	×	×	57	○	○
4	×	×	31	○	○	58	▽	▽
5	○	○	32	○	○	59	×	×
6	○	○	33	○	▽	60	×	×
7	○	○	34	×	×	61	○	○
8	○	○	35	○	○	62	×	×
9	×	×	36	×	×	63	○	○
10	×	×	37	○	○	64	×	×
11	○	○	38	○	○	65	○	○
12	×	×	39	○	▽	66	×	×
13	○	○	40	×	×	67	○	○
14	×	×	41	○	○	68	○	○
15	○	○	42	×	×	69	×	×
16	○	○	43	×	×	70	×	×
17	○	○	44	×	×	71	▽	▽
18	○	○	45	○	○	72	×	×
19	×	×	46	×	×	73	▽	▽
20	×	×	47	○	○	74	×	×
21	○	▽	48	○	○	75	▽	▽
22	×	×	49	▽	▽	76	×	×
23	○	▽	50	×	×	77	▽	▽
24	○	○	51	×	×	78	▽	▽
25	○	○	52	○	○	79	×	×
26	▽	▽	53	×	×	80	×	×
27	×	×	54	×	×	81	○	○

亨格 數理別 性格(형격 수리별 성격)과 運勢(운세)

　형격(人格)의 數는 그 사람의 성격 지능 사회진출운을 대표하는 가장 중요한 뜻을 가지며 수리의 핵심적 위치를 차지한다.
　총획수가 10획을 넘는 경우 10을 제외한 1~10數로서 그 잠재성을 참작할 수 있는 것이다.

▶ 一數 甲木 陽 樹幹之象(수간지상)
　침착하고 이지적이며 사고력이 깊고 활동적이다. 부지런하고 검소하며 현실적으로 노력하는 형이다. 불요불굴의 기질과 자존심이 강하며 타산적이고 이기적인 면이 있지만 친화력이 있다. 질투와 시기심이 있고 금전에 대한 집착이 강하다. 직업은 교육자, 종교인, 군인, 실업가, 지도자 등에 적합하다.

▶ 二數 乙木 陰 樹根之象(수근지상)
　인내심이 강하여 매사에 꾸준히 노력하는 형이다. 겉으로는 온화하나 속으로는 노기를 품고 있다. 금전욕이 집요하며 질투심이 강하고 고집이 있다.
　직업은 사무직이나 기술직 노동직 등이 적합하다.

▶ 三數 丙火 陽 火炎之象(화염지상)
　활동력이 왕성하고 급진적이나 감정이 예민하다. 달식하며 쾌활하고 과단성과 명리심이 강하다. 인내심이 부족하고 격정적인 성격이라 쉽게 화를 낸다.
　직업은 군인, 정치가, 실업가 등에 적합하다.

▶ 四數 丁火 陰 燻煙之象(훈연지상)

겉으로는 온화하고 정숙한 것처럼 보이지만 내면은 급진적이고 폭발적이며 말재주가 좋다. 신중하고 온유하며 지혜가 깊고 수완이 좋지만 실천력이 부족하다. 마음에 번민이 있고 항상 불안하여 쉽게 뜨거워지고 쉽게 식는다.

직업은 종교계, 예술계, 학자 등으로 나가면 좋다.

▶ 五數 戊土 陽 滋養之象(자양지상)

온순하고 동화력이 있으며 아량이 깊어 상하의 신망을 얻으나 반발심이 있다. 겉으로는 온화하나 속으로는 대단히 강정하고 질투가 있다. 자신감이 있고 정을 중요하게 생각하며 명예심도 강하다. 그러나 쉽게 친해지고 쉽게 멀어지는 결점이 있다.

직업은 군인, 정치가, 실업가, 기술직 등이 적합하다.

▶ 六數 己土 陰 硬地之象(경지지상)

겉으로는 온화하고 침착하며 중후하나 속으로는 완고하고 강하다. 인내심이 강하고 보수적이며 마음을 드러내지 않는다. 의협심이 강한 반면 시기와 질투, 불복종심, 망상 등이 있지만 대체적으로 권위가 있고 행복이 후중하다.

직업은 군인, 기술직, 근로직 등이 좋다.

▶ 七數 庚金 陽 鍊鐵之象(연철지상)

단련된 도검과 같은 기상을 갖고 있다. 불요불굴의 의지와 예리한 지혜를 겸비했지만 독선적인 부분이 있다. 용감한 기백과 강한 인내력으로 만난을 두려워하지 않는다. 자아가 지나치게 강하여 융통적이지 못하다. 쟁투를 좋아하여 비난을 자초하기 쉬우며 개성이 강하고 야심적이며 명예를 중요하게 여긴다.

직업은 군인, 정치가, 실업가, 기술직 등에 적합하다.

▶ 八數 辛金 陽 鑛石之象(광석지상)

용기가 있어 진취적이고 정직하지만, 자존심이 지나치게 강하고 완고하여 동화력이 부족한 면도 있다. 불화쟁론하기 쉬우나 마음의 수양을 쌓으면 이성적으로 될 수 있다. 의지가 견고하여 뜻을 관철하지만 이기적이고 권세를 좋아한다.

직업은 군인이나 기술직, 노동직 등에 적합하다.

▶ 九數 壬水 陽 河水之象(하수지상)

흐르는 물처럼 활동력이 왕성하여 잠시도 정지하지 않는다. 재물과 명예를 좋아하지만 지모와 재능이 잇고 담백한 성격이다. 그러나 한편으로는 격정적인 성격이라 쉽게 노하고 쉽게 풀리며, 불평불만과 방종으로 흐르기 쉽다.

직업은 예술가, 기술직, 사업가, 상업 등이 좋다.

▶ 十數 癸水 陰 海水之象(해수지상)

호수처럼 침체된 기상이며 지혜와 사고력이 깊다. 온순하지만 폭발하면 큰 바다에 거센 파도가 일어나는 격이다. 과단성과 실천력이 부족한 반면 사교적이며 인내력과 재능이 있다. 권세를 좋아하고 재물을 축적한다. 이기적인 욕심과 색정을 조심해야 한다.

직업은 종교가, 예술가, 학자, 저술가, 연구직 등이 적합하다.

⑤ 易象(역상)

易象(역상)은 周易의 卦象(괘상)을 말하는 것이다. 대체로 姓名學(성명학)에서 역상을 활용함에는, 성명 3자 획수의 총합을 8로 나누어 나머지 수로 上卦(상괘)를 삼고, 姓氏(성씨)를 제외한 이름 2자의 합수를 역시 8로 나누어 나머지 수로 下卦(하괘)를 삼는 作卦(작괘) 방법을 사용하고 있다.

숫자는 先天伏羲 八卦(선천복희 8괘)에 의한다.

1	2	3	4	5	6	7	8
天	澤	火	雷	風	水	山	地
乾	兌	離	震	巽	坎	艮	坤
☰	☱	☲	☳	☴	☵	☶	☷
건	태	리	진	손	감	간	곤

예를 들면 박 朴(6획) 정 正(5획) 희 熙(13획)의 경우라면,
총획수 24를 8로 나누면(除) 上卦는 8(나누어 나머지 값을 찾는데 나머지가 없이 나누어 떨어지면 除數제수인 8이 된다)이 되고, 이름의 합수 18을 8로 나누면(除) 下卦는 2가 되어 82(64卦 卦番 卦名表 참조)가 되는데, 이는 地澤臨卦(지택림괘)에 해당한다.
이와 같이 卦象(괘상)은 성씨가 6획(朴박 安안 朱주 印인 吉길 牟모 등), 14획(趙조 裵배 愼신 連연 西門서문 등), 22획(權권 蘇소 邊변 등)인 경우와 같이 6에 순차적으로 8卦의 8을 가산한 성씨와 동일함도 알 수 있다.

◀주역상경(周易上經)▶

1. 중천건 (重天乾)	2. 중지곤 (重地坤)	3. 수뢰둔 (水雷屯)	4. 산수몽 (山水蒙)	5. 수천수 (水天需)	6. 천수송 (天水訟)
䷀	䷁	䷂	䷃	䷄	䷅
7. 지수사 (地水師)	8. 수지비 (水地比)	9. 풍천소축 (風天小畜)	10. 천택리 (天澤履)	11. 지천태 (地天泰)	12. 천지비 (天地否)
䷆	䷇	䷈	䷉	䷊	䷋
13. 천화동인 (天火同人)	14. 화천대유 (火天大有)	15. 지산겸 (地山謙)	16. 뇌지예 (雷地豫)	17. 택뢰수 (澤雷隨)	18. 산풍고 (山風蠱)
䷌	䷍	䷎	䷏	䷐	䷑
19. 지택림 (地澤臨)	20. 풍지관 (風地觀)	21. 화뢰서합 (火雷噬嗑)	22. 산화비 (山火賁)	23. 산지박 (山地剝)	24. 지뢰복 (地雷復)
䷒	䷓	䷔	䷕	䷖	䷗
25. 천뢰무망 (天雷无妄)	26. 산천대축 (山天大畜)	27. 산뢰이 (山雷頤)	28. 택풍대과 (澤風大過)	29. 중수감 (重水坎)	30. 중화리 (重火離)
䷘	䷙	䷚	䷛	䷜	䷝

주역하경(周易下經)

31. 택산함 (澤山咸)	32. 뇌풍항 (雷風恒)	33. 천산돈 (天山遯)	34. 뇌천대장 (雷天大壯)	35. 화지진 (火地晉)	36. 지화명이 (地火明夷)
37. 풍화가인 (風火家人)	38. 화택규 (火澤暌)	39. 수산건 (水山蹇)	40. 뇌수해 (雷水解)	41. 산택손 (山澤損)	42. 풍뢰익 (風雷益)
43. 택천쾌 (澤天夬)	44. 천풍구 (天風姤)	45. 택지취 (澤地萃)	46. 지풍승 (地風升)	47. 택수곤 (澤水困)	48. 수풍정 (水風井)
49. 택화혁 (澤火革)	50. 화풍정 (火風鼎)	51. 중뢰진 (重雷震)	52. 중산간 (重山艮)	53. 풍산점 (風山漸)	54. 뇌택귀매 (雷澤歸妹)
55. 뇌화풍 (雷火豊)	56. 화산려 (火山旅)	57. 중풍손 (重風巽)	58. 중택태 (重澤兌)	59. 풍수환 (風水渙)	60. 수택절 (水澤節)
61. 풍택중부 (風澤中孚)	62. 뇌산소과 (雷山小過)	63. 수화기제 (水火旣濟)	64. 화수미제 (火水未濟)		

64卦 卦番(괘번), 卦名(괘명)표

상괘／하괘	1	2	3	4	5	6	7	8
1	11 重天乾 중천건	21 澤天夬 택천쾌	31 火天大有 화천대유	41 雷天大壯 뇌천대장	51 風天小畜 풍천소축	61 水天需 수천수	71 山天大畜 산천대축	81 地天泰 지천태
2	12 天澤履 천택리	22 重澤兌 중택태	32 火澤睽 화택규	42 雷澤歸妹 뇌택귀매	52 風澤中孚 풍택중부	62 水澤節 수택절	72 山澤損 산택손	82 地澤臨 지택림
3	13 天火同人 천화동인	23 澤火革 택화혁	33 重火離 중화리	43 雷火豊 뇌화풍	53 風火家人 풍화가인	63 水火旣濟 수화기제	73 山火賁 산화비	83 地火明夷 지화명이
4	14 天雷无妄 천뢰무망	24 澤雷隨 택뢰수	34 火雷噬嗑 화뢰서합	44 重雷震 중뢰진	54 風雷益 풍뢰익	64 水雷屯 수뢰둔	74 山雷頤 산뢰이	84 地雷復 지뢰복
5	15 天風姤 천풍구	25 澤風大過 택풍대과	35 火風鼎 화풍정	45 雷風恒 뇌풍항	55 重風巽 중풍손	65 水風井 수풍정	75 山風蠱 산풍고	85 地風升 지풍승
6	16 天水訟 천수송	26 澤水困 택수곤	36 火水未濟 화수미제	46 雷水解 뇌수해	56 風水渙 풍수환	66 重水坎 중수감	76 山水蒙 산수몽	86 地水師 지수사
7	17 天山遯 천산돈	27 澤山咸 택산함	37 火山旅 화산여	47 雷山小過 뇌산소과	57 風山漸 풍산점	67 水山蹇 수산건	77 重山艮 중산간	87 地山謙 지산겸
8	18 天地否 천지비	28 澤地萃 택지취	38 火地晋 화지진	48 雷地豫 뇌지예	58 風地觀 풍지관	68 水地比 수지비	78 山地剝 산지박	88 重地坤 중지곤

作名 易象 速見表(작명 역상 속견표)

성명총수＼성획수	1,9,17	2,10,18	3,11,19	4,12,20
1,9,17,25,33,41,49,57	×天地否	×天山遯	△天水訟	△天風姤
2,10,18,26,34,42,50,58	□澤天夬	□澤地革	□澤山咸	×澤水困
3,11,19,27,35,43,51,59	×火澤睽	○火天大有	□火地晋	×火山旅
4,12,20,28,36,44,52,60	□雷火豊	△雷澤歸妹	□雷天大壯	○雷地豫
5,13,21,29,37,45,53,61	○風雷益	□風火家人	□風澤中孚	△風天小畜
6,14,22,30,38,46,54,62	□水風井	△水雷屯	□水火既濟	□水澤節
7,15,23,31,39,47,55,63	△山水蒙	△山風蠱	□山雷頤	□山火賁
8,16,24,32,40,48,56,64	○地山謙	□地水師	○地風升	□地雷復

성명총수＼성획수	5,13,21	6,14,22	7,15,23	8,16,24
1,9,17,25,33,41,49,57	△天雷无妄	○天火同人	□天澤履	□重天乾
2,10,18,26,34,42,50,58	△澤風大過	□澤雷隨	□澤火革	○重澤兌
3,11,19,27,35,43,51,59	□火水未濟	○火風鼎	△火雷噬嗑	△重火離
4,12,20,28,36,44,52,60	△雷山小過	○雷水解	□雷風恒	△重雷震
5,13,21,29,37,45,53,61	□風地觀	□風山漸	△風水渙	□重風巽
6,14,22,30,38,46,54,62	□水天需	○水地比	×水山蹇	×重水坎
7,15,23,31,39,47,55,63	□山澤損	□山天大畜	×山地剝	□重山艮
8,16,24,32,40,48,56,64	△地火明夷	□地澤臨	○地天泰	□重地坤

■ 元氣(원기)

周易(주역)을 象數化(상수화)한 河洛理數(하락이수)에 의하여 인간사의 길흉을 판단함에 있어, 신비스러움을 더해주고 있는 高次元的(고차원적)인 분야이다.

이러한 하락이수에서 元氣(원기)는 선천적인 기운으로 부모를 비롯한 선배 직장상사가 나를 돕는 상서로운 氣運(기운:기의 흐름)을 말하는 것이다.(官祿星관록성, 誥命星고명성)

生年別 元氣表(생년별 원기표)

甲子乾,坎	乙丑坤,艮	丙寅艮	丁卯兌,震	戊辰坎,巽	己巳離,巽	庚午震,離	辛未巽,坤	壬申乾,坤	癸酉坤,兌
甲戌乾	乙亥坤,乾	丙子艮,坎	丁丑兌,艮	戊寅坎,艮	己卯離,震	庚辰震,巽	辛巳巽	壬午乾,離	癸未坤
甲申乾,坤	乙酉坤,兌	丙戌艮,乾	丁亥兌,乾	戊子坎	己丑離,艮	庚寅震,艮	辛卯巽,震	壬辰乾,巽	癸巳坤,巽
甲午乾,離	乙未坤	丙申艮,坤	丁酉兌	戊戌坎,乾	己亥離,乾	庚子震,坎	辛丑巽,艮	壬寅乾,艮	癸卯坤,震
甲辰乾,巽	乙巳坤,巽	丙午艮,離	丁未兌,坤	戊申坎,坤	己酉離,兌	庚戌震,乾	辛亥巽,乾	壬子乾,坎	癸丑坤,艮
甲寅乾,艮	乙卯坤,震	丙辰艮,巽	丁巳兌,巽	戊午坎,離	己未離,坤	庚申震,坤	辛酉巽,兌	壬戌乾	癸亥坤,乾

※ 생년간지의 원기를 출생간지(六十甲子)별로 정리하였음.

▎ 先後天易象法(선후천역상법)

성명을 易象(역상)으로 작명하는 데는 여러 방법이 있으나, 그 중 선후천역상법을 여기에 소개한다.(필자의 작명백과사전 참조)

앞서 언급한 역상법은 일본식 4字성명에 쓰이던 것으로 우리의 일반적인 3字성명에 그대로 적용하는 것은 온당치 못하다거나, 표에서도 알 수 있듯이 성씨별로 64괘 중 8괘에 국한되는 것을 모순으로 지적하는 사람도 있다.

본 선후천역상법은 先天數(선천수, 실획)와 後天數(후천수, 곡획)을 한자획수로 함께 사용(역상법에서는 원획만 사용)하는데, 아직은 세상에 알려지지 않은 作名秘法(작명비법)으로 그 활용이 기대된다.(구체적인 활용은 河洛理數하락이수에 의하지만 내용은 생략한다.)

▎ 作卦法(작괘법)

先天數　後天數
(正劃)　(曲劃)

$$7\ \text{宋}\ 8$$
$$8\ \text{忠}\ 10$$
$$24\Big(16\ \text{錫}\ 19$$
$$\overline{\qquad\qquad}$$
$$31\qquad 37$$

姓名 先天數(正劃)合數 88除之 －上卦
姓名 後天數(曲劃)合數 88除之 －下卦
名字(이름) 先天數合數 66除之 －動爻
※이름이 외자인 경우는 姓名先天數合

姓名 先天合數 31÷8=3…7 艮山(上卦)
姓名 後天合數 37÷8=4…5 巽風(下卦)
　　平生卦－山風蠱卦
名字先天合數 24÷6=4…6爻動 (動爻)
本卦－山風蠱, 之卦－地風升

⑥ 四柱 常識(사주 상식)

■사주를 定하는 요령

원래는 年은 물론 月頭法(월두법)에 의한 月(年과 月은 節入日 기준)과 時頭法(시두법) 등에 의하여 각주를 정하는 것이나, 대개는 만세력(년도별로 월과 일별의 달력으로 150년 이상 수록된 책)에 의하여 年의 干支, 月의 干支, 日의 干支, 時의 干支를 찾아 적는다. (컴퓨터에 생년월일을 입력하여 얻는 방법이 보편화되어 있다.)

출생일의 간지(日辰) 옆에 10년 단위로 사용되는 大運數(대운수)가 남녀로 구분되어 수록되어 있는데, 통상 四柱命式(사주명식)의 작성시 활용된다.

■예■ 男 2라면 대운의 干支밑에 2세 立運 12세 1運式으로 10년 단위씩 기재한다.

干	干	干	干	干	干	干
支	支	支	支	支	支	支
62	52	42	32	22	12	2
53-62세	43-52세	33-42세	23-32세	13-22세	3-12세	1-2세

이는 월건(월건 月柱월주)을 기준하여 陽男陰女(양남음녀)는 順行(순행)으로, 陰男陽女(음남양녀)는 逆行(역행)하여 60甲子順(갑자순)으로 進行(진행)하면 된다.

▌五行의 相生(상생)과 相剋(상극)

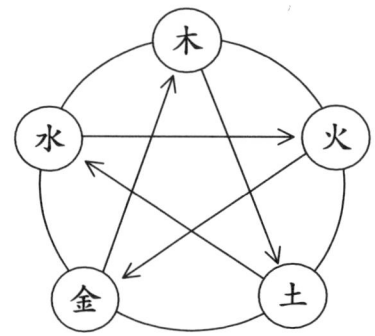

▌상생 ▌

봄이 가면 여름이 오는 계절의 변화로 이해한다.

즉 다른 성분이 도와준다.

木生火-나무가 타서 불이 생긴다.

火生土-불에 탄 재가 흙이 된다.

土生金-모든 금속은 땅에서 캐낸다.

金生水-차거운 금속 표면에 물이 생긴다.

水生木-물은 초목을 자라게 한다.

※ 木→火→土→金→水→木…

▌상극 ▌

순서를 뒤엎고 강제로 뛰어넘는 힘의 충돌과 대결 양상이다.

즉 다른 성분이 방해한다.

木剋土-나무뿌리는 땅속깊이 뻗어나간다.(양분섭취)

土剋水-흙으로 둑을 쌓으면 물을 막아낸다.

水剋火-물은 불을 끌 수 있다.

火剋金-불은 금속을 녹여낸다.(용기제작)

金剋木-도끼날에 나무가 찍혀나간다.

※ 木↔土↔水↔火↔金↔木 …

各地方의 표준시와의 오차시간 조견표

誤差 ±30秒 정도

135°00기준 127°30기준	+34 +04	+33 +03	+33 +03	+32 +02	+31 +01	+30 +00	+30 +00	+28 -2	+26 -4	+24 -06	+23 -07	+22 -08
各 地 方 時間 ※ 127°30′ 1908~ 1912.1.1 1954.3.21~ 1961.8.9 135°00′ 1912.1.1~ 1954.3.20 1961.8.10~ 현재	강화	인천	김포	서울	성남	이천	춘천	원주	속초	강릉	동해	울진
	서산	부천	광명	의정부	평택	청주	충주	제천	영주	속초	삼척	포항
	태안	당진	안산	동두천	천안	대전	영동	합천	안동	태백	울산	영덕
	영광	대천	예산	안양	공주	진천	함양	상주	대구	영천		경주
	무안	서천	부안	수원	논산	남원	산청	김천	봉화	양산	길주	
	목포	군산	함평	온양	전주	진안	거창	진주	안동	부산		회령
	진도	고창	강진	부여	보성	고흥	하동	남해	창원	김해		청진
	제주	나주	해남	이리		순천	광양	삼천포	충무			
	서귀포	영암		정주			여수		마산	단천		
		해남		광주		원산			진해			
	개성						흥남		북청			
				강계					해산			

標準時(표준시)는 현재 우리가 사용하는 시간으로 經度(경도 東經동경) 135°기준 즉 일본 京都(경도)의 위치를 말하며 시간 (통칭 일본시간이라 함)으로는 太陽이 이곳의 正南中시간이 正午 (12시)가 되는 것이다. 따라서 한반도의 중심지인 大田은 경도가 달라 동경 127°30′(통칭 서울시간이라 함)인데, 이를 기준으로 하여 각 도시에 태양이 정남중하는 正午시간(自然時 또는 行政時라고 함)을 현재시간(표준시)과 비교한 차이 즉 오차를 출생 시각의 정확을 기하는 사주에서는 필수적으로 가감 사용하는 것이 일반론이다.

그런데 다소 복잡하게 된 것은 1908년부터 135°와 127°30′을 왕래하면서 1961. 8. 10이후부터는 135°를 기준으로 현재까지 사용하고 있다는 점도 그렇고, 과거 몇 차례 섬머타임까지 있었으니 그 적용계산에 번거로움이 따르나 실제시간을 알아내는 일이니 신중을 기해야 될 줄 안다.

물론 미국 등지로 원정 출산의 경우에도 같은 이치로, 지구는 360°로 1시간에 15°씩 西에서 東으로 자전하고 있으므로 서쪽으로 1°떨어져 있으면 4分(60分÷15°)이 늦게 되는 것이다.

西紀 生年支(年齡別 太歲 연령별 태세) 早見表

년	0	1	2	3	4	5	6	7	8	9
1900	庚子	辛丑	壬寅	癸卯	甲辰	乙巳	丙午	丁未	戊申	己酉
1910	庚戌	辛亥	壬子	癸丑	甲寅	乙卯	丙辰	丁巳	戊午	己未
1920	庚申	辛酉	壬戌	癸亥	甲子	乙丑	丙寅	丁卯	戊辰	己巳
1930	庚午	辛未	壬申	癸酉	甲戌	乙亥	丙子	丁丑	戊寅	己卯
1940	庚辰	辛巳	壬午	癸未	甲申	乙酉	丙戌	丁亥	戊子	己丑
1950	庚寅	辛卯	壬辰	癸巳	甲午	乙未	丙申	丁酉	戊戌	己亥
1960	庚子	辛丑	壬寅	癸卯	甲辰	乙巳	丙午	丁未	戊申	己酉
1970	庚戌	辛亥	壬子	癸丑	甲寅	乙卯	丙辰	丁巳	戊午	己未
1980	庚申	辛酉	壬戌	癸亥	甲子	乙丑	丙寅	丁卯	戊辰	己巳
1990	庚午	辛未	壬申	癸酉	甲戌	乙亥	丙子	丁丑	戊寅	己卯
2000	庚辰	辛巳	壬午	癸未	甲申	乙酉	丙戌	丁亥	戊子	己丑
2010	庚寅	辛卯	壬辰	癸巳	甲午	乙未	丙申	丁酉	戊戌	己亥
2020	庚子	辛丑	壬寅	癸卯	甲辰	乙巳	丙午	丁未	戊申	己酉
2030	庚戌	辛亥	壬子	癸丑	甲寅	乙卯	丙辰	丁巳	戊午	己未
2040	庚申	辛酉	壬戌	癸亥	甲子	乙丑	丙寅	丁卯	戊辰	己巳

※ 生年干이 甲이면 무조건 서기년도의 수단위가 4(1904, 1944등)이다.

생년太歲를 1세로 하여 다음 줄 밑이 11세 式으로 년령별 태세를 안다.

癸未生(1940-4번째)의 경우 2줄 밑의 癸卯年(1964)은 21세가 되는 것이다.

▌ 名字(명자. 이름)에 五行 補完(오행 보완)

　四柱(사주 先天命 선천명)에서 필요로 하는 기운의 五行(오행)에 해당하는 글자를 사용하여 姓名(성명)과 사주를 符合(부합)시켜 전체적으로 調和(조화)를 이루도록 하는 것인데 字源五行(자원오행) 또는 音靈五行(음령오행)을 활용한다.

▌ 四柱의 五行

干支　五行		木	火	土	金	水
天干	陽	甲	丙	戊	庚	壬
	陰	乙	丁	己	辛	癸
地支	陽	寅	巳	辰 戌	申	亥
	陰	卯	午	丑 未	酉	子

▶ 不足五行(부족오행)

　사주팔자를 오행으로 분류하여
① 없는 오행
② 신약사주에는 印星(인성)오행
③ 2개 이상 없으면 財·官星(재.관성)오행 우선
④ 오행이 모두 있으면 약한 오행
⑤ 신강사주 특히 비겁 2개 이상이면 洩(설)·剋(극)오행,
　그도 없으면 극하는 兩오행
　(甲乙寅卯時 1차 火土, 2차 土金오행)를 보완한다.

▶ 旺相休囚社(왕상휴수사)

日主 등의 강약(旺衰)을 파악하여 그 길흉의 정도와 사물의 질을 판단하는데 활용한다.

활용방법
- 旺왕　比和者(비화자)　(比劫비겁)
- 相상　生我者(생아자)　(印星인성)
- 休휴　我生者(아생자)　(食傷식상)
- 囚수　我剋者(아극자)　(財星재성)
- 死사　剋我者(극아자)　(官星관성)

日主 生節	木 甲 乙	火 丙 丁	土 戊 己	金 庚 辛	水 壬 癸
春(봄)	旺	相	死	囚	休
夏(여름)	休	旺	相	死	囚
四季(환절기)	囚	休	旺	相	死
秋(가을)	死	囚	休	旺	相
冬(겨울)	相	死	囚	休	旺

※ 日干이 출생한 계절과의 調候(조후)로 日干月支(일간월지), 月干日支(월간일지), 時間時支(시간시지), 年干月支(년간월지)로 파악한다.

▶ 身旺身弱(신왕신약)

我神(아신)인 日干(일간) 五行을 기준하여 나의 오행과 같거나 나를 낳아준(生 해준) 오행은 내편이 되고, 나의 오행을 극하거나 내가 극한 오행이나 내가 낳은(生 해준) 오행은 상대편이 되어, 내 편이 강하면 身旺(신왕) 약하면 身弱(신약)으로 본다.

신왕이면 洩氣(설기)가 우선이나 剋制(극제)하여도 무방하며, 신약하면 生助(생조)해야 日干(일간)인 내 자신이 튼튼해져 원만한 삶을 이룰 수 있는 것이다.

强弱 地位	身旺(신왕)				身弱(신약)			
	最强	中强	强	弱化 爲强	强化 爲弱	弱	中弱	最弱
月支	○	○	○	×	○	×	×	×
日支	○	×	○	○	×	×	○	×
勢力	○	○	×	○	×	○	×	×

▮예▮

時	日	月	年	四
癸	戊	辛	辛	柱
未	戌	丑	巳	

我(내 편) : 丑② 戌 未 巳 = 5

他(상대편) : 辛② 癸 = 3

我 5 = 他 3 ∴ 身旺四柱(신왕사주, 내 편이 강하므로)

土 (戌) 生 金 (辛)으로 金오행이 필요함(用, 喜神)

※ 강한 자신(戊土)의 기운을 洩氣(설기, 기운이 빠져나감)해서 조화를 추구

身旺身弱 早見表(신왕신약 조견표)

月支		日干	木 甲,乙	火 丙,丁	土 戊,己	金 庚,辛	水 壬,癸
 봄 (2월 4,5일~ 5월 4,5일)	입춘~ 경칩~ 청명~	寅월 卯월	最强 ☆	小强 ○	弱 ■	最弱 ▲	弱 ■
	곡우~	辰월	衰 ●	小强 ○	◎ 强	小强 ○	弱 ■
양력 여름 (5월 5,6일~ 8월 6,7일)	입하~ 망종~ 소서~	巳월 午월	弱 ■	最强 ☆	最强 ☆	弱 ■	最弱 ▲
	대서~	未월	弱 ■	衰 ●	最强 ☆	小强 ○	最弱 ▲
양력 가을 (8월 7,8일~ 11월 6,7일)	입추~ 백로~ 한로~	申월 酉월	最弱 ▲	弱 ■	弱 ■	最强 ☆	小强 ○
	상강~	戌월	最弱 ▲	弱 ■	◎ 强	小强 ○	小强 ○
양력 겨울 (11월 7,8일~ 다음해 2월 3,4일)	입동~ 대설~ 소한~	亥월 子월	小强 ○	最弱 ▲	最弱 ▲	弱 ■	最强 ☆
	대한~	丑월	小强 ○	最弱 ▲	◎ 强	小强 ○	衰 ●

5) 작호방법4. 所志法(소지법)

작호요령: ① 성무관 ② 발음오행과 음양조화 自由(자유)
③ 希望(희망) 등 고려

▮예▮ 외솔 崔(최) 鉉(현) 倍(배)

외솔은 외로운 소나무라고 직역할 수 있는데,

한글이 창제되어 士林(사림)의 냉대를 받았고 참여한 학자들마저 사육신이 되었으며, 폭군 연산은 그 사용을 금지시키는 등 수난을 겪으면서 부녀자나 서민 啓蒙用(계몽용)으로 명맥을 유지하여 왔다. 開化期(개화기)를 거치면서 그 연구가 활발해지고 보급 전파의 중심에서 외롭게 분투하신 선생이시다.

'솔'은 소나무이나 늘 푸름과 獨也靑靑(독야청청)을 연상케 한다.

외솔 최현배 선생은 일제시대 조선어 연구회(조선어학회)를 만들어 한글을 보급 발전시키는데 헌신하다 옥고를 치렀고, 해방 후에는 한글학회를 이끌며 '우리말 큰사전'을 편찬하는 등 국어교육의 기틀을 세웠다.

우리가 중학교 시절에 말본(지금의 文法)책의 저자로 기억한다.

6) 작호방법5. 姓名合看法(성명합간법)

雅號는 姓과 연결하여 名(이름)과 결부시키게 되는 것이며 先天局(선천국 四柱)까지 연관 調和(조화)시키는 것을 위주로 한다. 즉 數理(수리) 陰陽(음양) 三元五行(삼원오행) 字源五行(자원오행)의 원리를 기본으로 함은 성명의 경우와 같다는 것이다.

단, 본 방법에는 사주의 平價(평가)는 不要(불요)하며 생년 太歲(태세)만 활용된다는 점이 다르다.

▌예1▐ 남자 乙亥生(을해생)

[雅號] 계 **季** 8 　　　원 **園** 13 　合 21 木
　　　　　　　 金 　　　　　　　 火

[姓名] 김 **金** 8 　　　춘 **春** 9 　삼 三 3
　　　　　　　 金 　　　　　　　 金 　　　　　 火
　　　　貞 20(水) 利 11(木) 　　　亨 17(金) 元 12(木)

季園金의 合 29數(水)
雅號 姓名 (季園 金春三)의 합 41數(木)
雅號 名字 (季園 春三)의 합 33數(火)

▶ **亨格 17金 金生亥 〈不吉〉**
　乙亥生 亥水를 형격 17수 金이 金生水로 生하나, 소모 낭비 빈곤 병약 등 불길하다.

▶ **號 21木 亥生木 〈吉〉**

아호 季園의 合 21수 木은 亥生의 水生木으로 生을 받아 元氣
(원기)를 얻게 되고, 21數理(수리)는 頭領運(두령운)이 발현
하여 길하다.

▶ **號+姓 29水 亥生水 〈吉〉**

호와 성의 合 29水은 亥生이 水를 만나 旺盛(왕성)하게 되며,
29수리는 壽福運(수복운)이 발현하여 길하다.

▶ **號+名字 33火 數理 〈吉〉**

號와 名字의 合 33數는 權威旺盛(권위왕성)하는 大吉(대길)
수리

▶ **號+姓名 41木 水生木〈吉〉 數理 〈吉〉**

號+姓名의 合 41數는 師表(사표)가 되는 길수리이다.
41數 木은 亥生의 生氣(생기)를 水生木으로 받아 永生(영생)
을 형성하는 大吉運(대길운)으로, 성명 3字의 不運(불운, 元
格 12 貞格 20수리)를 良導(양도)하는 결과가 되는 것이다.

▌예2▐ 남자 辛酉生(신유생)

[雅號] 송 **松** 8 범 **汎** 7   合 15 土
　　　　　　　金　　　　　　金
[姓名] 박 **朴** 6 재 **宰** 10   홍 **弘** 5
　　　　　　　土　　　　　　土　　　　　　土
貞 21(木)   利 11(木)   亨 16(土)   元 15(土)

松汎朴의 合 21數(木)
松汎과 朴宰弘 3의 合 36 數 (土)
松汎 宰弘의 合 30數 (水)

相剋　┌ ① 亨 16 土 酉金生 土生金 × (소비.소모등)
(상극) │ ② 號 15 土 〃 土生金 × (소비.소모등)
　　　 └ ③ 號.姓 21 木 〃 金剋木 ×

數理　┌ ④ 號.名 30水 酉金生 金生水이나,
(수리) │ 　　 30수리로 流浪(유랑) 不安定(불안정)×
　　　 └ ⑤ 號.姓名 36 土 〃 土生金이며,
　　　 　　 36수리로 영웅 破灘(파탄)의 悲歌運(비가운)×

　그러므로 위 雅號 松汎(송범)은 凶象(흉상 不利 不適格)이 되
어 그 사용이 부적절하다.

┃예3┃ 남자 乙巳生 (을사생)

[雅號] 동 **東** 8   몽 **夢** 14   合 22 木

　　　　　　　　金　　　　　　　　火

[姓名] 김 **金** 8   형 **亨** 7   준 **俊** 9

　　　　貞 24(火)   利 17(金)   亨 16(土)   元 16(土)

東夢金 30 (水), 東夢金亨俊 46 (土), 東夢亨俊 38(金)

① 亨15土 巳生土 火生土 ○

② 號22木 木生巳 木生火 ○

③ 號.姓 30水 水剋巳 水剋火 ×

④ 號.名 38金 數理 平凡運(평범운) ○

⑤ 號.姓名 46數理 悲哀運(비애운) 載寶沈船(재보침선)×

※ 성명3자의 運勢(운세)가 雅號를 加함으로써 天地(천지)차이 發顯(발현)됨.

7) 작호방법6. 河洛理數 作號法(하락이수 작호법)

▌작호요령

① 사주의 喜神(희신)을 字源五行(자원오행)으로 보완

② 河洛理數作卦(하락이수작괘) 활용

③ 主客運(주객운)의 作卦(작괘)

④ 字劃合數理(자획합수리)

作卦法(작괘법)

▌예▌ 여자 辛未年 10. 29 戌時生(술시생)

本名   선 宣 9   만 晩 11   순 順 12

[雅號]

數理	字源	
東	8	木
平	5	木

$東 8 \div 8 = 8$ 坤地 上卦

$平 5 \div 8 = 5$ 巽風 下卦

合 13   8 5 地風升卦(지풍승괘)

※ 작괘시 文字의 획수는 實劃(실획 筆劃)에 의하며, 3字아호의 경우는 上2字를 上卦로 下1字(堂亭子등)을 下卦로, 4字의 경우는 上2字를 上卦로 下2字(散人 居士 등) 下卦로 삼는다.

▶ 본명 선만순은 늦게 순탄하게 베풀어진다는 姓名字意(성명자의) 그대로 末年(말년)에 平安(평안)하게 지내라는 念願(염원)을 담았다.

▶ 四柱(사주)

時	日	月	年	金土多 木及(목급. 목이 모자람)
庚	丁	己	辛	極身弱 四柱(극신약사주)
戌	酉	亥	未	喜神(희신) : 木

사주의 희신 木을 아호 東平(동평)의 字源(자원) 오행으로 附合(부합)시킴

▶ 河洛理數(하락이수)에서 辛未生(신미생)으로 天干辛의 天元氣(천원기 元氣는 도움을 받는 기운) 巽卦(손괘)와 地支未의 地元氣(지원기) 坤卦(곤괘) 모두를 雅號 東平에 각각 넣어 작괘하여 地風升卦(지풍승괘)가 되었다.

▶ 성명 宣晚順(선만순)의 原劃(원획) 총수 32를 88 除之하여 主運(주운 8坤地곤지를 얻어 上卦(상괘)로 삼고, 아호 東 8 平 5의 13數를 8로 나누어 客運(객운) 5 巽風(손풍)을 얻어 下卦를 삼으니, 주객운 역시 지풍승괘로 升卦(승괘)는 周易(주역) 64卦중 大吉卦(대길괘)에 해당한다.

▶ 아호 동평의 원획 합수 13은 81數靈動力(수영동력)으로 보아 知達運(지달운) 走馬紅塵格(주마홍진격)으로 남녀 모두에게 길수리이다.
雅號는 청장년기에 지어 부르게 되므로 末年(말년)과 總運(총운)은 貞格(정격)에 해당하므로 총 획수만을 보는 것이다.

▶ 아호의 上字로 上卦, 下字로 下卦를 삼으니 地風升卦(지풍승 괘)로 괘번호로 85에 해당하여, 朱子式 解名法(주자식 해명법) 에 의하면 才學一枝 道德文章(재학일지 도덕문장)의 四言節句 (사언절구)로 보아 老益壯(노익장)임에도 학문적인데와도 맞는 것 같다.

▶ 東 : 동녘동, 왼쪽동, 봄동, 동녘으로 갈동, 주인동
  平 : 평탄할평, 바를평, 화할평, 다스릴평, 고를평, 쉬울평,
      화친할평 풍년들평

8) 작호방법7. 朱子式 作號法(주자식 작호법)

▌작호요령

朱子式 解名法(주자식해명법)

▌예▌ 남자　　癸未生 1. 29 子時生(자시생)

本名　임 **林** 8 　경 **炅** 8 **桓** 10

[雅號]	數	字源
역 **易**	8	火	易 8÷ 8 = 8 坤地　上卦
봉 **奉**	8	木	奉 8÷ 8 = 8 坤地　下卦
合	16		88 重地坤卦(중지곤괘)

▶ 周易(주역)과 그 주변 학문을 研究(연구)하고 있는 터에 주역을 받들다는 의미로 평소 생활과도 附合(부합)한다.

▶ 四柱(사주)

時　日　月　年　　木多火及

庚　壬　甲　癸　　身弱四柱(신약사주)

子　戌　寅　未　　用神 :木火(緩)

金　水　木　水

水　土　木　土

사주의 喜神(희신) 木火를 아호 易奉의 자원오행으로 부합시킴.

▶ 하락이수에서 癸未生(계미생)의 元氣가 坤卦(곤괘)로 아호 易奉(역봉)에 넣어 작괘하여 重地坤卦(중지곤괘)가 되었다.

▶ 성명 林炅桓(임경환)의 원획 합수 26을 88 除之하여 주운 2 兌澤(태택)을 얻어 上卦로 삼고, 아호 易奉의 원획 합수 16을 8로 나누어 나머지 수로 객운 8坤地(곤지)를 얻어 下卦를 삼으니, 주객운이 澤地萃卦(택지취괘)로 萃卦(취괘)는 주역의 64卦 중 대길괘에 해당한다.

▶ 아호 역봉의 원획 합수 16은 81수영동력으로 보아 德望運(덕망운) 破屋重修格(파옥중수격)으로 남녀 모두 길수리이다.

▶ 아호 역봉은 重地坤卦(중지곤괘, 88)로 朱子式 解名法(주자식 해명법)에 의하면 淸香滿堂 帝傍揚名(청향만당 제방양명)의 4언절구로 보아 품위 있고 고상함이 좋아 보인다.

▶ 易 : 바꿀역,고칠역,바뀔역,바꿈역,점역,주역역(쉬울이)
　 奉 : 받들봉,바칠봉,씀씀이봉,기를봉,도울봉,편들봉,보낼봉,

※ 위 6의 하락이수(河洛理數) 작호법과 함께 검토하면 그 완성도(完成度)를 높이게 될 것으로 생각한다.

▌朱子式 解名法(주자식 해명법)

雅號(아호)의 첫 자의 획수를 88除之하여 上卦, 아호 다음자를 같은 방법으로 下卦로 삼아 작괘하여, 괘별로 그 길흉을 四言節句로 간단히 풀이하였다.

一一	始見貧困 終賴榮貴	一二	枯木逢春 終見開花	一三	天顔好聲 英雄優遊
一四	木馬行時 終成財利	一五	身退九級 花落空房	一六	愁心不解 爭訟不利
一七	寂寞空山 逶迤高臥	一八	愁見春夢 終無風景	二一	暗裏衣冠 身成名利
二二	碧玉琅杆 舟行江亭	二三	二十年光 有似飄風	二四	安身守義 名譽新風
二五	睢鳩獨鳴 日食五粥	二六	有求逢折 霜緣漸潤	二七	屑缺調談 左漏右塞
二八	有君寵保 賞賜無雙	三一	日更月新 壽福綿綿	三二	木火無緣 血深如塵
三三	枝動不靜 謹身之務	三四	修竹榮長 香蓮開新	三五	聰明文章 風雲有光
三六	十年臥病 終身不差	三七	二十光景 風雲淡蕩	三八	第一金榜 俊夫餘慶
四一	風雲新來 雪氣騰天	四二	糊口城門 低頭心事	四三	一振金聲 陰谷暖氣
四四	雍容自得 優遊度日	四五	有財無功 終得不亨	四六	長秩千人 仁聲自聞

四七	五鬼滿林 向人弔問	四八	才超貌美 事事生新	五一	含脣切齒 千恨未伸
五二	太行大路 三月奄行	五三	琴瑟淸音 一家爭春	五四	家門千里 刑到便留
五五	不願事事 老物興降	五六	花落無實 狂風更放	五七	右脚己折 左目亦盲
五八	大成千人 仁吉四海	六一	枯木逢春 千里有光	六二	薰風吹軒 子孫縉紳
六三	風生保位 巨川舟楫	六四	若非英雄 壽福不期	六五	身安保居 風塵不侵
六六	重遭險坂 魂魄驚散	六七	有魚無鱗 有財無功	六八	紫府背依 天恩自得
七一	老龍得雲 食前方丈	七二	老龍無聲 江邊垂淚	七三	靑鳥無春 花盖無風
七四	柳枝街道 山月徘徊	七五	身有疾病 墻有寇賊	七六	射之眉間 賣少空房
七七	朝后折桂 零落飄風	七八	一入刑門 有何壽福	八一	多高榜籍 紫府文章
八二	鳳雛麟閣 光被日月	八三	江上起樓 心適自閑	八四	飄零東西 暮年得病
八五	才學一枝 道德文章	八六	初稼平地 山頭與齊	八七	立身揚名 文章變換
八八	淸香滿堂 帝傍揚名				

※ 아호가 3字일 때에는 상2字 上卦, 下1字 下卦로 삼고, 아호가 4字일 경우에는 上2字 上卦 下2字 下卦로 삼아 작괘한다.

▌ 64괘별 운세풀이

1. 1. = 乾爲天   始見貧困 終賴榮貴(시견빈곤 종뢰영귀)
(처음인 초년에는 빈곤할지라도, 차츰 발전하여 마침내는 영귀하리라.)

1. 2. = 天澤履   枯木逢春 終見開花(고목봉춘 종견개화)
(마른 나무가 봄을 만났으니, 마침내 꽃이 피게 되더라. 영화광영)

1. 3. = 天火同人   天顔好聲 英雄優遊(천안호성 영웅우유)
(임금의 얼굴에 좋은 말씀이니, 영웅이 넉넉하게 세월을 즐긴다)

1. 4. = 天雷无妄   木馬行時 終成財利(목마행시 종성재리)
(목마가 때때로 다니는 격이니, 마침내 재물과 이익을 이루게 된다)

1. 5. = 天風姤   身退九級 花落空房(신퇴구급 화락공방)
(직위 관직에서 떨어지는 격이요, 부부간에 이별수가 있다)

1. 6. = 天水訟   愁心不解 爭訟不利(수심불해 쟁송불리)
(근심이 떠나지 않고 송사가 일어나며, 남과 가족간에 불화로다.)

1. 7. = 天山遯   寂寞空山 逶迤高臥(적막공산 위이고와)
(적막한 산중에서, 엎치락뒤치락하며 할 일 없이 누웠다)

1. 8. = 天地否   愁見春夢 終無風景(수견춘몽 종무풍경)
(봄꿈에서 수심과 안타까워하니, 끝까지 좋은 일이 없으리라)

2. 1. = 澤天夬   暗裏衣冠 身成名利(암리의관 신성명리)
(남모르는 사이에 출세하여, 공명을 떨치게 된다.)

2. 2. = 兌爲澤   碧玉琅杅 舟行江亭(벽옥랑간 주행강정)
(좋은 정자에 앉아 즐기며, 경치 좋은 강물에 배를 띄우고 한가롭게 보낸다)

2. 3. = 澤火革   二十年光 有似飄風(이십년광 유사표풍)

(이십여 성상을, 헛되이 아까운 세월만 보낸다)

2. 4. = 澤雷隨　　安身守義 名譽新風(안신수의 명예신풍)

(분수를 알고 의로운 일을 지키니, 명예가 새롭게 드날린다)

2. 5. = 澤風大過　　雎鳩獨鳴 日食五粥(저구독명 일식오죽)

(원앙새가 홀로 우니, 날마다 다섯 가지 죽을 먹는다. 빈궁하다는 뜻)

2. 6. = 澤水困　　有求逢折 霜綠漸潤(유구봉절 상연점윤)

(구하려다가 실패하니, 서릿발 같은 고통이 점점 더해 간다)

2. 7. = 澤山咸　　骨缺調談 左漏右寒(순결조담 좌루우건)

(언청이가 말을 고르게 하려고 해나, 뜻대로 되지 않는 격이다)

2. 8. = 澤地萃　　有君寵保 賞賜無雙(유군총보 상사무쌍)

(임금의 총애와 보호가 있어, 상 받는 일이 무궁하다. 출세한다는 뜻)

3. 1. = 火天大有　　日更月新 壽福綿綿(일경월신 수복면면)

(날로 새롭고 달로 발전하여, 수복이 무궁하도다)

3. 2. = 火澤睽　　木火無緣 血深如塵(목화무연 혈심여진)

(좋은 인연과 때를 만나지 못하여, 피맺힌 한을 풀지 못하리라)

3. 3. = 離爲火　　枝動不靜 謹身之務(지동부정 근신지무)

(나뭇가지가 흔들리니, 몸을 조심하고 부지런히 노력하라)

3. 4. = 火雷噬嗑　　修竹榮長 香蓮開新(수죽영장 향연개신)

(대를 가꾸어 영화롭게 자라나, 향기로운 연꽃도 새롭게 피어라.)

3. 5. = 火風鼎　　聰明文章 風雲有光(총명문장 풍운유광)

(총명하고 문장이 뛰어나니, 과거에 급제하여 영화를 누리게 된다)

3. 6. = 火水未濟　　十年臥病 終身不差(십년와병 종신불차)

(십년이나 병에 누어있으니, 종신토록 차도를 보지 못하는 격이로다)

3. 7. = 火山旅　　二十光景 風雲淡蕩(이십광경 풍운담탕)

(이십이나 되는 나이에, 이곳저곳을 방랑하며 풍상을 겪는다)

3. 8. = 火地晋   第一金榜 俊夫餘慶(제일금방 준부여경)

(제일 높은 시험에 장원을 하니, 준수한 대장부의 앞날에 경사뿐이로다)

4. 1. = 雷天大壯   風雲新來 雪氣騰天(풍운신래 설기등천)

(풍운이 새롭게 이르니, 눈발의 기운이 하늘에 사무치리라)

4. 2. = 雷澤歸妹   糊口城門 低頭心事(호구성문 저두심사)

(성문을 다니며 입에 풀칠하니, 머리를 굽실거리며 사는 신세로다)

4. 3. = 雷火風   一振金聲 陰谷暖氣(일진금성 음곡난기)

(한번 쇠 소리를 떨치니, 그늘진 골짜기에도 따뜻한 기운이 감돈다)

4. 4. = 震爲雷   雍容自得 優遊度日(옹용자득 우유도일)

(화평한 얼굴로 가운데 만족해 하며, 한가롭고 편안하게 생애를 보내리라)

4. 5. = 雷風恒   有財無功 終得不享(유재무공 종득불형)

(재물은 있으나 공덕이 없으니, 늦도록 좋지 못하리라)

4. 6. = 雷水解   長秩千人 仁聲自聞(장질천인 인성자문)

(오래 가는 녹봉 천인 중에 윗사람이 되니, 어질다는 덕망의 소리가 자연히 들려온다)

4. 7. = 雷山小過   五鬼滿林 向人弔問(오귀만림 향인조문)

(오귀가 숲 속에서 득실거리니, 사람이 죽어서 조문객을 받는다)

4. 8. = 雷地豫   才超貌美 事事生新(재초모미 사사생신)

(재주가 출중하고 용모가 아름다워, 일마다 좋은 일이 새롭게 생긴다)

5. 1. = 風天小畜   含脣切齒 千恨未伸(함순절치 천한미신)

(입술을 다물고 이를 갈며 노력하여도, 많은 한을 풀지 못한다)

5. 2. = 風澤中孚　太行大路 三月奄行(태행대로 삼월엄행)

(태산의 높은 길을, 삼월에 걸어간다. 힘들고 보람된 일을 시작한다는 뜻)

5. 3. = 風火家人　琴瑟清音 一家爭春(금슬청음 일가쟁춘)

(부부의 금슬이 좋고 좋으니, 한 가정이 화목하리로다)

5. 4. = 風雷益　　家門千里 刑到便留(가문천리 형도편유)

(집안들 마다 곳곳에서, 형액이 이르러 떠나갈 줄을 모른다)

5. 5. = 巽爲風　　不願事事 老物興降(불원사사 노물흥강)

(원치 않은 일이 이니, 귀찮게 생겨났다 없어졌다 하여라.)

5. 6. = 風水渙　　花落無實 狂風更放(화락무실 광풍경방)

(꽃이 떨어지고 열매마저 없는 대다가, 광풍이 다시 몰아닥친다.)

5. 7. = 風山漸　　右脚已折 左目亦盲(우각이절 좌목역맹)

(右足이 이미 잘렸는데, 왼쪽 눈이 마저 다시 멀게 된다. 엎친데 겹친 격)

5. 8. = 風地觀　　大成千人 仁吉四海(대성천인 인길사해)

(천인이 대성을 하게 되니, 사해가 어질고 길하더라)

6. 1. = 水天需　　枯木逢春 千里有光(고목봉춘 천리유광)

(고목이 봄을 만나니, 천리에 광채가 있더라)

6. 2. = 水澤節　　薰風吹軒 子孫縉紳(훈풍취헌 자손진신)

(훈훈한 바람이 가정에 불어오니, 자손이 모두 벼슬을 한다)

6. 3. = 水火旣濟　風生保位 巨川舟楫(풍생보위 거천주즙)

(바람이 불어도 지위를 보전하고, 큰 강물에 임하여 돛단배를 얻는다)

6. 4. = 水雷屯　　若非英雄 壽福不期(약비영웅 수복불기)

(만일 영웅이 아니면, 수복을 기약하기 어렵도다)

6. 5. = 水風井　　身安保居 風塵不侵(신안보거 풍진불침)

(몸을 편안히 보전하여 가며는, 풍진이 침노하지 못하게 되더라)

6. 6. = 坎爲水　　重遭險坂 魂魄驚散(중조험판 혼백경산)

(거듭 험한 등판 길을 만나니, 혼백마저 놀라서 흩어진다)

6. 7. = 水山蹇　　有魚無鱗 有財無功(유어무린 유재무공)

(물고기 라며는 비늘이 없듯이, 재물은 있으나 공이 없도다)

6. 8. = 水地比　　紫府背衣 天恩自得(자부배의 천은자득)

(대궐(관부)에서 관복을 입으니, 임금의 은혜를 자연히 얻는다)

7. 1. = 山天大畜　　老龍得雲 食前方丈(노룡득운 식전방장)

(늙은 용이 구름을 얻는 격이요, 식전 방장 격이라. 得氣武力)

7. 2. = 山澤損　　老龍無聲 江邊垂淚(노룡무성 강변수루)

(늙은 용이 소리 없이, 강가에서 눈물만 흘린다. 無能力事不成)

7. 3. = 山火賁　　青鳥無春 華蓋無風(청조무춘 화개무풍)

(청조가 봄을 만나지 못하니, 華蓋에 바람이 없다. 실속이 없음)

7. 4. = 山雷頤　　柳枝街道 山月徘徊(유지가도 산월배회)

(버들가지 한 길에, 산달이 장차 지려고 한다. 주색을 좋아하고 나쁜 운
이 다가오고 있음)

7. 5. = 山風蠱　　身有疾病 墻有寇賊(신유질병 장유구적)

(몸에 질병이 있고, 담장 너머에서 도둑이 기웃거린다)

7. 6. = 山水蒙　　射之眉間 賣少空房(사지미간 매소공방)

(눈썹 사이로 쏘아, 빈 방에서 젊음을 판다)

7. 7. = 艮爲山　　朝后折桂 零落飄風(조후절계 영락표풍)

(아침 뒤에 계수나무를 꺾으니, 바람에 떨어져 나부낀다. 得官이나 不長)

7. 8. = 山地剝　　一入刑門 有何壽福(일입형문 유하수복)

(한 번 나쁜 곳의 감옥에 들어가니, 어찌 수복을 누리게 되랴)

8. 1. = 地天泰　　名高榜籍 紫府文章(다고방적 자부문장)

(이름이 과거보는 방에 높이 붙었으니, 대궐 안에서 문장으로 종사한다)

8. 2. = 地澤臨　　鳳雛麟閣 光被日月(봉추린각 광피일월)

(봉황이 날아오고 기린이 나오니(궁궐에서), 광채가 일월과 같이 찬란하다)

8. 3. = 地火明夷　江上起樓 心適自閑(강상기루 심적자한)

(강상에 누각을 짓고 거처하니, 일이 뜻대로 풀리고 심신이 한가롭다)

8. 4. = 地雷復　　飄零東西 暮年得病(표령동서 모년득병)

(동서로 떠돌다가, 만년에는 병을 얻게 된다)

8. 5. = 地風升　　才學一枝 道德文章(재학일지 도덕문장)

(재주와 학문이 같이 뛰어나고, 도덕과 문장을 겸한다)

8. 6. = 地水師　　初稼平地 山頭與齊(초가평지 산두여제)

(처음에는 평지에 심은 것이, 나중에는 산머리와 가지런하도다)

8. 7. = 地山謙　　立身揚名 文章變換(입신양명 문장변환)

(출세하여 이름을 떨치는 것은, 문장이 뛰어남이로다)

8. 8. = 坤爲地　　清香滿堂 帝傍揚名(청향만당 제방양명)

(맑은 향기가 집에 가득하니, 임금이 있는 곳에까지 이름을 떨친다. 大成數)

9) 作號(작호)에 대한 所見(소견)

앞서 作號方法(작호방법)을 분류하고 그 명칭과 함께 번호까지 붙여 나열하였으나, 실제 활용에 있어서는 각 방법들이나 방법내의 作號要素(작호요소)들간의 여러 가지 組合(조합)이 가능할 수 있을 것이다.

작호방법3. 姓字合看法(성자합간법)은 이름이 2자인 경우와 아호 역시 2자의 경우라면, 성명 3자와 다름없이 일반작명이론의 대입이 가능하다는 인식하에 想定(상정) 되었다고 보여지나, 아호가 3자인 경우(梅月堂, 古山子등)에도 일반 작명이론을 그대로 전부 대입하는 것은 姓名(성명)과 雅號(아호)의 각기 다른 구조 및 기능상 맞지 않는 것이라 여겨진다.

따라서 姓(성)을 제외한 보통 2자의 아호로써 雙方對座(쌍방대좌)의 단순 관계(?)를 굳이 복잡하게 三角(삼각)관계로 비약하여 확대 해석하는 것은, 雅號의 本意(본의)에도 꼭 맞지 않는 다는 생각이 들어 작명이론의 음양과 음령오행, 삼원오행 그리고 수리의 원형이정을 援用(원용)하는 것은 어렵고, 다만 원형이정 중에서 貞格數理(정격수리)만의 활용은 인정하고 싶다.

그리고 작호방법5. 姓名合看法(성명합간법)에서 數理五行(수리오행, 天干五行)을 가지고 出生干支(출생간지)에 따른 亨格(형격) 雅號, 姓 또는 名字(이름)간의 오행으로 生剋制化(생극제화) 풀이를 한 것은 이론적으로 상당한 무게가 느껴진다.

그리고 일반작명에서의 5大要素(요소)중에서 앞에서 말한 것과 다른 易象(역상)의 경우 또한 중요하다는 측면에서 생각을 접근시켜 본다.

일반적인 易象(역상)에서 姓名(성명) 3자의 경우라면, 3자의 획수 모두를 합하여 上卦(상괘)를 잡고 姓(성)과 기능이 다르다고 구별되는 名字(명자, 이름)의 합수를 下卦(하괘)로 잡아 作卦(작괘)하여 역상을 얻는데, 어찌 보면 2자의 아호에서는 작괘 자체가 불능인 처지가 되는 것이다.

문제는 사주에서 用神(용신) 또는 喜神(희신)을 찾아내어 作號(작호)에 반영하는 것이 바람직하다고 본다지만, 관련이 되는 命理學(명리학)은 그 학문이 역사가 깊어 거창하고 방대할 뿐 아니라, 다양하기까지 하여 터득하여 활용하는 것이 어렵다고들 하고 있다.

그 중에서도 格局用神(격국용신)이 推命(추명)의 핵심이며 꽃이라고 하던데, 상당한 전문가가 아니면 하고 많은 사주들을 보아 제대로 맞춰내는 것이 그림의 떡 같다는 말도 있듯이 쉽지 않은 일이다.

그런 事情(사정)으로 命理書(명리서)가 아닌 本書(본서)에서는 大宗(대종)을 이루고 있는 즉 특수하고 희귀한 소수의 사주를 제외한 일반적인 경우에, 대체로 합당한 간편한 요령들을 나름대로 四柱常識(사주상식)에서 소개하였으니 이해하고 유용하게 쓰였으면 한다.

달리 생각하면 出生(출생)한 年月日時를 60甲子(갑자)로 네 기둥을 세운 사주로 말한다면, 이름(姓名)을 처음 지을 때 격국용신 정도라면 아마 필수적으로 이미 반영되었을 것이니, 아호를 지을 때 다시 강조하지 않아도 상관없을 것이라고 여긴다면 마음이 편할 수도 있다는 것이다.

아호는 成人(성인)에게 所用(소용)되는 것이며 성인은 벌써부터 姓名(이름)을 가지고 있지 않았는가?

多多益善(다다익선) 하려다 오히려 잘못 될 수도 있지 않을까 싶은 老婆心(노파심)에서 蛇足(사족)을 붙인다.

이를 綜合(종합)하여 整理(정리)하는데 있어 全體的(전체적)인 것 두 가지를 들겠다.

먼저 작호(作號)의 主體(주체), 즉 당사자는 역술인일 수도 있겠지만, 대부분 識者(식자) 정도의 보통 사람이라는 것이다.

다음은 본서에서 소개한 작호 기준 여섯 가지(所處, 所志, 所愚, 所玩, 特徵, 關聯性)를 어떤 형태로든 크게 벗어나지 않아야 한다는 것이다.

이와 같은 두 가지 전제가 이루어진다면 그 다음부터는 간단하다.

雅號에 쓰인 文字(글자)의 총획수만을 가지고 그 길흉을 보거나, 文字別(문자별)로 卦(괘)를 만들어(作卦) 주역(하락이수)을 통하여 그 길흉을 보는 것이기 때문이다.

그리고 작호방법7. 朱子式解名法(주자식해명법)에서 주어진 圖表(도표)를 보고 해당괘의 풀이인 四言節句(사언절구), 다시 말하면 漢字(한자) 여덟 글자를 漢學者(한학자)가 아닌 평소의 識者(식자) 실력으로 대충 해석하는 것으로 충분하다.

거기에다 작호방법6. 河洛理數作號法(하락이수작호법)에서의 主運(주운, 姓名)을 상괘, 客運(객운, 雅號)를 하괘로 작괘까지 하여 활용하면 錦上添花格(금상첨화격)이 될 것임을 의심치 않는다.

더욱 많은 연구와 分析(분석)을 통한 작호방법의 출현을 기대하며 아울러 여러 실례의 檢證(검증)이 이루어지기를 바란다.

歷代有名人(역대유명인)의 雅號(아호)

新羅(신라) 百濟(백제) 朝鮮(조선)시대는 물론 韓末(한말)을 지나 현재에 이르면서 역사적으로 유명한 인물들의 아호를 모아, 현존하는 인명사전 등에 기초하여 그 명세를 다음의 원칙에 따라 등재하였음.

1. 한글음의 가나다순으로 작성하였으며, 약력은 간단히 기술하였음.
2. 유명인 한 사람의 대표적인 아호 하나만을 적었으나, 호가 없거나 전하지 않은 몇 분은 [ ]안에 字를 넣었으며 諡號(시호)는 생략하였음.(우리와 같은 성을 쓰는 중국인도 있음)
3. 時代別(시대별) 分野別(분야별)은 물론 姓氏別(성씨별)로 고르게 안배하는 등 의도적으로 그 대상을 선정하지는 않았음.

※ 아울러 그 밖의 人物(인물)들을 함께 등재하지 못한 것을 유감으로 생각하며, 본서의 870명에 달하는 아호 名單(명단)이 있어 아호의 연구나 활용에 기여하기를 바라는 마음이다.

歷代 有名人(역대 유명인)의 雅號

(가나다 順)

[ㄱ]

姜 克 誠 (강극성)	竹醉	(죽취)	→ 조선시대의 시인
姜 大 遂 (강대수)	勉哉	(면재)	→ 조선중기의 문신
姜 大 適 (강대적)	鷗洲	(구주)	→ 조선시대의 와병
姜 孟 卿 (강맹경)	子章	(자장)	→ 조선시대의 명신
姜 敏 著 (강민저)	采叔	(채숙)	→ 조선시대의 학자
姜 碩 期 (강석기)	月塘	(월당)	→ 조선시대의 문관
姜 碩 德 (강석덕)	玩易齋 (완역재)	→ 조선초기의 명신
姜 碩 賓 (강석빈)	渭師	(위사)	→ 조선중기의 문신
姜 善 餘 (강선여)	積而	(적이)	→ 조선시대의 문관
姜 世 晃 (강세황)	豹菴	(표암)	→ 조선시대의 서화가
姜 叔 突 (강숙돌)	子讓	(자양)	→ 조선시대의 문관
姜　紳 (강 신)	東皐	(동고)	→ 조선시대의 문관
姜 龍 律 (강용율)	小泉	(소천)	→ 아동문학가
姜 宇 奎 (강우규)	日愚	(일우)	→ 독립운동가
姜　瑜 (강 유)	商谷	(상곡)	→ 조선 선조때의 문신
姜 有 爲 (강유위)	南海	(남해)	→ 중국학자
姜 裕 後 (강유후)	玉溪	(옥계)	→ 조선중기의 문신
姜 一 淳 (강일순)	甑山	(증산)	→ 종교가, 학자
姜 必 履 (강필리)	錫汝	(석여)	→ 조선시대의 문관
姜　抗 (강 항)	睡隱	(수은)	→ 정유재란때 의병장
姜 弘 立 (강홍립)	耐村	(내촌)	→ 조선중기의 장군
姜 希 孟 (강희맹)	私淑齋 (사숙재)	→ 조선초기의 명신

姜 希 顔 (강희안)　仁齋　(인재)　→ 조선시대의 명신
高 敬 命 (고경명)　霽峰　(제봉)　→ 조선시대의 병장
高 秉 幹 (고병간)　灑由　(여유)　→ 의사, 교육자
高 若 海 (고약해)　順平　(순평)　→ 조선시대의 문관
顧 炎 武 (고염무)　亭林　(정림)　→ 중국학자
高 應 陟 (고응척)　杜谷　(두곡)　→ 조선시대의 학자
高 從 厚 (고종후)　準峰　(준봉)　→ 조선시대의 충신
高 義 東 (고희동)　春谷　(춘곡)　→ 동양화가, 최초서양화
穀 梁 赤 (곡양적)　元始　(원시)　→ 중국의 학자
孔　　丘 (공 구)　仲尼　(중니)　→ 성인 孔子
郭 再 祐 (곽재우)　忘憂　(망우)　→ 임진왜란때 의병장
郭 忠 恕 (곽충서)　恕先　(서선)　→ 중국의 학자
具　　宏 (구 굉)　群山　(군산)　→ 조선시대의 공신
具 思 孟 (구사맹)　八谷　(팔곡)　→ 조선시대의 명신
弓 寅 聖 (궁인성)　晩翠　(만취)　→ 독립운동가
權　　格 (권 격)　六有堂 (육유당)　→ 조선시대의 문관
權　　近 (권 근)　陽村　(양촌)　→ 조선초기의 대학자
權　　擥 (권 남)　所閑堂 (소한당)　→ 조선태·세종때 문신
權 達 手 (권달수)　桐溪　(동계)　→ 조선시대의 학자
權 得 己 (권득기)　晩晦　(만회)　→ 조선시대의 문관
權 秉 德 (권병덕)　淸庵　(청암)　→ 독립운동가
權　　溥 (권 부)　菊齋　(국재)　→ 고려시대의 학자
權 山 海 (권산해)　竹林　(죽림)　→ 조선시대의 의인
權 尙 夏 (권상하)　遂庵　(수암)　→ 조선 선조때의 학자
權 聖 矩 (권성구)　鳩巢　(구소)　→ 조선시대의 문관
權 順 長 (권순장)　孝元　(효원)　→ 조선시대의 의인

權　　慄 (권　율)	晩翠堂 (만취당)	→ 조선 선조때의 도원수
權 一 身 (권일신)	移庵　(이암)	→ 조선말기 천주교신자
權　　節 (권　절)	栗亭　(율정)	→ 조선시대의 충신
權　　蹄 (권　제)	止齋　(지재)	→ 조선초기의 문신, 학자
權　　徵 (권　징)	松菴　(송암)	→ 조선시대의 문관
權　　帖 (권　첩)	靖吾　(정오)	→ 조선시대의 문관
金　　農 (금　농)	冬心　(동심)	→ 중국 문인
奇 大 升 (기대승)	高峰　(고봉)	→ 조선 선조때의 성리학자
奇 宇 萬 (기우만)	松沙　(송사)	→ 한말 의병장
奇 自 獻 (기자헌)	晩全　(만전)	→ 조선 명.인조때 문신
奇 孝 諫 (기효간)	錦江　(금강)	→ 조선시대의 학자
吉 善 宙 (길선주)	靈溪　(영계)	→ 독립운동가
吉　　再 (길　재)	冶隱　(야은)	→ 려말,조선초의 학자
金 嘉 鎭 (김가진)	東巖　(동암)	→ 독립운동가
金　　勘 (김　감)	一齋　(일재)	→ 조선 중기의 문신
金 開 物 (김개물)	元龜　(원귀)	→ 조선시대의 문관
金 健 淳 (김건순)	嘉橘　(가귤)	→ 조선시대의 종교인
金 慶 門 (김경문)	蘇岩　(소암)	→ 조선시대의 문관
金 係 錦 (김계금)	六一　(육일)	→ 조선시대의 문관
金 繼 輝 (김계휘)	黃岡　(황강)	→ 조선중기의 문신
金 光 粹 (김광수)	松隱　(송은)	→ 조선시대의 시인
金 光 燁 (김광엽)	竹日　(죽일)	→ 조선시대의 문관
金 宏 弼 (김굉필)	寒暄堂 (한훤당)	→ 조선 문신, 18현
金　　構 (김　구)	觀復齋 (관복재)	→ 조선 숙종때의 賢臣
金　　九 (김　구)	白凡　(백범)	→ 독립운동가, 임정주석
金 圭 植 (김규식)	尤史　(우사)	→ 독립운동가. 정치가

金 奎 鎭 (김규진)	海崗	(해강)	→ 근대 서화가
金 根 培 (김근배)	梅下	(매하)	→ 한말의 지사
金 綺 秀 (김기수)	蒼山	(창산)	→ 조선 고종 때의 문신
金 基 厚 (김기후)	士重	(사중)	→ 조선시대의 문관
金 吉 通 (김길통)	叔經	(숙경)	→ 조선 전기의 문신
金 樂 行 (김낙행)	九思堂	(구사당)	→ 조선시대의 학자
金 來 成 (김래성)	雅人	(아인)	→ 신문학 작가
金 鸞 祥 (김난상)	鮮山	(병산)	→ 조선시대의 문관
金 魯 (김 노)	東皐	(동고)	→ 조선시대의 서도가
金 達 淳 (김달순)	一靑	(일청)	→ 조선후기의 문신
金 淡 (김 담)	撫松軒	(무송헌)	→ 조선시대의 학자
金 道 泰 (김도태)	希天	(희천)	→ 교육자, 독립운동가
金 敦 熙 (김돈희)	惺堂	(성당)	→ 조선시대의 문인
金 東 三 (김동삼)	一松	(일송)	→ 독립운동가
金 東 仁 (김동인)	琴童	(금동)	→ 신문학 소설가
金 東 煥 (김동환)	巴人	(파인)	→ 최초 서사시인
金 得 臣 (김득신)	兢齋	(긍재)	→ 조선시대의 화가
金 瑬 (김 류)	北渚	(북저)	→ 조선중기의 공신
金 萬 重 (김만중)	西浦	(서포)	→ 조선 숙종때의 문신.문학자
金 末 (김 말)	乾之	(건지)	→ 여말 조선 초기의 학자
金 命 元 (김명원)	酒隱	(주은)	→ 조선 선조때의 문신
金 文 起 (김문기)	白村	(백촌)	→ 조선시대의 충신
金 法 麟 (김법린)	梵山	(범산)	→ 승려, 항일독립운동가, 학자, 정치가
金 炳 德 (김병덕)	約山	(약산)	→ 현종.고종때의 정승
金 炳 魯 (김병로)	街人	(가인)	→ 정치가 법률가

金 炳 淵 (김병연)　　笠　　　(삿갓)　　　→ 방랑시인

金 富 軾 (김부식)　　雷川　　(뇌천)　　　→ 고려 인조때 명신.사학자

金　　憑 (김 빙)　　敬仲　　(경중)　　　→ 조선시대의 문관

金 士 衡 (김사형)　　洛圃　　(낙포)　　　→ 조선 개국공신

金 尙 容 (김상용)　　仙源　　(선원)　　　→ 조선 인조때의 상신

金 尙 喆 (김상철)　　華西　　(화서)　　　→ 조선시대의 문관

金 尙 憲 (김상헌)　　淸陰　　(청음)　　　→ 조선선조 효종때의 상신

金 相 賢 (김상현)　　後農　　(후농)　　　→ 정치인, 민주당 재창당

金 錫 冑 (김석주)　　息庵　　(식암)　　　→ 조선 숙종때의 相臣

金 奭 鎭 (김석진)　　梧泉　　(오천)　　　→ 조선 고종때의 문신

金 聲 久 (김성구)　　八吾軒 (팔오헌)　　→ 조선시대의 문관

金 性 洙 (김성수)　　仁村　　(인촌)　　　→ 정치가. 교육가

金 誠 一 (김성일)　　鶴峯　　(학봉)　　　→ 조선 선조때의 명신

金 世 鎬 (김세호)　　龜州　　(구주)　　　→ 조선시대의 학자

金 珽 湜 (김소월)　　素月　　(소월)　　　→ 신문학 시인

金 壽 童 (김수동)　　晩保堂 (만보당)　　→ 조선시대의 문관

金 守 렴 (김수렴)　　野黨　　(야당)　　　→ 조선시대의 문관

金 守 溫 (김수온)　　乖崖　　(괴애)　　　→ 태.성종때 학자

金 壽 長 (김수장)　　老歌齋 (노가재)　　→ 조선 영조때 문인

金 壽 恒 (김수항)　　文谷　　(문곡)　　　→ 인조.숙종때 문신

金 守 漢 (김수한)　　一聲　　(일성)　　　→ 정치인. 15대 국회의장

金 壽 興 (김수흥)　　退憂堂 (퇴우당)　　→ 조선후기의 相臣

金 崇 謙 (김숭겸)　　觀復庵 (관복암)　　→ 조선 후기의 시인

金 時 習 (김시습)　　梅月堂 (매월당)　　→ 조선시대 학자. 생육신

金 時 讓 (김시양)　　荷潭　　(하담)　　　→ 선조.인조때 공신

金 時 獻 (김시헌)　　艾軒　　(애헌)　　　→ 광해군때 문신

金 時 顯 (김시현)　河求　(하구)　→ 독립운동가

金 安 國 (김안국)　慕齋　(모재)　→ 조선전기의 명신

金 安 老 (김안로)　希樂堂 (희락당)　→ 조선 중종때의 권신

金 躍 淵 (김약연)　圭巖　(규암)　→ 독립운동가. 교육자

金 養 根 (김양근)　東埜　(동야)　→ 조선시대의 문관

金 良 彦 (김양언)　善益　(선익)　→ 조선시대의 문관

金 　 億 (김 억)　岸曙　(안서)　→ 신문학 시인

金 　 緣 (김 연)　雲巖　(운암)　→ 조선시대 문관

金 禮 蒙 (김예몽)　敬甫　(경보)　→ 조선 전기의 문신

金 允 植 (김윤식)　永郎　(영랑)　→ 근대시인

金 玉 均 (김옥균)　古筠　(고균)　→ 한말의 정치가,개화운동가

金 祐 鎭 (김우진)　焦星　(초성)　→ 근세 연극인

金 偉 男 (김위남)　樂山　(요산)　→ 조선시대의 문인

金 　 紐 (김 유)　琴軒　(금헌)　→ 조선시대의 문관

金 有 慶 (김유경)　龍洲　(용주)　→ 조선후기의 문신

金 有 淵 (김유연)　藥山　(약산)　→ 고종때 정승

金 　 堉 (김 육)　潛谷　(잠곡)　→ 조선 인.효종때의 문신

金 　 倫 (김 윤)　竹軒　(죽헌)　→ 고려말 정치가

金 允 經 (김윤경)　　　(한결)　→ 국어학자 교육가

金 允 植 (김윤식)　雲養　(운양)　→ 한말의 관료, 문장가

金 殷 鎬 (김은호)　以堂　(이당)　→ 근대 채색화의 대가

金 應 南 (김응남)　斗巖　(두암)　→ 조선 선조때 명신

金 益 兼 (김익겸)　汝南　(여남)　→ 조선 중기의 문신

金 益 勳 (김익훈)　光南　(광남)　→ 조선 숙종때 노론의 거두

金 麟 厚 (김인후)　河西　(하서)　→ 조선 명종때 학자,18현

金 馹 孫 (김일손)　濯纓　(탁영)　→ 조선 연산조때 학자

金 自 點 (김자점)	洛西	(낙서)	→ 조선 인조때의 문신
金 長 生 (김장생)	沙溪	(사계)	→ 조선 문신, 학자,18현
金 載 瓚 (김재찬)	海石	(해석)	→ 조선 영.순조의 문신
金 涏 湜 (김정식)	素月	(소월)	→ 신문학 시인
金 正 浩 (김정호)	古山子 (고산자)		→ 조선시대 학자, 대동여지도
金 正 喜 (김정희)	阮堂	(완당)	→ 금석학자 서도가
金 祖 根 (김조근)	紫塢	(자오)	→ 조선후기의 문신
金 祖 淳 (김조순)	楓皐	(풍고)	→ 조선 순조때의 문신
金 宗 南 (김종남)	海隱	(해은)	→ 조선시대의 음악인
金 宗 瑞 (김종서)	節齋	(절재)	→ 조선시대의 정치가, 무인
金 鍾 正 (김종정)	雲溪	(운계)	→ 조선시대의 문관
金 鍾 秀 (김종수)	夢梧	(몽오)	→ 조선 정조때의 권신
金 宗 直 (김종직)	佔畢齋 (점필재)		→ 조선초기의 학자
金 鍾 必 (김종필)	雲庭	(운정)	→ 정치인. 전총리
金 宗 烋 (김종휴)	書巢	(서소)	→ 조선시대의 학자
金 左 根 (김좌근)	荷屋	(하옥)	→ 조선 말기의 재상
金 佐 鎭 (김좌진)	白冶	(백야)	→ 독립운동가
金 準 (김 준)	竹峰	(죽봉)	→ 한말의 의병
金 指 南 (김지남)	廣川	(광천)	→ 조선시대의 역관
金 進 洙 (김진수)	蓮坡	(연파)	→ 조선시대의 문인
金 晋 燮 (김진섭)	聽川	(청천)	→ 근대 수필가
金 震 標 (김진표)	悟涯	(오애)	→ 조선시대의 문관
金 集 (김 집)	愼獨齋 (신독재)		→ 조선 문신.학자, 18현
金 昌 淑 (김창숙)	心山	(심산)	→ 유학자. 독립운동가
金 昌 業 (김창업)	稼齋	(가재)	→ 조선후기 화가. 학자
金 千 鎰 (김천일)	健齋	(건재)	→ 임진왜란때 의병장

金 添 慶 (김첨경)	東岡	(동강)	→ 조선시대의 정치가
金 春 澤 (김춘택)	北軒	(북헌)	→ 조선 숙종때의 문신
金 就 文 (김취문)	久菴	(구암)	→ 조선시대의 청백리
金 峙 (김 치)	基甫	(기보)	→ 조선시대의 학자
金 太 虛 (김태허)	博淵亭	(박연정)	→ 조선시대의 무장
金 澤 榮 (김택영)	滄江	(창강)	→ 한말의 유학자 문학가
金 翰 東 (김한동)	臥隱	(와은)	→ 조선시대의 문관
金 弘 道 (김홍도)	檀園	(단원)	→ 조선후기의 화가
金 洪 福 (김홍복)	東園	(동원)	→ 조선중기의 문신
金 弘 集 (김홍집)	道園	(도원)	→ 한말 개화당의 거두
金 活 蘭 (김활란)	又月	(우월)	→ 교육자, 최초 여성대학 졸업
金 黃 元 (김황원)	天民	(천민)	→ 조선시대의 문관
金 孝 元 (김효원)	省庵	(성암)	→ 조선 선조때 동인의 중심인물

〈ㄴ〉

羅 慶 孫 (나경손)	稻香	(도향)	→ 근대 작가 (요절)
羅 壽 淵 (나수연)	小蓬	(소봉)	→ 서화가, 언론인
羅 雲 奎 (나운규)	春史	(춘사)	→ 영화인 영화예술의 선구자
羅 喆 (나 철)	弘巖	(홍암)	→ 대종교의 교조
羅 惠 錫 (나혜석)	晶月	(정월)	→ 최초의 여류 서양화가
南 袞 (남 곤)	止亭	(지정)	→ 조선전기의 정치가.문인
南 公 轍 (남공철)	思潁	(사영)	→ 조선시대의 학자
南 九 萬 (남구만)	樂泉	(약천)	→ 조선 숙종때의 소론의 거두
南 宮 璧 (남궁벽)	草夢	(초몽)	→ 신문학 시인
南 宮 檍 (남궁억)	翰西	(한서)	→ 언론인. 황성신문 사장
南 宮 鈺 (남궁옥)	滄洲	(창주)	→ 조선시대의 서화가

南 以 恭 (남이공) 雪蓑 (설사) → 조선 선조때의 소북의 거두
南 廷 哲 (남정철) 霞山 (하산) → 조선 현종때의 중신
南 致 勤 (남치근) 勤之 (조선) → 조선 중기의 무인
南 孝 溫 (남효온) 秋江 (추강) → 세조때 생육신
盧 克 復 (노극복) 月華堂 (월화당) → 조선시대의 학자
盧 伯 麟 (노백린) 桂園 (계원) → 독립운동가
盧 思 愼 (노사신) 葆眞齋 (보진재) → 조선시대의 문관
盧 守 愼 (노수신) 蘇齋 (소재) → 조선 명.선조때 명신
魯 迅 (노 신) 豫才 (예재) → 중국작가
盧 峻 命 (노준명) 正而 (정이) → 조선시대의 문관

〈ㄷ〉

都 應 兪 (도응유) 翠崖 (취애) → 조선시대의 학자
獨 孤 入 (독고입) 卓然 (탁연) → 조선시대의 무장

〈ㅁ〉

馬 湘 圭 (마상규) 海松 (해송) → 아동문학가
馬 應 房 (마응방) 龍庵 (용암) → 조선시대의 의병장
孟 思 誠 (맹사성) 古佛 (고불) → 조선 세종때의 명신
明 以 恒 (명이항) 成齋 (성재) → 교육가
文 參 (문 삼) 白草堂 (백초당) → 조선시대의 학자
文 緯 世 (문위세) 楓庵 (풍암) → 조선시대의 의병장
文 益 漸 (문익점) 三憂堂 (삼우당) → 고려시대의 학자, 문신
文 一 平 (문일평) 湖岩 (호암) → 한말의 사학자
文 希 舜 (문희순) 汝華 (여화) → 조선시대의 선비
閔 奎 鎬 (민규호) 黃史 (황사) → 한말의 충신. 우국지사

閔 泳 綺 (민영기)　滿庵 (만암)　　→ 한말의 대신

閔 泳 達 (민영달)　藕堂 (우당)　　→ 조선 고종때의 대신

閔 泳 穆 (민영목)　泉食 (천식)　　→ 고종때 관찰사.서도가

閔 泳 翊 (민영익)　芸楣 (운미)　　→ 조선말기의 대신

閔 泳 煥 (민영환)　桂庭 (계정)　　→ 조선말기의 충신

閔 泳 徽 (민영휘)　荷汀 (하정)　　→ 조선 말기의 문신

閔　　點 (민　점)　雙梧 (쌍오)　　→ 조선시대의 문관

閔 種 黙 (민종묵)　翰山 (한산)　　→ 한말의 외무대신

閔 鎭 遠 (민진원)　丹巖 (단암)　　→ 조선 영조때 노론의 거두

閔 天 符 (민천부)　應明 (응명)　　→ 조선시대의 문관

閔 泰 瑗 (민태원)　牛步 (우보)　　→ 소설가, 번역문학자, 언론인

閔 台 鎬 (민태호)　杓庭 (표정)　　→ 조선 후기의 척신

閔 宅 基 (민택기)　雪海 (설해)　　→ 서화가

〈ㅂ〉

朴 啓 周 (박계주)　曙雲 (서운)　　→ 소설가 한성일보 편집고문

朴 光 前 (박광전)　竹川 (죽천)　　→ 조선시대의 문관

朴 東 亮 (박동량)　梧窓 (오창)　　→ 조선 선조때의 공신

朴 東 善 (박동선)　西浦 (서포)　　→ 조선 인조때의 문신

朴 斗 星 (박두성)　松庵 (송암)　　→ 한글점자 창안자

朴 文 秀 (박문수)　耆隱 (기은)　　→ 조선 영조때 공신. 어사

朴 文 鎬 (박문호)　壺山 (호산)　　→ 조선시대의 문신

朴　　祥 (박　상)　訥齋 (눌재)　　→ 조선초기의 문장가

朴 尙 衷 (박상충)　誠夫 (성부)　　→ 고려말 학자

朴 性 黙 (박성묵)　陽巖 (양암)　　→ 항일투사

朴 世 橋 (박세교)　與乘 (여승)　　→ 조선시대의 문관

朴 世 堂 (박세당)　西溪　（서계）　→ 조선시대의 학자
朴 世 茂 (박세무)　消遙堂 (소요당)　→ 조선시대의 학자
朴 世 采 (박세채)　玄石　（현석）　→ 조선 숙종때의 문신, 18현
朴　　堧 (박 연)　蘭溪　（난계）　→ 조선 세종때의 음악가
朴 泳 鍾 (박영종)　木月　（목월）　→ 문인. 소설가
朴 泳 孝 (박영효)　玄玄居士 (현현거사)→ 한말의 정치가
朴 英 熙 (박영희)　懷月　（회월）　→ 평론가.시인.작가
朴 容 萬 (박용만)　宇醒　（우성）　→ 독립운동가
朴 龍 喆 (박용철)　龍兒　（용아）　→ 신문학 시인
朴 殷 植 (박은식)　白巖　（백암）　→ 독립운동가
朴 毅 長 (박의장)　士剛　（사강）　→ 조선시대의 문관
朴 仁 老 (박인로)　蘆溪　（노계）　→ 조선 선조때의 시인
朴 定 陽 (박정양)　竹泉　（죽천）　→ 조선 고종때의 대신
朴 正 熙 (박정희)　中樹　（중수）　→ 전 대통령
朴 齊 家 (박제가)　楚亭　（초정）　→ 조선후기의 학자.서화가
朴 齊 純 (박제순)　平齋　（평재）　→ 한말의 친일 정치가
朴 宗 慶 (박종경)　敦巖　（돈암）　→ 조선 영조때 문신
朴 鍾 鴻 (박종홍)　洌巖　（열암）　→ 철학자.교수
朴 鍾 和 (박종화)　月灘　（월탄）　→ 시인.소설가
朴 知 誠 (박지계)　潛冶　（잠야）　→ 조선시대의 학자
朴 之 屛 (박지병)　汝障　（여장）　→ 조선시대의 효자
朴 趾 源 (박지원)　燕巖　（연암）　→ 조선 후기의 문인
朴 枝 華 (박지화)　守菴　（수암）　→ 조선시대의 학자
朴 贊 翊 (박찬익)　南坡　（남파）　→ 독립운동가
朴 處 綸 (박처륜)　巨卿　（거경）　→ 조선시대의 문관
朴 泰 輔 (박태보)　定齋散人 (정재산인)→ 조선중종때의 문신

朴彭年 (박팽년)　醉琴軒 (취금헌)　→ 조선초기의 학자, 사육신
朴景順 (박경순)　花城　(화성)　→ 문인.소설가
潘　嶽 (반　악)　安仁　(안인)　→ 중국, 문인
方戊吉 (방무길)　惠淵　(혜연)　→ 여류화가
方定煥 (방정환)　小波　(소파)　→ 아동문학가
裵克廉 (배극렴)　筆菴　(필암)　→ 조선 개국공신
裵興立 (배흥립)　伯起　(백기)　→ 조선시대의 무장
白居易 (백거이)　香山居士 (향산거사)→ 중국시인
白光勳 (백광훈)　玉峰　(옥봉)　→ 조선시대 시인
白樂濬 (백낙준)　庸齋　(용재)　→ 문인 문교부장관
白相奎 (백상규)　龍成　(용성)　→ 33인중 한사람, 불교인
白受繪 (백수회)　松潭　(송담)　→ 조선 중기의 문신
白仁傑 (백인걸)　休菴　(휴암)　→ 조선시대의 문관
白弘悌 (백홍제)　汝順　(여순)　→ 조선시대의 의인
白見龍 (백현룡)　惺軒　(성헌)　→ 조선시대의 학자
法　藏 (법　장)　高峯　(고봉)　→ 백제의 중, 속성金氏
卞季良 (변계량)　春亭　(춘정)　→ 조선초기의 문신
卞榮魯 (변영로)　樹州　(수주)　→ 신문학 시인
卞榮泰 (변영태)　逸石　(일석)　→ 건국초기 국무총리
普　雨 (보　우)　虛應堂 (허응당)　→ 조선명종때의 중
普　愚 (보　우)　太古　(태고)　→ 고려말 승려, 속성洪씨

〈ㅅ〉

司馬遷 (사마천)　子長　(자장)　→ 중국 사학자
徐居正 (서거정)　四佳亭 (사가정)　→ 조선초기의 학자
徐敬德 (서경덕)　花潭　(화담)　→ 조선중기의 학자

徐 命 均 (서명균)　嘯皐　(소고)　→ 조선 영조때의 문신

徐 文 裕 (서문유)　季容　(계용)　→ 조선후기의 문신

徐 丙 五 (서병오)　石齋　(석재)　→ 서화가 문인화, 군수

徐 相 日 (서상일)　東庵　(동암)　→ 독립운동가

徐 世 忠 (서세충)　春江　(춘강)　→ 고려시대의 학자

徐 有 望 (서유망)　表民　(표민)　→ 조선시대의 문관

徐 理 修 (서이수)　而仲　(이중)　→ 조선시대의 학자

徐 載 弼 (서재필)　松齋　(송재)　→ 독립운동가. 독립협회

徐 左 輔 (서좌보)　公弼　(공필)　→ 조선 중기의 문신

徐 　 椿 (서 춘)　五峰　(오봉)　→ 언론인

徐 孝 修 (서효수)　汝源　(여원)　→ 조선시대의 문관

徐 　 熙 (서 희)　廉允　(염윤)　→ 고려외교가.장군

宣 居 怡 (선거이)　親親齋(친친재)　→ 조선중기의 무신

宣 世 綱 (선세강)　梅谷　(매곡)　→ 조선시대의 문관

薛 　 聰 (설 총)　氷月堂(빙월당)　→ 신라때의 학자, 字는 聰智

成 夢 井 (성몽정)　應卿　(응경)　→ 조선시대의 명신

成 文 濬 (성문준)　滄浪　(창랑)　→ 조선시대의 학자

成 奉 祖 (성봉조)　孝夫　(효부)　→ 조선 전기의 문신

成 士 達 (성사달)　易菴　(역암)　→ 고려말의 문신

成 三 問 (성삼문)　梅竹軒(매죽헌)　→ 조선초기 학자, 사육신

成 石 璘 (성석린)　獨谷　(독곡)　→ 조선초기의 명신.명필

成 世 明 (성세명)　如晦　(여회)　→ 조선시대의 문관

成 世 純 (성세순)　太純　(태순)　→ 조선시대의 문관

成 世 章 (성세장)　思菴　(사암)　→ 조선시대의 문관

成 世 昌 (성세창)　遯齋　(돈재)　→ 성.명종때의 문신

成 　 勝 (성 승)　赤谷　(적곡)　→ 조선시대 충신, 성삼문의 父

成 佑 吉 (성우길)　自受　(자수)　→ 조선시대의 장군

成　運 (성 운)　大谷　(대곡)　→ 조선시대의 선비

成　任 (성 임)　逸齋　(일재)　→ 조선시대의 학자

成 子 濟 (성자제)　松齋　(송재)　→ 조선시대의 서예가

成 周 德 (성주덕)　縣之　(현지)　→ 조선 초기의 천문관, 학자

成 彭 年 (성팽년)　石谷　(석곡)　→ 조선시대의 문관

成 夏 宗 (성하종)　而建　(이건)　→ 조선시대의 문관

成　倪 (성 현)　慵齋　(용재)　→ 조선초기의 명신. 학자

成　渾 (성 혼)　牛溪　(우계)　→ 조선 선조때 학자, 18현

成 好 善 (성호선)　月蓑　(월사)　→ 조선시대의 문관

成 虎 徵 (성호징)　炳如　(병여)　→ 조선시대의 문관

成　渾 (성 혼)　黙庵　(묵암)　→ 조선 선조때 학자

蘇 始 萬 (소시만)　菊軒　(국헌)　→ 조선시대의 학자

孫　冠 (손 관)　知足　(지족)　→ 고려 중기의 문신

孫 德 沈 (손덕심)　慕軒　(모건)　→ 임진왜란때 의병장

孫 秉 熙 (손병희)　義菴　(의암)　→ 종교가, 민족대표

孫 比 長 (손비장)　笠巖　(입암)　→ 조선시대의 문관

孫 叙 倫 (손서륜)　敦仲　(돈중)　→ 조선시대의 충신

孫 英 濟 (손영제)　鄒川　(추천)　→ 조선시대의 문관

孫 一 民 (손일민)　晦堂　(회당)　→ 독립운동가

孫 鼎 九 (손정구)　孝卿　(효경)　→ 조선시대의 문관

孫 晋 泰 (손진태)　南滄　(남창)　→ 민속학자 국사학자

孫 必 大 (손필대)　歲寒齋 (세한재)　→ 조선시대의 시인

孫 弘 祿 (손홍록)　寒溪　(한계)　→ 조선시대의 학자

宋 奎 濂 (송규렴)　霽月堂 (제월당)　→ 조선 중기의 문신

訟 近 洙 (송근수)　立齋　(입재)　→ 조선후기의 문신

宋 麒 壽 (송기수)　湫坡　(추파)　→ 조선시대의 학자
宋 基 厚 (송기후)　聞道齋(문도재)　→ 조선시대의 학자
宋 能 相 (송능상)　雲坪　(운평)　→ 조선시대의 학자
宋 大 立 (송대립)　信伯　(손백)　→ 조선시대의 충신
宋 明 輝 (송명휘)　學川　(학천)　→ 조선시대의 학자
宋 尙 敏 (송상민)　石谷　(석곡)　→ 조선시대의 학자
宋 象 仁 (송상인)　西郭　(서곽)　→ 조선시대의 문관
宋 松 禮 (송송례)　貞烈　(정열)　→ 고려 충렬왕때 재상
宋 秀 萬 (송수만)　醒菴　(성암)　→ 한말 고종때 무관, 항일투사
宋 時 吉 (송시길)　仲立　(중립)　→ 조선시대의 문관
宋 時 烈 (송시열)　尤庵　(우암)　→ 조선 학자. 명신 18현
宋 汝 諧 (송여해)　虞卿　(우경)　→ 조선시대의 문관
宋 翼 弼 (송익필)　龜峰　(구봉)　→ 조선시대의 학자
宋 鱗 壽 (송인수)　圭庵　(규암)　→ 조선 성.명종때 문신
宋 日 中 (송일중)　宋齋　(송재)　→ 조선시대의 서예가
宋 廷 奎 (송정규)　迂叟　(우수)　→ 조선시대의 문관
宋 鍾 翊 (송종익)　友江　(우강)　→ 독립운동가, 흥사단이사장
宋 浚 吉 (송준길)　同春　(동춘)　→ 조선 명신, 18현
宋 鎭 禹 (송진우)　古下　(고하)　→ 정치가. 독립운동가
宋 徵 殷 (송징은)　約軒　(약헌)　→ 조선시대의 학자
宋 　 贊 (송 찬)　西郊　(서교)　→ 조선시대의 문관
宋 千 喜 (송천희)　懼夫　(구부)　→ 조선 중기의 문신
宋 　 樞 (송 추)　鼎山　(정산)　→ 종교인
申 　 鑑 (신 감)　笑仙　(소선)　→ 조선시대의 문관
愼 居 寬 (신거관)　獨齋　(독재)　→ 조선시대의 문관
申 景 洛 (신경락)　松村　(송촌)　→ 조선시대의 문관

辛 景 衍 (신경연)　錦汀　(금정)　→ 조선시대의 문관

申 景 濬 (신경준)　旅庵　(여암)　→ 조선 영조때의 실학자

申 光 洙 (신광수)　石北　(석북)　→ 조선시대의 문관

申 圭 植 (신규식)　睨觀　(예관)　→ 독립 운동가

申 箕 善 (신기선)　陽園　(양원)　→ 조선 고종때의 대신

申 棄 疾 (신기질)　稼軒　(가헌)　→ 중국시인

申 大 羽 (신대우)　宛丘　(완구)　→ 조선시대의 문관

申 德 隣 (신덕린)　醇隱　(순은)　→ 고려시대의 문인

辛　　旽 (신　돈)　淸閑居士(청한거사)→ 고려말기의 중

申 得 洪 (신득홍)　芷潭　(지담)　→ 조선시대의 문관

申 末 舟 (신말주)　歸來亭(귀래정)　→ 조선시대의 문관

申 復 淳 (신복순)　淳之　(순지)　→ 조선시대의 문관

辛 錫 正 (신석정)　夕汀　(석정)　→ 신문학 시인

愼 守 勤 (신수근)　所閑堂(소한당)　→ 세종때의 정치가

申 叔 舟 (신숙주)　保閑齋(보한재)　→ 조선 초기의 문신, 학자

愼 承 善 (신승선)　仕止堂(사지당)　→ 조선 전기의 문신

申　　岳 (신　악)　籟湖　(뇌호)　→ 독립운동가

申 元 綠 (신원록)　悔堂　(회당)　→ 조선시대 효자

申　　緯 (신　위)　紫霞　(자하)　→ 조선 말기의 학자

申 維 翰 (신유한)　靑泉　(청천)　→ 조선시대의 문장가

申 潤 福 (신윤복)　蕙園　(혜원)　→ 조선시대의 화가

申 儀 華 (신의화)　四雅　(사아)　→ 조선시대의 문관

申 翊 龍 (신익룡)　濠梁　(호량)　→ 조선시대의 문관

申 翊 聖 (신익성)　樂全堂(낙전당)　→ 선조의 부마. 문장. 서도가

申 翊 全 (신익전)　東江　(동강)　→ 조선시대의 문관

申 翼 熙 (신익희)　海公　(해공)　→ 독립운동가. 정치가

辛 引 孫 (신인손)　石泉　(석천)　→ 조선시대의 학자

申　潛 (신　잠)　靈川子(영천자)　→ 조선시대의 문관

申 佐 模 (신좌모)　澹人　(담인)　→ 조선 후기의 문신

申 遵 美 (신준미)　仕休　(사휴)　→ 조선시대의 학자

申 之 悌 (신지제)　梧峰　(오봉)　→ 조선시대 문관

申 采 浩 (신채호)　丹齋　(단재)　→ 언론계 선구자, 독립운동

辛　礎 (신　초)　聞巖　(문암)　→ 조선시대의 무장

申　最 (신　최)　春沼　(춘소)　→ 조선시대의 문관

申 八 均 (신팔균)　洞川　(동천)　→ 한말 무관, 항일투사

申　混 (신　혼)　草庵　(초암)　→ 조선시대의 문관

申　活 (신　활)　竹老　(죽로)　→ 조선시대의 학자

申 鴻 周 (신홍주)　儀之　(의지)　→ 조선시대의 문관

申　欽 (신　흠)　象村　(상촌)　→ 조선 인조때 영의정

沈　決 (심　결)　通之　(통지)　→ 조선시대의 문관

沈　權 (심　권)　聖可　(성가)　→ 조선시대의 문관

沈　檀 (심　단)　藥峴　(약현)　→ 조선시대의 문관

沈 得 行 (심득행)　道卿　(도경)　→ 조선시대의 문관

沈 民 覺 (심민각)　龜巖　(구암)　→ 조선시대의 志士

沈 思 遜 (심사손)　讓卿　(양경)　→ 조선시대의 문관

沈 師 正 (심사정)　玄齋　(현재)　→ 조선 중기의 화가

沈 裳 奎 (심상규)　斗室　(두실)　→ 조선 말엽의 명신

沈　演 (심　연)　圭峰　(규봉)　→ 조선시대 문관

沈　悅 (심　열)　南坡　(남파)　→ 조선 중기의 문신

沈 友 勝 (심우승)　晩沙　(만사)　→ 조선 중기의 문신

沈 益 顯 (심익현)　竹塢　(죽오)　→ 조선시대 문관

沈 義 謙 (심의겸)　巽庵　(손암)　→ 조선 선조때 문신

沈 煥 之 (심환지)　　晩圃　 (만포)　　→ 정조때 정승

沈　　熏 (심 훈)　　海風　 (해풍)　　→ 신 소설가

沈 喜 壽 (심희수)　　一松　 (일송)　　→ 조선 선조때의 상신

〈ㅇ〉

安　　堅 (안 견)　　玄洞子 (현동자)　 → 조선시대의 화가

安 克 家 (안극가)　　磊石　 (뇌석)　　→ 조선시대의 학자

安　　岐 (안 기)　　麓邨　 (녹촌)　　→ 조선시대의 서화가

安 魯 生 (안노생)　　春谷　 (춘곡)　　→ 고려시대의 문관

安 名 世 (안명세)　　景應　 (경응)　　→ 조선시대의 문관

安 夢 尹 (안몽윤)　　商卿　 (상경)　　→ 조선시대의 무관

安 邦 俊 (안방준)　　隱峰　 (은봉)　　→ 조선시대의 학자

安　　省 (안 성)　　雪泉　 (설천)　　→ 조선초기 문관

安 時 賢 (안시현)　　君望　 (군망)　　→ 조선시대의 문관

顔 延 之 (안연지)　　延年　 (연년)　　→ 조선시대의 문인

安　　衛 (안 위)　　大勳　 (대훈)　　→ 조선 중기의 무신

安　　裕 (안 유)　　晦軒　 (회헌)　　→ 고려 명신, 18현

安 在 鴻 (안재홍)　　民世　 (민세)　　→ 근세 정치가. 조선일보 주필

安 정 복 (안정복)　　順菴　 (순암)　　→ 조선 정조때 실학자

安 宗 源 (안종원)　　雙淸堂 (쌍청당)　 → 고려말기의 상신

安 鍾 和 (안종화)　　函齋　 (함재)　　→ 조선시대의 학자

安 重 植 (안중식)　　心田　 (심전)　　→ 근대화가

安　　止 (안 지)　　皐隱　 (고은)　　→ 조선시대의 문관

安　　志 (안 지)　　農厓　 (농애)　　→ 조선시대의 학자

顔 之 推 (안지추)　　介　　 (개)　　→ 중국 학자

安　　瓚 (안 찬)　　黃中　 (황중)　　→ 조선시대의 문관

安 昌 浩 (안창호)　島山　(도산)　→ 독립운동가, 교육자
安 處 誠 (안처성)　竹溪　(죽계)　→ 조선시대의 문관
安 　 軸 (안 축)　謹齋　(근재)　→ 고려시대의 학자
安 置 民 (안치민)　棄菴　(기암)　→ 고려시대의 문관
安平大君 (안평대군)匪懈堂(비해당)　→ 세종의 3자. 이름 瑢
安 　 珦 (안 향)　晦軒　(회헌)　→ 고려시대 명신. 학자
安 浩 相 (안호상)　　　(한뫼)　→ 교육자, 철학자
安 孝 濟 (안효제)　守坡　(수파)　→ 조선시대의 애국자
梁 起 鐸 (양기탁)　雲岡　(운강)　→ 독립운동가, 언론인
楊 士 奇 (양사기)　竹齋　(죽재)　→ 조선시대의 문관
楊 士 彦 (양사언)　蓬萊　(봉래)　→ 조선중기의 문관. 명필
楊 士 衡 (양사형)　漁溪　(어계)　→ 조선시대의 문관
梁 誠 之 (양성지)　訥齋　(눌재)　→ 조선초기의 학자
楊 凝 式 (양응식)　景度　(경도)　→ 중국 서예가
梁 應 深 (양응심)　彦容　(언용)　→ 조선시대의 무관
梁 　 誌 (양 지)　彦信　(언신)　→ 조선시대의 충신
梁 柱 東 (양주동)　无涯　(무애)　→ 시인, 국문학자, 영문학자
梁 漢 黙 (양한묵)　芝江　(지강)　→ 독립운동가,동학입교,천도교인
梁 會 一 (양회일)　杏史　(행사)　→ 조선시대의 의병장
魚 得 江 (어득강)　灌圃堂(관포당)　→ 조선시대의 문관
魚 變 甲 (어변갑)　綿谷　(면곡)　→ 조선시대의 문관
魚 世 謙 (어세겸)　西川　(서천)　→ 조선시대의 명신
魚 有 沼 (어유소)　子游　(자유)　→ 조선시대의 무관
漁 允 迪 (어윤적)　惠齋　(혜재)　→ 고종때의 사학자
漁 允 中 (어윤중)　一齋　(일재)　→ 고종때의 대신
蘗 　 玄 (얼 현)　翠竹　(취죽)　→ 조선시대의 여류시인

呂 聖 齊 (여성제) 雲浦 (운포) → 조선효종때 우의정

呂 祐 吉 (여우길) 稚溪 (치계) → 조선 중기의 문신

呂 運 亨 (여운형) 夢陽 (몽양) → 근세 정치가, 사상가

呂 爾 栽 (여이재) 海翁 (해옹) → 조선시대의 정치가

呂 希 臨 (여희림) 圓亭 (원정) → 조선시대의 학자

廉 想 涉 (염상섭) 橫步 (횡보) → 근대 소설가, 본명 尙燮

芮 承 錫 (예승석) 周卿 (주경) → 조선 전기의 문신

吳 剛 杓 (오강표) 無貳齋 (무이재) → 한말의 義士

吳 慶 林 (오경림) 筠廷 (균정) → 조선시대의 문관

吳 慶 錫 (오경석) 亦梅 (역매) → 순조.고종때의 역관.서화가

吳 端 (오 단) 東巖 (동암) → 조선시대의 문관

吳 達 濟 (오달제) 秋潭 (추담) → 조선 인조때의 충신

吳 東 振 (오동진) 松菴 (송암) → 독립운동가, 대한
　　　　　　　　　　　　　　　　청년단연합회 조직

吳 相 淳 (오상순) 空超 (공초) → 근대 시인

吳 世 才 (오세재) 德全 (덕전) → 고려시대의 학자

吳 世 昌 (오세창) 葦滄 (위창) → 서도가. 33인중 한사람

吳 允 謙 (오윤겸) 楸灘 (추탄) → 조선 중기의 재상

吳 稷 (오 직) 土馨 (사형) → 독립운동가

吳 天 民 (오천민) 養靜堂 (양정당) → 조선시대의 학자

邕 夢 辰 (옹몽진) 應龍 (응룡) → 조선시대의 문관

王 僧 辯 (왕승변) 君才 (군재) → 중국 정치가

王 太 (왕 태) 數里 (수리) → 조선시대의 시인

禹 拜 善 (우배선) 月谷 (월곡) → 조선시대의 의병장

禹 伏 龍 (우복룡) 懼庵 (구암) → 조선시대의 문관

禹 性 傳 (우성전) 秋淵 (추연) → 조선시대의 문관

禹 昇 圭 (우승규)　　　　　(저절로)　→ 언론인, 작가

禹 汝 度 (우여도)　晚悔　(만회)　→ 조선시대의 문관

元 繼 蔡 (원계채)　壽甫　(수보)　→ 조선시대의 문관

元 斗 杓 (원두표)　灘叟　(탄유)　→ 조선후기의 명신

元 萬 里 (원만리)　聽齋　(청재)　→ 조선시대의 문관

兪　　棨 (유　계)　市南　(시남)　→ 조선중기의 명신

柳 季 聞 (유계문)　叔行　(숙행)　→ 조선시대의 문관

兪 吉 濬 (유길준)　矩堂　(구당)　→ 정치가. 개화운동가

柳 譚 厚 (유담후)　潔淸齋 (결청재)　→ 조선시대의 문관

兪 大 逸 (유대일)　慵隱居士(용은거사)→ 조선시대의 문관

柳 秉 禹 (유병우)　海史　(해사)　→ 한말의 의병장

柳 得 恭 (유득공)　惠甫　(혜보)　→ 조선 정조때의 실학자

柳 夢 寅 (유몽인)　於于堂(어우당)　→ 조선중기의 명신

柳 思 規 (유사규)　桑楡子(상유자)　→ 조선시대의 문관

柳 尙 運 (유상운)　一退　(일퇴)　→ 조선 숙종때 정승

柳 成 龍 (유성룡)　西厓　(서애)　→ 조선 선조때의 재상

柳 誠 源 (유성원)　瑯玕　(양간)　→ 조선 단종때의 사육신

柳　　洵 (유　순)　老圃　(노포)　→ 세종.중종때의 명신

柳 崇 組 (유숭조)　眞一齋(진일재)　→ 조선 성종때의 학자

柳　　乘 (유　승)　誠齋　(성재)　→ 조선시대의 학자

柳 永 慶 (유영경)　春湖　(춘호)　→ 조선중기의 명신

柳 永 謹 (유영근)　竹扉　(죽비)　→ 조선시대의 문관

柳 榮 河 (유영하)　甫山　(보산)　→ 조선시대의 명신

兪 應 孚 (유응부)　碧粱　(벽량)　→ 사육신의 한사람

柳 宜 健 (유의건)　花溪　(화계)　→ 조선시대의 학자

柳 仁 貴 (유인귀)　睡齋　(수재)　→ 세종.중종때의 문신

柳 仁 錫 (유인석) 　毅庵 　(의암) 　→ 한말의 유학자 義士
柳 子 光 (유자광) 　于俊 　(우준) 　→ 연산군때의 간신
惟 　政 (유 정) 　松雲 　(송운) 　→ 고승, 임진왜란때
　　　　　　　　　　　　　　　　승병장, 속성任氏

柳 廷 亮 (유정량) 　素閑堂 (소한당) 　→ 조선시대의 문관
兪 拓 基 (유척기) 　知守齋 (지수재) 　→ 조선후기의 문신
兪 致 鳳 (유치봉) 　霞山 　(하산) 　→ 조선시대의 서화가
柳 台 佐 (유태좌) 　鶴棲 　(학서) 　→ 조선시대의 학자
柳 致 環 (유치환) 　靑馬 　(청마) 　→ 시인 교육자
柳 馨 遠 (유형원) 　磻溪 　(반계) 　→ 조선 현종때의 실학자
柳 　僖 (유 희) 　西陂 　(서파) 　→ 한말 순조때의 한글학자
柳 希 奮 (유희분) 　華南 　(화남) 　→ 선조때 문신.
　　　　　　　　　　　　　　　　광해비의 아우

柳 熙 緖 (유희서) 　南麓 　(남록) 　→ 조선시대의 문관
尹 　漑 (윤 개) 　晦齋 　(회재) 　→ 조선중기의 문신
尹 根 壽 (윤근수) 　月汀 　(월정) 　→ 조선 선조때의 문신
允 　多 (윤 다) 　法信 　(법신) 　→ 고려초 고승
尹 德 駿 (윤덕준) 　逸庵 　(일암) 　→ 조선시대의 문관
尹 東 柱 (윤동주) 　童舟 　(동주) 　→ 시인, 항일운동
尹 斗 壽 (윤두수) 　梧陰 　(오음) 　→ 조선 선조때의 문신
尹 鳴 殷 (윤명은) 　思亭 　(사정) 　→ 조선시대의 孝子
尹 文 擧 (윤문거) 　石湖 　(석호) 　→ 조선시대의 학자
尹 奉 吉 (윤봉길) 　梅軒 　(매헌) 　→ 독립운동. 義士
尹 師 路 (윤사로) 　果翁 　(과옹) 　→ 조선시대의 문관
尹 　晳 (윤 석) 　寒松 　(한송) 　→ 조선시대의 문관
尹 宣 擧 (윤선거) 　美村 　(미촌) 　→ 조선중기의 학자

尹 善 道 (윤선도) 孤山　　(고산)　　→ 조선 중기의 시조학자
尹 陽 來 (윤양래) 晦窩　　(회와)　　→ 조선 영조때의 문신
尹 子 雲 (윤자운) 樂閒齋 (락한재)　→ 조선 세조때 정승
尹 濟 述 (윤제술) 芸齋　　(운재)　　→ 정치인 서예가
尹 知 敬 (윤지경) 滄州　　(창주)　　→ 조선 인조때 문신
尹　　軫 (윤 진) 票亭　　(표정)　　→ 조선시대의 의병장
尹 聚 東 (윤취동) 凝菴　　(응암)　　→ 조선시대의 학자
尹 致 昊 (윤치호) 佐翁　　(좌옹)　　→ 한말의 정치가
尹 卓 然 (윤탁연) 重湖　　(중호)　　→ 조선 중기의 문신
尹　　晧 (윤 호) 松齋　　(송재)　　→ 독립운동가
尹 孝 孫 (윤효손) 楸溪　　(추계)　　→ 조선 전기의 문신
尹　　鑴 (윤 휴) 日湖　　(일호)　　→ 조선 중기 학자.남인의 거두
義　　旋 (의 선) 順菴　　(순암)　　→ 고려시대 승려
李 家 煥 (이가환) 錦帶　　(금대)　　→ 조선 말기 실학자 천주교인
李 艮 男 (이간남) 靜卿　　(정경)　　→ 조선시대의 문관
李　　岡 (이 강) 平齋　　(평재)　　→ 고려시대의 서예가
李 康 年 (이강년) 雲崗　　(운강)　　→ 조선시대의 의병장
李　　塏 (이 개) 白玉軒 (백옥헌)　→ 조선 단종때 사육신
李　　廓 (이 곽) 汝量　　(여량)　　→ 조선시대의 무관
李 慶 流 (이경류) 伴琴　　(반금)　　→ 조선시대의 문관
李 敬 與 (이경여) 白江　　(백강)　　→ 조선 선조때 문신
李 景 曾 (이경증) 松陰　　(송음)　　→ 조선시대의 문관
李 慶 徽 (이경휘) 黙好　　(묵호)　　→ 조선시대의 문관
李　　穀 (이 곡) 嫁亭　　(가정)　　→ 고려 말엽의 학자
李　　灌 (이 관) 晩隱　　(만은)　　→ 조선시대의 문관
李 光 洙 (이광수) 春園　　(춘원)　　→ 소설가, 평론가, 언론인

李　　貴 (이　귀)　默齋　(묵재)　→ 조선 인조반정 공신

李 奎 景 (이규경)　五州　(오주)　→ 조선 정조때의 학자

李 奎 報 (이규보)　白雲居士(백운거사)→ 고려 고종때의 문장가

李 肯 翊 (이긍익)　燃藜室(연여실)　→ 조선 영.정조때의 저술가

李　　沂 (이　기)　海鶴　(해학)　→ 구한말의 애국지사

李 起 鵬 (이기붕)　晩松　(만송)　→ 국방장관. 민의원의장

李 起 築 (이기축)　希說　(희열)　→ 조선 중기의 무신

李 捺 致 (이날치)　敬淑　(경숙)　→ 조선 말기의 판소리 명창

李 能 和 (이능화)　侃停　(간정)　→ 한말의 학자, 최초 불어교육자

李　　達 (이　달)　也山　(야산)　→ 역학자, 異人

李 德 洙 (이덕수)　怡愉堂(이유당)　→ 조선 인조때의 감사

李 德 馨 (이덕형)　漢陰　(한음)　→ 조선중기의 명신

李 東 寧 (이동녕)　石吾　(석오)　→ 독립운동가, 임정국무령

李 東 柱 (이동주)　冬州　(동주)　→ 시인, 평론가, 실명소설

李 滿 敷 (이만부)　息山　(식산)　→ 조선 후기의 학자

李 梅 窓 (이매창)　癸生　(계생)　→ 조선시대의 시인

李 孟 專 (이맹전)　耕隱　(경은)　→ 조선시대의 생육신

李 勉 求 (이면구)　南霞　(남하)　→ 조선시대의 문관

李 勉 兢 (이면긍)　大臨　(대림)　→ 조선시대의 문관

李 晃 宙 (이면주)　桂隱　(계은)　→ 구한말 우국지사

李　　穆 (이　목)　寒齋　(한재)　→ 조선 연산군때의 문관

李 茂 芳 (이무방)　釋之　(석지)　→ 조선 초기의 문관

李 文 馨 (이문형)　拙齋　(졸재)　→ 조선시대의 문관

李 範 奭 (이범석)　鐵驥　(철기)　→ 독립군. 건국초 국무총리

李 秉 岐 (이병기)　　　　(가람)　→ 국문학자 시조시인

李 秉 常 (이병상)　三山　(삼산)　→ 조선시대의 문관

李甫欽 (이보흠) 大田 (대전)	→	조선시대의 문관
李不害 (이불해) 太綏 (태수)	→	조선시대의 화가
李山海 (이산해) 鵝溪 (아계)	→	조선 선조때의 대신
李　森 (이　삼) 遠伯 (원백)	→	조선시대의 효자
(李)金海卿 (김해경) 李箱 (이상)	→	시인. 소설가
李相伯 (이상백) 想百 (상백)	→	사학자.체육인
李象範 (이상범) 靑田 (청전)	→	근대화단의 대표적 한국화가
李相卨 (이상설) 溥齋 (부재)	→	독립운동가 義士
李商在 (이상재) 月南 (월남)	→	기독교인,정치가,민권운동가
李相和 (이상화) 尙火 (상화)	→	문인. 백조창간
李　穡 (이　색) 牧隱 (목은)	→	고려말 성리학자
李書九 (이서구) 惕齋 (척재)	→	조선 순조때의 대신
李成桂 (이성계) 松軒 (송헌)	→	조선 태조
李世永 (이세영) 古狂 (고광)	→	독립운동가
李　隨 (이　수) 深隱 (심은)	→	여말 조선초 중신
李壽卿 (이수경) 松史 (송사)	→	근세 거문고 명인
李晬光 (이수광) 芝峰 (지봉)	→	조선 중기 명신.저술가
李舜臣 (이순신) 汝諧 (여해)	→	임진왜란때 수군 명장
李崇仁 (이숭인) 陶隱 (도은)	→	고려말의 학자
李承晩 (이승만) 雩南 (우남)	→	초대 대통령
李昇薰 (이승훈) 南岡 (남강)	→	독립운동가. 교육자
李時白 (이시백) 釣巖 (금암)	→	조선 효종때의 영의정
李始榮 (이시영) 省齋 (성재)	→	정치가. 독립운동가
李時程 (이시정) 仲和 (중화)	→	조선시대의 문관
李　植 (이　식) 澤堂 (택당)	→	조선 인조때 명신
李安訥 (이안눌) 東岳 (동악)	→	조선 중기의 문신

李 野 淳 (이야순)　廣瀬　(광뢰)　→ 조선시대의 학자

李 約 東 (이약동)　老村　(노촌)　→ 조선시대의 문관

李 若 氷 (이약빙)　樽巖　(준암)　→ 조선시대의 문관

李 陽 昭 (이양소)　琴隱　(금은)　→ 조선시대의 隱士

李 彦 迪 (이언적)　晦齋　(회재)　→ 조선시대의 학자

李　勵 (이 여)　得之　(득지)　→ 조선시대의 義士

李 維 棟 (이유동)　一石　(일석)　→ 조선시대의 학자

李　浣 (이 완)　梅竹軒(매죽헌)　→ 조선시대의 무관

李 完 用 (이완용)　一堂　(일당)　→ 한말의 문신, 매국노

李 堯 憲 (이요헌)　笑笑翁　(소소옹)　→ 조선시대의 문관

李 容 九 (이용구)　海山　(해산)　→ 한말 친일민족반역자

李 龍 九 (이용구)　無影　(무영)　→ 소설가

李 元 翼 (이원익)　梧里　(오리)　→ 조선 광해.인조때 대신

李 源 綠 (이원록)　陸史　(육사)　→ 시인, 독립운동가

李 殷 相 (이은상)　鷺山　(노산)　→ 시조작가, 사학자

李　珥 (이 이)　栗谷　(율곡)　→ 조선의 대학자, 18현

李 頤 命 (이이명)　疎齋　(소재)　→ 조선 숙종때 노론 대신

李 彝 章 (이이장)　水南　(수남)　→ 조선시대 문관

李 爾 瞻 (이이첨)　觀松　(관송)　→ 조선 광해군때의 문신

李　瀷 (이 익)　星湖　(성호)　→ 조선 영조때의 남인학자

李　迪 (이 적)　晦齋　(회재)　→ 조선문신 학자. 18현

李 人 稙 (이인직)　菊初　(국초)　→ 신소설작가, 언론인, 신극운동가

李　栽 (이 재)　密菴　(밀암)　→ 조선시대의 학자

李 廷 龜 (이정귀)　月沙　(월사)　→ 조선 인조때 대신

李 濟 馬 (이제마)　東武　(동무)　→ 조선말의 한의학자,

사상의학 창안

李 齊 賢 (이제현)	益齋 (익재)	→ 고려말 시인. 성리학자
李 兆 年 (이조년)	梅雲堂 (매운당)	→ 고려의 문신
李 組 淵 (이조연)	瓵西 (완서)	→ 조선말기의 문신
李 存 吾 (이존오)	石灘 (석탄)	→ 고려시대의 충신
李 鍾 乾 (이종건)	東山 (동산)	→ 재만 독립운동가
李 宗 張 (이종장)	文卿 (문경)	→ 조선시대의 무관
李 儁 (이 준)	一醒 (일성)	→ 한말순국열사,
		애국계몽운동가
李 浚 慶 (이준경)	東皐 (동고)	→ 조선 선조때의 영의정
李 埈 鎔 (이준용)	石庭 (석정)	→ 조선말 왕족.대원군 손자
李 仲 燮 (이중섭)	大卿 (대경)	→ 근대 서양화가
李 之 詩 (이지시)	松菴 (송암)	→ 조선시대의 순국자
李 址 鎔 (이지용)	響雲 (향운)	→ 조선 고종때의 역신
李 智 活 (이지활)	孤隱 (고은)	→ 조선시대의 충신
李 直 彦 (이직언)	秋泉 (추천)	→ 인조때 문신
李 阡 (이 천)	東巖叟 (동암수)	→ 고려시대의 장군
李 則 (이 칙)	叔度 (숙도)	→ 조선시대의 문관
李 賀 (이 하)	長吉 (장길)	→ 중국 시인
李 昰 應 (이하응)	石坡 (석파)	→ 흥선대원군
李 韓 久 (이한구)	漢有 (한유)	→ 조선시대의 의병장
李 漢 應 (이한응)	菊隱 (국은)	→ 한말 외교관. 순국열사
李 恒 福 (이항복)	白沙 (백사)	→ 조선 선조때의 대신
李 海 朝 (이해조)	東濃 (동농)	→ 신소설 작가
李 活 (이 활)	陸史 (육사)	→ 신문학 시인
李 滉 (이 황)	退溪 (퇴계)	→ 조선의 대학자, 18현

李 回 寶 (이회보) 石屛 (석병) → 조선시대의 문관
李 會 齋 (이회재) 台峰 (태봉) → 조선시대의 학자
李 會 昌 (이회창) 倥史 (경사) → 법조인, 정치인, 대통령 후보
李 彙 寧 (이휘령) 古溪 (고계) → 조선시대의 학자
李 恰 (이 흡) 士和 (사화) → 조선시대의 문관
李 孝 石 (이효석) 可山 (가산) → 소설가 시인
李 孝 祥 (이효상) (한솔) → 시인 정치가, 국회의장
一 然 (일 연) 無極 (무극) → 고려후기의 고승, 속성金氏
林 慶 業 (임경업) 孤松 (고송) → 조선 인조때의 장군
林 秉 瓚 (임병찬) 遯軒 (둔헌) → 한말 의사. 의병장
林 百 齡 (임백령) 愧馬 (괴마) → 조선 명종때의 공신
林 尙 沃 (임상옥) 稼圃 (가포) → 조선의 무역상인
林 悌 (임 제) 白湖 (백호) → 조선의 문장가

〈ㅈ〉

張 健 相 (장건상) 宵海 (주해) → 독립운동가 정치가
張 德 秀 (장덕수) 雪山 (설산) → 정치가. 동아일보주필
張 晚 (장 만) 洛西 (낙서) → 조선중기의 무장
張 勉 (장 면) 雲石 (운석) → 정치가, 총리
張 承 業 (장승업) 吾園 (오원) → 조선말기 화가
張 之 洞 (장지동) 香濤 (향도) → 중국 청말의 정치가
張 志 淵 (장지연) 韋庵 (위암) → 구 한말의 언론인, 우국지사
張 顯 光 (장현광) 旅軒 (여헌) → 조선시대의 학자
田 祿 生 (전녹생) 埜隱 (야은) → 고려말 문신
全 東 屹 (전동흘) 佳齋 (가재) → 조선시대의 무관
全 琫 準 (전봉준) 綠斗 (녹두) → 동학란 지도자

田 榮 澤 (전영택)　　　　(늘봄)　　→ 소설가 목사
田　　愚 (전　우)　艮齋　(간재)　→ 조선시대의 학자
鄭 經 世 (정경세)　愚伏　(우복)　→ 조선시대의 학자
鄭 崑 壽 (정곤수)　栢谷　(백곡)　→ 조선 선조때 명신
鄭 觀 儉 (정관검)　鶴坡　(학파)　→ 조선시대의 학자
鄭 光 弼 (정광필)　守天　(수천)　→ 조선 중종때 정치가.정승
鄭 求 瑛 (정구영)　淸嵐　(청람)　→ 정치인. 공화당의장 서리
丁 克 仁 (정극인)　不憂軒(불우헌)　→ 조선 세종때의 학자
鄭 蘭 宗 (정난종)　虛白堂(허백당)　→ 성종,세조때 문.무신.명필
丁 大 水 (정대수)　龍西　(용서)　→ 조선시대의 무장
鄭 大 哲 (정대철)　萬初　(만초)　→ 반독재 투쟁, 정치인
鄭 道 傳 (정도전)　三峰　(삼봉)　→ 조선 개국공신.학자
鄭 東 愈 (정동유)　玄同　(현동)　→ 조선시대의 학자
鄭 斗 源 (정두원)　壺亭　(호정)　→ 조선 인조때 문관
鄭 夢 周 (정몽주)　圃隱　(포은)　→ 고려 충신, 18현
鄭　　歖 (정　선)　謙齋　(겸재)　→ 조선 영조때 화가
鄭 世 雅 (정세아)　湖叟　(호수)　→ 조선시대의 의병장
鄭 淑 夏 (정숙하)　月湖　(월호)　→ 조선시대의 문관
鄭　　軾 (정　식)　憑甫　(빙보)　→ 조선시대의 문관
丁 若 鏞 (정약용)　茶山　(다산)　→조선말기의 대학자,
　　　　　　　　　　　　　　　천주교인 저술가
丁 若 銓 (정약전)　硏經齋(연경재)　→ 조선 정조때의 학자
鄭 彦 信 (정언신)　懶庵　(뇌암)　→ 선조때 문.무신
鄭 汝 昌 (정여창)　一蠹　(일두)　→ 조선 성리학자, 18현
鄭　　易 (정　역)　栢亭　(백정)　→ 조선초기의 문관
鄭 允 穆 (정윤목)　淸風子(청풍자)　→ 조선시대의 학자

鄭 寅 普 (정인보) 爲堂 (위당) → 사학자, 한문학자 남북

鄭 麟 趾 (정인지) 學易齋 (학역재) → 조선초기의 학자

鄭 仁 弘 (정인홍) 萊菴 (래암) → 광해군때의 권신

丁 一 權 (정일권) 淸文 (청문) → 군인.총리

鄭 齊 斗 (정제두) 霞谷 (하곡) → 조선시대의 학자

鄭 知 常 (정지상) 南湖 (남호) → 고려 인종때 문신

鄭　徹 (정 철) 松江 (송강) → 조선 선조때 명신. 문필가

鄭 忠 信 (정충신) 晩雲 (만운) → 조선 인조때 공신

鄭　琢 (정 탁) 藥圃 (약포) → 조선시대의 학자

鄭　澔 (정 호) 丈巖 (장암) → 조선시대의 학자

鄭 後 僑 (정후교) 菊塘 (국당) → 조선시대의 학자

趙 光 組 (조광조) 靜庵 (정암) → 조선 성리학자, 18현

曺 匡 振 (조광진) 口訥 (구눌) → 조선시대의 문인

趙 斗 淳 (조두순) 心庵 (심암) → 조선 철종때의 명신

曺 晩 植 (조만식) 古堂 (고당) → 독립운동가, 정치가

趙 文 命 (조문명) 鶴巖 (학암) → 조선 영조때의 대신

趙 秉 世 (조병세) 山齋 (산재) → 조선의 정치가 순국열사

趙 炳 玉 (조병옥) 維石 (유석) → 독립운동가, 정치가,
　　　　　　　　　　　　　　　　대통령 후보

趙 秉 準 (조병준) 菊東 (국동) → 독립운동가, 정치가

造 秉 鉉 (조병현) 成齋 (성재) → 조선 순조때 문신

曺 奉 岩 (조봉암) 竹山 (죽산) → 3·1운동, 정치가,
　　　　　　　　　　　　　　　　진보당위원장

曺 備 衡 (조비형) 平父 (평부) → 조선시대의 무관

曺 成 煥 (조성환) 晴簑 (청사) → 독립운동가, 신민회 조직,
　　　　　　　　　　　　　　　　대종교 입교

趙　　須 (조　수)	松月堂 (송월당)	→ 조선시대의 문인
曺　　植 (조　식)	南冥　 (남명)	→ 조선 중기의 성리학자
趙　　嚴 (조　엄)	永湖　 (영호)	→ 조선 영조때의 문신
趙寧夏 (조영하)	惠人　 (혜인)	→ 고종때의 무신
趙又新 (조우신)	白潭　 (백담)	→ 조선시대 문관
曺　　偉 (조　위)	晦溪　 (매계)	→ 조선 전기의문신
趙威明 (조위명)	松泉　 (송천)	→ 조선시대 문관
趙潤濟 (조윤제)	陶南　 (도남)	→ 국문학자 교수
趙　　翼 (조　익)	浦渚　 (포저)	→ 조선 선조때의 문신
趙　　浚 (조　준)	盱齋　 (우재)	→ 고려말 대사헌. 토지개혁
趙芝薰 (조지훈)	東卓　 (동탁)	→ 신문학 시인
趙執信 (조집신)	秋谷　 (추곡)	→ 중국시인
趙　　澄 (조　징)	松江　 (송강)	→ 조선시대 문관
趙泰億 (조태억)	謙齋　 (겸재)	→ 조선 숙종.영조때 문신
趙泰采 (조태채)	二憂堂 (이우당)	→ 조선 숙종때의 대신
趙　　憲 (조　헌)	重峯　 (중봉)	→ 조선 학자.의병장, 18현
趙顯命 (조현명)	歸鹿　 (귀록)	→ 조선 영조때 문신
周世鵬 (주세붕)	愼齋　 (신재)	→ 조선 중종때의
		성리학자. 서원창시
周時經 (주시경)	(한힌샘)	→ 학자,국어운동가,교육자
朱燿燮 (주요섭)	餘心　 (여심)	→ 작가.교육자
池錫永 (지석영)	松村　 (송촌)	→ 대한제국 학자. 종두법
池靑天 (지청천)	白山　 (백산)	→ 독립운동가.광복군
陳武晟 (진무성)	松溪　 (송계)	→ 조선시대의 장군
陳與義 (진여의)	簡齋　 (간재)	→ 중국시인

〈ㅊ〉

車 利 錫 (차이석)　東岩　(동암)　→ 독립운동가, 임정국무위원
蔡 萬 植 (채만식)　白菱　(백릉)　→ 소설가, 극작가
蔡 無 逸 (채무일)　逸溪　(일계)　→ 조선시대의 문인
蔡 濟 恭 (채제공)　樊巖　(번암)　→ 조선 정조때 대신
淸 　 眼 (청 안)　雲坡　(운파)　→ 조선시대의 승려
體 　 淨 (체 정)　虎巖　(호암)　→ 조선시대의 승려
崔 　 關 (최 관)　子固　(자고)　→ 여말 조선초의 문관
崔 南 善 (최남선)　六堂　(육당)　→ 신문화운동가,사학자 작가
崔 鳴 吉 (최명길)　遲川　(지천)　→ 조선 인조때의 문신
崔 　 簿 (최 부)　錦南　(금남)　→ 조선 성종때 문장가
崔 　 北 (최 북)　星齋　(성재)　→ 조선 영조때의 화가
崔 士 柔 (최사유)　徽之　(휘지)　→ 조선시대의 문관
崔 錫 鼎 (최석정)　明谷　(명곡)　→ 조선 숙종때의 대신
崔 誠 之 (최성지)　松坡　(송파)　→ 고려말 문신.문장가
崔 時 亨 (최시형)　海月　(해월)　→ 종교인, 동학교주
崔 閏 德 (최윤덕)　霖谷　(임곡)　→ 조선시대의 정치가
崔 益 鉉 (최익현)　勉庵　(면암)　→ 고종때 정치가.배일파거두
崔 　 麟 (최 인)　古友　(고우)　→ 33인중 한사람
崔 　 滋 (최 자)　東山叟(동산수)　→ 고려시대의 문신
崔 載 瑞 (최재서)　石耕牛(석경우)　→ 영문학자.문학평론가
崔 齊 愚 (최제우)　水雲　(수운)　→ 동학창시자 교조
崔 　 沖 (최 충)　惺齋　(성재)　→ 고려 문종때 학자
崔 致 遠 (최치원)　孤雲　(고운)　→ 신라말의 석학.문장가
崔 鶴 齡 (최학령)　栗亭　(율정)　→ 조선시대의 학자
崔 鶴 松 (최학송)　曙海　(서해)　→ 신문학 소설가

崔 漢 綺 (최한기)　惠崗　(혜강)　→ 조선 말기의 실학자,
　　　　　　　　　　　　　　　　　과학사상가

崔　恒 (최　항)　太虛亭 (태허정)　→ 조선 세조때 대신. 학자

崔 鉉 培 (최현배)　　　(외솔)　→ 국어학자, 국어운동가 교육가

崔 惠 吉 (최혜길)　柳下　(유하)　→ 조선시대의 문관

〈ㅌ〉

坦　然 (탄　연)　黙庵　(묵암)　→ 고려시대의 승려

〈ㅎ〉

河　崙 (하　륜)　浩亭　(호정)　→ 조선 개국공신.학자

河 緯 地 (하위지)　丹溪　(단계)　→ 조선 단종때의 사육신

學　密 (학　밀)　晴湖　(청호)　→ 조선시대의 승려

韓 明 澮 (한명회)　鴨鷗亭 (압구정)　→ 조선 세조때의 권신

韓 百 謙 (한백겸)　久庵　(구암)　→ 조선 명종때의 문신, 학자

韓 龍 雲 (한용운)　萬海　(만해)　→ 승려 시인. 독립운동가

韓 應 寅 (한응인)　百拙齋 (백졸재)　→ 조선 선조때 대신

韓 宗 愈 (한종유)　復齋　(복재)　→ 고려 후기의 문신

韓　祉 (한　지)　月嶽　(월악)　→ 조선시대의 문관

韓　濩 (한　호)　石峯　(석봉)　→ 조선중기의 명필

韓　懷 (한　회)　苔巷　(태항)　→ 조선시대의 문관

韓 効 元 (한효원)　梧溪　(오계)　→ 조선 중기의 문신

咸 台 永 (함태영)　松岩　(송암)　→ 정치가. 부통령

許　筠 (허　균)　蛟山　(교산)　→ 조선중기의 문신. 문장가

許　錦 (허　금)　埜堂　(야당)　→ 고려시대의 문관

許　曄 (허　엽)　草堂　(초당)　→ 조선시대의 학자

許 穆 (허 묵)	眉叟 (미수)	→ 조선 숙종때의 명신
許 積 (허 적)	黙齋 (묵재)	→ 조선 숙종때의 대신
許 琮 (허 종)	尙友堂 (상우당)	→ 조선 성종때의 대신
許 浚 (허 준)	淸源 (청원)	→ 의성, 동의보감 저술
許 楚嬉 (허초희)	蘭雪軒 (난설헌)	→ 조선 선조때의 여류시인
懸 辯 (현 변)	枕肱 (침굉)	→ 조선시대의 승려
玄 濟 明 (현제명)	玄石 (현석)	→ 작곡가.성악가
玄 鎭 健 (현진건)	憑虛 (빙허)	→ 소설가 언론인
洪 啓 禧 (홍계희)	淡窩 (담와)	→ 조선 영조때 문신
洪 貴 達 (홍귀달)	虛白堂 (허백당)	→ 조선초기의 문인
洪 基 兆 (홍기조)	流菴 (유암)	→ 독립운동가, 민족대표
洪 大 容 (홍대용)	湛軒 (담헌)	→ 조선후기의 학자
洪 萬 選 (홍만선)	流岩 (유암)	→ 조선시대의 학자
洪 鳳 漢 (홍봉한)	翼翼齋 (익익재)	→ 조선 영조때의 대신
洪 思 容 (홍사용)	露雀 (노작)	→ 신문학 시인, 학생독립운동
洪 奭 周 (홍석주)	淵泉 (연천)	→ 조선 중기의 문신
洪 淳 穆 (홍순목)	汾溪 (분계)	→ 조선 고종때의 대신
洪 英 植 (홍영식)	琴石 (금석)	→ 조선 고종때의 문신
洪 永 厚 (홍영후)	蘭坡 (난파)	→ 음악인.작곡가
洪 宇 遠 (홍우원)	南坡 (남파)	→ 조선 중기의 명신
洪 翼 漢 (홍익한)	花浦 (화포)	→ 조선중기의 義士
洪 直 弼 (홍직필)	梅山 (매산)	→ 조선시대 학자
皇 甫 仁 (황보인)	芝峰 (지봉)	→ 조선초기의 명신
黃 錫 禹 (황석우)	象牙塔 (상아탑)	→ 신문학 시인, 폐허 창간
黃 守 身 (황수신)	懦夫 (쳬부)	→ 조선 세조때의 상신
黃 愼 (황 신)	秋浦 (추포)	→ 조선 선조때의 문신

黃 允 吉 (황윤길)　　友松堂 (우송당)　→ 조선 선조때의 문관
黃 庭 堅 (황정견)　　山谷　(산곡)　　→ 중국시인
黃 庭 彧 (황정욱)　　芝川　(지천)　　→ 조선 선조때의 문신
黃 眞 伊 (황진이)　　眞娘 (진랑明月)　→ 조선 중종때 개성 명기
黃 泌 秀 (황필수)　　塡村　(진촌)　　→ 조선시대 명의
黃 　 玹 (황 현)　　梅泉　(매천)　　→ 구한말시인 우국열사,
　　　　　　　　　　　　　　　　　　　　시인, 문장가

黃 孝 獻 (황효헌)　　蓄翁　(축옹)　　→ 조선시대의 문관
黃 　 喜 (황 희)　　庬村　(방촌)　　→ 조선초기의 명신
休 　 靜 (휴 정)　　西山　(서산)　　→ 조선시대 고승,
　　　　　　　　　　　　　　　　　　　　임란때 승병장 속성崔氏

雅號 選好字別 實例(아호 선호자별 실례)

【岡(강)】

靑岡(청강)

雲岡(운강)

栢岡(백강)

文岡(문강)

日岡(일강)

一岡(일강)

南岡(남강)

小岡(소강)

利岡(이강)

白岡(백강)

蘭岡(난강)

同岡(동강)

春岡(춘강)

花岡(화강)

華岡(화강)

和岡(화강)

【崗(강)】

日崗(일강)

江　(강)

文江(문강)

一江(일강)

瑞江(서강)

【乾(건)】

日乾(일건)

【謙(겸)】

以謙(이겸)

利謙(이겸)

又謙(우겸)

【耕(경)】

雲耕(운경)

日耕(일경)

一耕(일경)

耕學(경학)

【景(경)】

慧景(혜경)

【庚(경)】

後庚(후경)

溪　(계)

東溪(동계)

月溪(월계)

小溪(소계)

淸溪(청계)

嵐溪(람계)

月溪(월계)

石溪(석계)

【皐(고)】

靑皐(청고)

一皐(일고)

【谷(곡)】

仁谷(인곡)

壯谷(장곡)

日谷(일곡)

松谷(송곡)

【觀(관)】

何觀(하관)

貞觀(정관)

靜觀(정관)

一觀(일관)

淸觀(청관)

【光(광)】

泰光(태광)

後光(후광)

星光(성광)　　恩堂(은당)　　克堂(극당)

道光(도광)　　琴堂(금당)　　伊堂(이당)

惠光(혜광)　　謨堂(모당)　　慈堂(자당)

秋光(추광)　　仁堂(인당)　　愛堂(애당)

文光(문광)　　有堂(유당)

東光(동광)　　衍堂(연당)　　【塘(당)】

淸光(청광)　　模堂(모당)　　蓮塘(연당)

靑光(청광)　　受堂(수당)　　芝塘(지당)

雲光(운광)　　晩堂(만당)

文光(문광)　　離堂(이당)　　【東(동)】

　　　　　　晤堂(오당)　　東橋(동교)

【琴(금)】　　錦堂(금당)

月琴(월금)　　壽堂(수당)　　【蓮(련)】

琴隱(금운)　　厚堂(후당)　　白蓮(백련)

　　　　　　智堂(지당)　　錦蓮(금련)

【南(남)】　　悟堂(오당)　　蓮淨(연정)

日南(일남)　　浩堂(호당)

佳南(가남)　　萬堂(만당)　　【里(리)】

南球(남구)　　元堂(원당)　　珂里(가리)

南樵(남초)　　又堂(우당)

南洲(남주)　　利堂(이당)　　【梅(매)】

　　　　　　美堂(미당)　　庭梅(정매)

　　　　　　芝堂(지당)

【潭(담)】　　蕙堂(혜당)　　【民(민)】

荷潭(하담)　　銀堂(은당)　　白民(백민)

　　　　　　琳堂(임당)　　惠民(혜민)

【堂(당)】

【明(명)】	佳山(가산)	曉山(효산)
啓明(계명)	韶山(소산)	翠山(취산)
	昭山(소산)	訝山(아산)
【峰(봉)】	謙山(겸산)	芽山(아산)
雲峰(운봉)	心山(심산)	明山(명산)
月峰(울봉)	浩山(호산)	咸山(함산)
秀峰(수봉)	維山(유산)	眉山(미산)
	壽山(수산)	彌山(미산)
【山(산)】	松山(송산)	陽山(양산)
諸山(저산)	嘉山(가산)	亨山(형산)
海山(해산)	智山(지산)	炯山(형산)
秀山(수산)	能山(능산)	逈山(형산)
文山(문산)	斗山(두산)	如山(여산)
奇山(기산)	中山(중산)	尼山(이산)
觀山(관산)	仲山(중산)	華山(화산)
兎山(토산)	德山(덕산)	宜山(의산)
仁山(인산)	乙山(을산)	義山(의산)
寅山(인산)	茅山(모산)	貞山(정산)
蕙山(혜산)	離山(이산)	暎山(영산)
日山(일산)	伊山(이산)	景山(경산)
靜山(정산)	雲山(운산)	芝山(지산)
白山(백산)	智山(지산)	利山(이산)
晚山(만산)	志山(지산)	模山(모산)
柏山(백산)	履山(이산)	嵩山(숭산)
敦山(돈산)	桂山(계산)	軒山(헌산)
老山(노산)	費山(비산)	

【三(삼)】	一松(일송)	槿庵(근암)
三驅(삼구)	義松(의송)	惺庵(성암)
三共(삼공)	澗松(간송)	淸庵(청암)
	百松(백송)	友庵(우암)
【裳(상)】	月松(월송)	省庵(성암)
黃裳(황상)	松汀(송정)	壽庵(수암)
	松下(송하)	
【石(석)】	雲松(운송)	【巖(암)】
佳石(가석)	碧松(벽송)	鏡巖(경암)
友石(우석)		靑巖(청암)
仁石(인석)	【室(실)】	
池石(지석)	石室(석실)	【陽(양)】
石下(석하)		元陽(원양)
	【我(아)】	
【仙(선)】	觀我(관아)	【易(역)】
松仙(송선)		交易(교역)
	【岩(암)】	
【星(성)】	斗岩(두암)	【屋(옥)】
乙星(을성)	靈岩(영암)	台屋(태옥)
	松岩(송암)	
【笑(소)】	錦岩(금암)	【堯(요)】
百笑(백소)	玄岩(현암)	古堯(고요)
	晶岩(정암)	
【松(송)】	虎岩(호암)	【雲(운)】
于松(우송)		錦雲(금운)
日松(일송)	【庵(암)】	東雲(동운)

【苑(원)】

梨苑(이원)

梅苑(매원)

蒼苑(창원)

嘉苑(가원)

文苑(문원)

斐苑(비원)

芷苑(지원)

羅苑(나원)

【園(원)】

桃園(도원)

羅園(나원)

梨園(이원)

井園(정원)

東園(동원)

費園(비원)

貞園(정원)

蕙園(혜원)

靑園(청원)

德園(덕원)

梅園(매원)

【遠(원)】

志遠(지원)

【元(원)】

乾元(건원)

坤元(곤원)

艮元(간원)

東元(동원)

保元(보원)

【月(월)】

觀月(관월)

月夏(월하)

月宮(월궁)

【囿(유)】

同囿(동유)

【隱(은)】

晩隱(만은)

道隱(도은)

南隱(남은)

【人(인)】

同人(동인)

公人(공인)

【仁(인)】

貢仁(공인)

【印(인)】

心印(심인)

【一(일)】

一宇(일우)

一淸(일청)

一經(일경)

一道(일도)

世一(세일)

博一(박일)

【章(장)】

含章(함장)

【齋(재)】

以齋(이재)

臨齋(임재)

友齋(우재)

謙齋(겸재)

同齋(동재)

岡齋(강재)

【田(전)】

禾田(화전)

利田(이전)

蒼田(창전)

龍田(용전)　　　　坤貞(곤정)　　　　小泉(소천)

友田(우전)　　　　蕙貞(혜정)　　　　松泉(송천)

星田(성전)　　　　攸貞(유정)　　　　白泉(백천)

農田(농전)　　　　　　　　　　　　　惠泉(혜천)

德田(덕전)　　　　【庭(정)】　　　　韶泉(소천)

豊田(풍전)　　　　蘭庭(난정)　　　　德泉(덕천)

現田(현전)　　　　錦庭(금정)

　　　　　　　　　　　　　　　　　　【川(천)】

【禎(정)】　　　　【中(중)】　　　　白川(백천)

維禎(유정)　　　　時中(시중)

　　　　　　　　　利中(이중)　　　　【天(천)】

【亭(정)】　　　　貫中(관중)　　　　旿天(오천)

松亭(송정)　　　　剛中(강중)　　　　東天(동천)

石亭(석정)　　　　日中(일중)

月亭(월정)　　　　八中(팔중)　　　　【靑(청)】

柯亭(가정)　　　　中孚(중부)　　　　靑藍(청람)

履亭(이정)

雲亭(운정)　　　　【地(지)】　　　　【村(촌)】

忟亭(민정)　　　　仁地(인지)　　　　芝村(지촌)

　　　　　　　　　　　　　　　　　　杏村(행촌)

【井(정)】　　　　【泉(천)】　　　　梅村(매촌)

雲井(운정)　　　　東泉(동천)　　　　德村(덕촌)

　　　　　　　　　月泉(월천)　　　　柏村(백촌)

【貞(정)】　　　　利泉(이천)　　　　林村(임촌)

利貞(이정)　　　　芝泉(지천)

需貞(수정)　　　　守泉(수천)　　　　【翠(취)】

晩翠(만취)

青湖(청호)

【鶴(학)】

芝湖(지호)

【坡(파)】

松鶴(송학)

大湖(대호)

青坡(청파)

碧湖(벽호)

銀坡(은파)

【香(향)】

青坡(청파)

靜香(정향)

【薰(훈)】

松坡(송파)

又香(우향)

餘薰(여훈)

【浦(포)】

【軒(헌)】

【和(화)】

菊浦(국포)

陽軒(양헌)

一和(일화)

三軒(삼헌)

淸和(청화)

【圃(포)】

春軒(춘헌)

春圃(춘포)

知軒(지헌)

【華(화)】

竹圃(죽포)

同軒(동헌)

曜華(요화)

德軒(덕헌)

蓮華(연화)

【河(하)】

椿軒(춘헌)

蓮河(연하)

【海(해)】

星河(성하)

【湖(호)】

梅海(매해)

河銀(하은)

東湖(동호)

海情(해정)

淸湖(청호)

【遐(하)】

晩湖(만호)

又遐(우하)

$$\boxed{\text{IV}}$$

附　錄

1. 81數 靈動力(수영동력, 暗示灵力)

■ 運의 해설

┃예┃　　　　乾名　　　　戊辰生

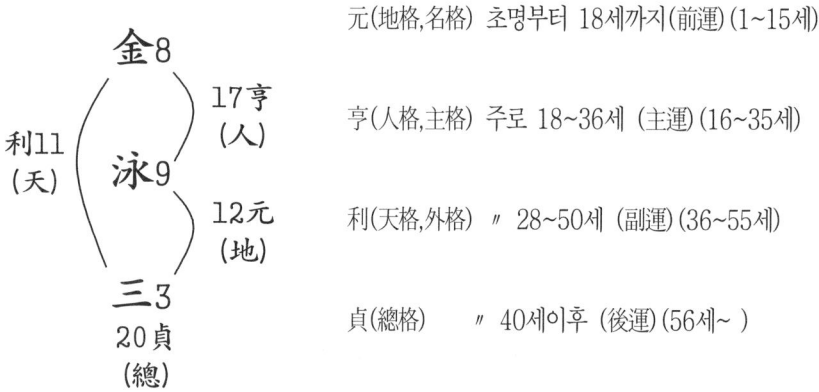

元(地格,名格) 초명부터 18세까지(前運)(1~15세)

亨(人格,主格) 주로 18~36세 (主運)(16~35세)

利(天格,外格) 〃 28~50세 (副運)(36~55세)

貞(總格)　　 〃 40세이후 (後運)(56세~)

※ 각 격이 의미하는 시기에는 영향력이 강하게 나타나지만 다른
시기에도 약간은 영향력이 發顯(발현)된다는 것을 잊어서는
안 된다.
　그러한 인식의 바탕에서 그러한지 통상 전체적으로 四格(사
격) 모두 길수의 조합을 희망하는 경향이 지배적이다.
　다시 말하면 모두 좋으면 발현시기를 염두에 둘 필요가 없어
서인지 모른다.

▌格의 解說(해설)

〈序言〉

대체로 천지간의 만물이 그 숙명은 行運(행운)의 수에 의하지 않는 것이 없는데 고대로부터 쓰여지고 있는 우리의 문자 속에도 수가 포함되었으며, 음양오행의 상생상극적인 신비한 조화력이 철학적으로 숨어있다.

이와 같은 神秘力(신비력)으로 사람들의 성명까지도 수를 통하여 해결, 吉凶禍福(길흉화복)을 판단할 수 있는데 그 的中力(적중력)이 또한 신비하게도 정확하다.

〈活用法〉

初年運－姓字와 名上字를 합한 총수

　　　(姓字가 두자인 경우는 姓字 전부와 名上字의 합수임)

中年運－名字의 총획수 (이름이 1자 2자 3자간에 총수)

末年運－姓名字 전부를 합산하여 총합한 획수

八十一數 靈動力(영동력)

◇ 一頭領運(두령운) 삼라만상의 기본수이고 최고로 좋은 수이며 부귀공명하고 일생에 안락하며 태평하여 장수하고 명예를 얻으며 말년에 이르러 더욱 좋은 수리이다.

一이면 **春氣發動格(춘기발동격=즉 봄기운이 발동하는 격)** 이니 활동력이 강하여 뜻을 얻고 성공하며 재물과 富도 있으나 중년에 객지에서 풍상이 따르리라.

◇ 二分離運(분리운) 파란과 분리, 불안, 동요, 고독, 병약, 조난, 불구가 되기 쉬운 이름이며 처자와 생리사별되고 심하면 단명하다. 그러니까 혼돈미정의 최악의 수리이다.

二면 **夜陰黑雲格(야음흑운격=즉 밤이 어두운데 검정 구름 마저 낀 격)**이니 머리도 없고 꼬리도 없는 불길한 징조이다.

◇ 三福壽運(복수운) 음양이 형성된 좋은 수요 최대의 경사와 복이 있고 지혜가 달통하고 영민하며 공명영달하고 건강장수하며 큰 사업을 성취하고 두령이 되며 어떤 일이든 성공되는 수리이다.

三이면 **大嶽巨岩格(대악거암격=즉 커다란 산에 큰 바위 격)**이니 官祿(관록)운이 있고 중년에 대성하며 군인이면 성취가 더욱 크리라.

◇ 四破滅運(파멸운) 파괴의 흉상을 지니며 불구, 불안, 멸망의 징조가 있다. 진퇴가 자유롭지 못하고 독립심이 결여되며 혹은 발광 등이 염려되고 세상에서 버림받은 수리이다.

四이면 **雪上加霜格(설상가상격=즉 서리위에 눈까지 내린 격)**이니 오른쪽으로 도망치자니 큰불이요 왼쪽으로 가자니 洪水(홍수)라 단명하고 불길한 격이다.

◇ 五成功運(성공운) 음양이 교감하여 화합이 완벽한 상이며 위대한 성공을 하는데 정신발달 신체건전 복록 장수 부귀영화 혹은 중흥조가 되고 가정을 재건하는 수리이다.

五이면 **正道無敵格(정도무적격=즉 정도에는 적이 없는 격)**이니 성질이 강직하여 재운에 인연이 적으나 관직으로 나아가서 대성하고 말년을 안락하게 지내는 격이다.

◇ 六蓄財運(축재운) 하늘과 땅에서 덕을 주어 경사와 복이 아주 풍성하며 가세가 성대하고 모든 보물이 집합되는데 왕성의 끝에는 슬픔이 따른다는 점만 알면 안락하게 되는 수리이다.

六이면 **秋風漸冷格(추풍점냉격=즉 가을바람이 점차로 차가운 격)**이니 일시는 마음먹었던 일이 성취되지만 오래가지 못한 격이다.

◇ 七發達運(발달운) 독립심과 권위가 강한 반면에 동화력이 부족한 감도 있다. 일에 조리 있고 재능과 정력도 있으며 만난을 배제하고 성공하나 여자는 남성적이 되는 수리이다.

七이면 **淘沙取金格(도사취금격=즉 모래를 이러서 금을 취하는 격)**이니 권위가 강하고 의지가 준수하고 민첩하여 모든 어려움을 배제하고 반드시 성공을 얻는다. 매사를 근신하면 대길한 격이다.

◇ 八健暢運(건창운) 의지가 철석 같고 진취의 기상이 뛰어나 천신만고도 헤쳐 나서 목적을 관철하고 명예 보물을 지키고 인내로 성공을 한다. 단 조난을 조심해야하는 수리이다.

八이면 **掘井求泉格(굴정구천격=즉 우물을 파서 샘물을 얻은 격)**이니 철석같이 어렵더라도 마음껏 노력하면 뜻과 소망을 달성하는데 지나치게 강하고 함부로 나아간다면 반대로 결국 실패하는 격이다.

◇ 九窮極運(궁극운) 이익이 없고 공도 사라지며 공박에 빠져 역경, 단명, 비통, 참담의 의미가 있고 어릴 때 부모 잃고 곤란, 병약, 불구, 조난, 빈곤, 형벌 등이 우려되는 最凶(최흉)의 수리이다.

九이면 **一葉片舟格(일엽편주격=즉 나무잎 같은 쪼각 배격)**이니 궁박하고 병난에 고독 과부요 재해가 있으며 육친은 생리사별이나 형벌 재난 화근 단명하여 가정이 파멸하는 격이다.

◇ 十短命運(단명운) 끝장이요 공허, 냉암의 최흉수로 해지고 적막한데 귀신이 나오고 만사가 무력하며 장애가 많다.파산,빈곤,육친이별,조난,형벌이 있는데 만에 하나 만난을 헤치고 사선을 넘어 성공한 사람도 있는 수리이다.

十이면 **壇上放馬格(단상방마격=즉 단위에다 말을 놓아둔 격)**이니 실패하고 파란이 있으며 처자의 생리사별에 고독 과부가 아니면 病災(병재) 불구 형벌 재앙 失命되고 대흉하다.

◇ 十一興家運(흥가운) 음양이 서로 오듯이 천부의 행복을 누리고 매사가 순서 있게 발달하며 온건 착실하여 부귀번영하고 일가를 재기시키는 최대로 좋은 운을 지닌 수리이다.

十一이면 **渴馬得水格(갈마득수격=즉 목마른 말이 물을 얻은 격)**이니 온건하고 착실하며 순조롭게 발달하고 일가를 부흥시키며 부귀를 겸전하고 자손이 만당하는 격이다.

◇ 十二薄弱運(박약운) 무리를 펴며 박약무력하다 안되는 것을 기획하다 실패보며 의외로 실수, 액난, 비운에 빠지고 심하면 단명하게 되는 고독, 역경, 병난의 수리이다.

十二이면 **飢鳥逢鷹格(기조봉응격=즉 굶주린 새가 매를 만나는 격)**이니 박약한 의지로 여의치 않는 일이 적지 않고 일에는 무리가 항상 많으며 가족은 이산되거나 생리사별하며 질병에 고독이 서로 임하게 된다.

◇ 十三智達運(지달운) 학예 재능이 풍부하고 지모와 지략이 있다. 어떠한 어려움이라도 교묘하게 잘 빠져나와 부귀행복을 누릴 좋은 계기를 만드는 특장이 있는 수리이다.

十三이면 **走馬紅塵格(주마홍진격=즉 세상에서 말을 달리는 격)**이니 학예는 만능이며 지혜와 계책은 힘이 있고 뜻하여 바라는 일은 반드시 성취하며 富貴(부귀)하여 행운이 오며 명성을 높이 떨치고 자손이 창성하리라.

◇ 十四破壞運(파괴운) 파괴의 조짐이 있고 가족과 인연이 박하여 부모와 형제자매를 이별하든가 고독, 불여의, 번민, 위험, 조난이 따르고 심하면 단명도 우려되는 수리이다.

十四이면 **秋堤楊柳格(추제양류격=즉 가을 제방에 버드나무 격)**이니 가족의 연이 엷고 노력하나 공이 없으며 매사가 여의치를 않고 번민과 고뇌가 심하며 短命(단명)격인데 가정운도 파멸 패망된다.

◇ 十五福壽運(복수운) 최대의 호운으로 복과 수가 원만하며 아량도 풍부하며 화순온량하고 윗사람의 혜택을 받으며 덕과 녹이 많고 대업성취, 부귀 번영하는 최대길운의 수리이다.

十五이면 **澤龍出海格(택룡출해격=즉 못에 있는 용이 바다로 나가는격)**이니 객지에 나가서 크게 성공할 운이요 상하로 신망을 얻고 가정과 사람이 번성하고 창성하여 사업이 왕성하는 大吉格이다.

◇ 十六德望運(덕망운) 흉이 길로 변하는 상이요 두령으로 남위에 있고 풍후한 아량으로 신망을 받아 대중을 복종시키며 큰 사업의 성취, 부귀발달 되며 특히 부인은 좋은 수리이다.

十六이면 **破屋重修格(파옥중수격=즉 파괴된 집을 중수하는 격)**이니 아량과 덕망이 있고 지위도 상등에 있으며 가히 만인을 통솔할 길운이다.

◇ 十七剛健運(강건운) 권위와 박력은 자기 본위로 관철하므로 인화에는 부족한 감이 있다. 교만과 고집은 금물이다. 의지 견고하여 만난을 돌파하여 위대한 일을 하게 되고 건강에 좋은 수리로써 허약자에게는 더욱 좋다.

十七이면 **披雲見月格(피운견월격=즉 구름 헤치고 달을 보는 격)**이니 자아심이 강하여 만난을 돌파하여 반드시 성공을 얻지만 잠시는 異域(이역)에서 풍상도 있다.

◇ 十八發達運(발달운) 철석같은 마음과 발달운에 권력과 지략도 있어 한번 세운 뜻은 견실하게 어려움을 헤쳐서 명리를 넓힌다. 포괄력과 완고함을 주의해야 하는 수이다.

十八이면 **鍊石補天格(연석보천격=즉 제련된 돌로 하늘을 돕는 격)**이니 권력과 지모가 발달하여 목적을 달성하고 명리

를 넓히며 意思(의사)가 견고하여 만난을 배제하고 성공하는
격이다.

◇ 十九病惡運(병악운) 재능이 있고 활동의 소질도 있으므로 대
업을 일으키고 명리를 달성할 실력은 있는데 의외의 장애와
내외불화 困難(곤난)등이 많아 병약, 폐질, 불구, 졸도, 고독,
과부의 비운에 빠지며 더 나아가서는 단명, 요절, 처자사별,
형벌, 살상의 난이 우려되는 수리이다.

十九이면 **石上栽松格(석상재송격=즉 돌 위에 소나무를 심
는 격)**이니 지능으로 혹 성공은 얻으나 반면에 실패 멸망이
반드시 있고 가족과 생리사별에 병과 재난 형벌 화근이며 횡
액으로 短命(단명)된다.

◇ 二十短命運(단명운) 싹 잘라버리듯 단명하고 비운을 유도하는
대흉의 운명이며 재액, 조난, 不如意(불여의)의 역경에 빠지고
폐질이나 부모처자를 이별하는 참담한 수리이다.

二十이면 **雪裏芙蓉格(설리부용격=즉 눈 속의 연꽃 격)**이니
액과 어려움 凶禍(흉화)에 고독 과부 근심 슬픔과 괴로운 눈
물이 심하고 형벌과 병환이 끊이지 않으며 불구가 되고 短命
格(단명격)이다.

◇ 二一頭領運(두령운) 구름개고 달이 나오듯 만사를 형성하는
상이며 독립과 권위가 있고 두령으로 남의 위에서 존경받고
부귀영화를 누리나 단, 부인은 고독 고생이 있는 수리이다.

二十一이면 **神劍化龍格(신검화룡격=즉 신검이 용으로 변하격)**이니 남자는 영웅으로 출세하나 단 여자는 만일 고독한 과부가 아니면 無子(무자)격이다.

◇ 二二薄弱運(박약운) 백사불여의 중도 좌절되며 가을 풀이 서리를 맞은 상으로 곤란, 병약, 무기력, 고독, 위험, 역경과 불평에 빠지게 될 운세요 박약의 수리이다.

二十二이면 **秋草逢霜格(추초봉상격=즉 가을 풀이 서리를 맞은 격)**이니 실의에 역경으로 목적이 좌절되고 심신이 막히며 상해되고 형벌과 재화로 목숨을 잃고 고독 수심 病災(병재)로 불구되고 不運格(불운격)이다.

◇ 二三隆昌運(융창운) 위대하고 세가 충천하는 상이며 비천한 몸이 윗사람이 되어 흡사 개선장군이 되고 맹호가 날개를 달게 된 상이다. 공명영달하고 큰뜻 큰사업을 성취시키나 단, 여인은 고독 과부의 불평이 있는 수리이다.

二十三이면 **靑雲名高格(청운명고격=즉 청운으로 이름이 높은 격)**이니 욱일승천하여 혁혁하고 頭領運(두령운)이다.(성명 중에 23수가 중복되면 變死(변사)된다. 단 여자이면 생리사별이나 無子된다.

◇ 二四蓄財運(축재운) 경로에는 다소 어려움이 있으나 재략과 지모가 뛰어나서 큰 공을 세우고 금전을 모으며 말년이 좋고

자손에게 경사를 전하는 유일의 수리이다.

二十四이면 **乃積乃倉格(내적내창격=즉 이에 쌓여 창고에 가득찬 격)**이니 지혜가 빼어나며 무에서 유를 얻고 금은보화가 만당하고 재운이 왕성한 격이오, 관리로 성공한 뒤에 과하면 刑禍(형화)로 횡액을 당한다.

◇ 二五健昌運(건창운) 자성이 영민하며 귀중한 재능도 있으나 다소 유약하며 언어에도 약간 모순이 생겨 사교나 사업상으로 지장이 초래된다. 큰 사업을 성취하여 성공하는 수리이다.

二十五이면 **枯木逢春格(고목봉춘격=즉 마른나무가 봄을 만난 격)**이니 타고난 성격이 영민하고 성공 발달하며 재물과 녹이 순조로우며 부귀로 현달하고 자손이 창성된다.

◇ 二六變怪運(변괴운) 파란만장의 영웅운이요 사선을 넘어서 성공하고 불세출의 위인, 괴력자가 여기서 나오지만 많이는 병난, 방탕, 고독, 배우자를 잃기 쉬운 수리이다.

二十六이면 **成君敗賊格(성군패적격=즉 성공하면 임금이오, 실패되면 역적격)**이니 일면은 영웅적인 수완이 있으나 혹은 성공하고 혹은 실패된 후로 병고도 있고 난리를 입는 격인데 만일 怪傑(괴걸)이나 영웅격의 인물이면 대귀한다.

◇ 二七中折運(중절운) 자존심이 강하고 비난, 공격을 받아 실패하며 중도에 좌절되는 상이니 지략과 분투노력으로 명리를 넓

혀도 불화, 형벌, 조난, 고독, 자살자가 나오는 수리이다.

二十七이면 **岩上走馬格(암상주마격＝즉 바위위로 말이 달리는 격)**이니 분투노력이 있어 큰 성공을 획득한 뒤로 명망이 더욱 높으나 결국은 형벌과 재화로 변사되며 가정이 실패되는 격이다.

◇ 二八遭難運(조난운) 일종의 호걸적인 상태에 있는데 파란변동이 많고 비난, 재액, 조우, 상해를 당하며, 혹은 부부이별 골육과 헤어지며 일생에 험악한 수리이다.

二十八이면 **狂風搖燭格(광풍요촉격＝즉 광풍이 촛불을 흔드는 격)**이니 좋은 운이 지나면 사별되고 조난을 만나며 형벌에 재난이 많고 병도 더욱 심하며 매사 실패되고 자식이 없으며 橫死(횡사)가 아니면 短命(단명)된다.

◇ 二九受福運(수복운) 지략이 우수하고 공을 세우며 복을 받는 운이요 재력도 있고 활동력도 있으나 일면 불평과 부족을 느끼며 여인은 과부나 황망에 흐르기 쉬운 수리이다.

二十九이면 **雲龍風虎格(운룡풍호격＝즉 구름은 용을 따르고 바람은 범을 따르는격)**이니 지모와 勇躍性(용약성)이 있어 큰 뜻과 큰 사업을 성취하되 불평과 불만이 간간이 생길 것이나 침착하면 좋은 격이다.

◇ 三十浮沈運(부침운) 선악을 정하기 어려우며 투기, 중이 되는

경우도 있고 즉 대성공하는 자도 있고, 실패의 밑바닥을 헤매는 사람도 있다. 대체로는 비운, 박약, 고독, 실의, 단명, 처자의 사별이 있다.

三十이면 **寒魚上灘格(한어상탄격＝즉 추위에 물고기가 여울로 오른격)**이니 투기심이 있고 적은 재주나 큰 재주를 병용하여 간간히 성공하나 적은 파란이 있으므로 失敗格(실패격)이다. 그러나 오행이 배합되면 좋다.

◇ 三一開拓運(개척운) 지인용이 겸비하고 의지가 견고하여 굴절없이 전진하여 큰 뜻 큰 사업을 성취하고 대중을 통솔하며 명예, 번영, 부귀. 행복에 이른다. 단, 부인은 쓰지 않는 것이 좋다.

三十一이면 **金玉滿堂格(금옥만당격＝즉 금과 옥이 집에 가득찬 격)**이니 건전한 두령이 되고 점점 향상하여 부귀겸전에 명망이 사방에 가득하며 자손도 창성 된다.

◇ 三二僥倖運(요행운) 물 묻은 손에 좁쌀이 붙듯 하며 윗사람의 도움이 두터워 파죽지세로 성공하며, 가문융창, 번영, 지상의 행복을 누린다. 다른 사람의 배려를 깊게 받고 있다.

三十二이면 **牛眠盛草格(우면성초격＝즉 소가 풍성한 풀에서 잠자는 격)**이니 재록이 풍부하고 상하가 친히 화합하며 여러 사람의 부조로 대성하여 末年運은 百子千孫(백자천손)으로 郭汾陽(곽분양)의 부귀도 부럽지 않은 격이다.

◇ 三三旺盛運(왕성운) 봉황이 서로 모이고 형성이 확정된 상으로 권위와 지략도 있다. 굳세어서 흡사 욱일승천하는 위력이 있어 성운이 융창하고 명성이 천하에 퍼지나 보통사람은 감당할 수 없으므로 윤락, 암흑, 극히 쇠퇴될 수 있다. 특히 부인은 가장 강열하므로 과부운이 된다.

三十三이면 **枯苗得雨格(고묘득우격=즉 메마른 싹이 비를 얻은 격)**이니 왕성한 頭目運(두목운)이어서 가히 萬人을 살리는 吉祥格(길상격)이나 단 여자는 비참하고 고독한 운이다.

◇ 三四破壞運(파괴운) 파멸 괴리의 운이 강하고 한번 흉이 오면 거듭 오며 대흉, 대곤란, 신고에 빠진다. 파란, 주저, 쇠패, 참담, 비통에 이르고 다른 조합에 따라 단명배우자 자녀의 사별, 형벌, 살벌, 발광, 패가망신수도 있다.

三十四이면 **魚躍河上格(어약하상격=즉 물고기가 강하에서 뛰는 격)**이니 파멸의 흉조에 고생과 병난으로 정신이 이상하며 무자되고 가정이 실패되며 단명할 격이다.

◇ 三五平安運(평안운) 지혜와 능력이 있으나 권위의 세력이 부족하고 온화 양순한 반면 철저하지 못한 상이다. 문예 기술방면으로 발전하여 공을 이루고 큰일 큰 사업을 당하면 담력과 재간이 부족하다 기력을 일으키고 권위와 절의를 철저히 하며 세력을 보완하되 불철저한 바탕도 교정하여 가면은 평안하여지는 좋은 수이며 여인에게는 특히 좋다.

三十五이면 **缺月復圓格(결월부원격=즉 일그러진 달이 다시 망월이 된 격)**이니 재지가 능히 통달하며 기술 실업으로 발달하고 의외로 성공하여 일생 安樂(안락)하는 吉祥格(길상격)이다.

◇ 三六波爛運(파란운) 영웅운이며 파란이 중첩되며 부침이 많은 상이다. 의협심과 정의가 두터워 자신을 버리고 인의를 취하니 일생 평안을 얻기 어렵고 신고 곤란이 많게 된다. 움직이면 움직일 때마다 파란이 생기고 큰 변동을 빚어 아주 쇠퇴의 늪으로 들어감을 암시하고 있다. 혹은 실패 윤락의 대흉이 오고 다른 운과의 조합에 따라서는 단명, 병약, 고독, 과부, 액난에 빠지게 된다.

三十六이면 **枯井遇雨格(고정우우격=즉 매마른 샘이 비를 만난 격)**이니 호협한 情과 파란으로 잠시 일시의 부귀는 있으나 결국 손상되어 액이 많고 큰 공도 한줌의 흙처럼 일그러진다.

◇ 三七奏功運(주공운) 독립, 권위, 충실하여 비할 수 없는 공을 성취하고 사물에도 통달하고 화창하며 열성으로 여러 신망을 얻어 만난을 부수고 큰 사업을 성취하며 덕과 재능을 발휘하여 천부의 큰 행복을 누리고 평생에 부귀영화를 본다. 단, 일면 고립된 감이 없지 않으니 화순하는데 마음을 두라.

三十七이면 **春入桃圓格(춘입도원격=즉 봄에 봉숭아 동산에**

들어간 격)이니 충실하고 열성적이면 만사가 화창하고 재록과 권위도 있고 대지대업을 성취하며 장구히 끊이지 않는 격이다.

◇ 三八平凡運(평범운) 큰 뜻 큰 사업에 대한 포부와 통솔력 권위 명망, 두령에 관한 재간이 모자라고 힘과 신망을 얻어도 목적을 관철하기는 어렵다. 평범, 박약, 무력의 상이다. 단 문학, 기술, 예술방면에는 발전될 힘이 있다.

三十八이면 **錦衣塗炭格(금의도탄격=즉 비단옷 입고 도탄에 빠진 격)**이니 뜻이 學藝(학예)에 있으며 成功運이 있으나 대중의 신임과 위력이 결핍되므로 결국성공이 없고 병고와 실패가 몸에 따르는 격이다.

◇ 三九平福長壽運(평복장수운) 재난이 일변하면 평복으로 되어 비할 수 없이 귀중하게 되며 권위와, 장수 재물이 풍부하고 덕택도 사방에 미치며 재략이 전신에 가득 차서 부귀번영을 자손에 영원히 전하는 상이며 호령하나로 만인을 통솔하고 위세는 하늘을 누른다. 아울러 가장 귀중한 것 뒤에는 가장 비참한 악운이 감추어져 있어서 길흉이 종이의 겉과 속 같으므로 경솔하게 쓸 수 없는 수요 특히나 두령 운이므로 부인은 과부가 되기 쉽다.

三十九이면 **豹變成虎格(표변성호격=즉 표범이 호랑이로 된 격)**이니 부귀에 頭領運(두령운)으로 장수하고 건강한 격인데 단 여자는 파탄되어 과부에 無子格(무자격)이다.

◇ 四十吉凶相半運(길흉상반운) 지략도 풍부하고 담력도 남들보다 뛰어나지만 불순하고 덕망이 모자라서 비난과 공격을 받을 우려가 있으며 파란과 부침 그리고 길흉의 분기점에 있으므로 때로는 투기를 좋아하는 등 객기가 있어 다른 운과의 조직에 따라 형벌, 상해, 범죄를 낳고, 혹은 병약, 단명, 고독에 빠지고 움직여도 실패를 초래하며 진취하면 어려움이 생기고 물러나 있으면 겨우 안녕을 보전하는 수이다.

四十이면 **小舟入浪格(소주입랑격=즉 적은 배가 파도로 들어간 격)**이니 지략이 강하고 재간이 민첩하며 투기심도 강하고 많은데 혹은 소년 중년에 영달되어도 결국은 비명에 횡액이 있는 격이다.

◇ 四一高名運(고명운) 순수한 양의 독특한 원소는 좋은 경사를 내포하고 담력과 재주 꾀가 겸비하며 유덕, 건전, 화순하여 대지대업을 가질 실력이 있고 이름 높고 부귀, 최대의 좋은 운을 감추고 있다.

四十一이면 **大旱甘霖格(대한감림격=즉 큰 가뭄에 단비내린 격)**이니 대지대업을 성취하고 부귀영화와 장수하며 이름이 사방에 떨치고 자손이 창성하는 격이다.

◇ 四二失意運(실의운) 박학달통하고 재능과 기예가 좋아 다방면에 세상물정을 안 밖으로 통달하고 취미도 여럿이지만 한 가지도 깊게 통달하지 못한다. 대체로는 박약하여 여의치 못하

고 자아의 생각이 모자라 적막, 비애의 상이다. 산만 실의 되기 쉬운 한결같은 뜻으로 전념하여 나아 가면은 어느 정도 성공을 할 수 있는데 그렇지 못할 경우 실패에 빠지게 된다. 개중에는 고독하고 병약자도 나오게 된다.

四十二이면 **雪中孤松格(설중고송격=즉 눈 속에 외로운 소나무 격)**이니 적막하고 이산되어 비애와 실의 逆行(역행)이며 항상 자녀로 탄식하고 또한 病弱(병약) 고독한 운이다.

◇ 四三散財運(산재운) 낡은 습관이나 폐단을 벗어나지 못하고 눈앞의 안일만을 취하며 박약, 산만의 상이 있다. 비온 뒤 꽃 같아 재능과 지혜의 발달도 있는데 의지력은 확고하지 못하고 모든 일을 수행하는데도 능통하지 못하여 외견으로는 행복한 것 같으나 내심은 곤란이 많다. 표면상으로 일이 성사된 것 같은데 이면으로는 파괴되고 있다. 특히 부인은 다른 운의 배합에 따라 황음에 빠지고 평생 완전하지 못하게 된다.

四十三이면 **坐井觀天格(좌정관천격=즉 우물 속에 앉아 하늘을 보는 격)**이니 인순고식하여(옛 버릇을 버리지 못함) 家財(가재)가 소실되고 실의로 파탄이오며 말년에 고생으로 失敗格(실패격)이다.

◇ 四四破滅運(파멸운) 패가망신의 가장 흉한 징조가 있고 비운, 참담, 파괴, 난리의 뜻을 감추고 있다. 만사가 뜻과 같지 않아 실의, 역경, 번민, 노고가 많고 병난과 조난, 가족과의 생리사별, 불구, 폐질이 있으며 다른 운과의 조직에 따라서 발광 단

명도 하게 된다. 단 불세출의 괴걸, 위인, 열사, 효자 열부, 대발명가 등이 종종 이의 운에서 나온다.

四十四이면 **夏蟲入火格(하충입화격=즉 불나비가 불속에 달려든 격)**이니 敗家亡身(패가망신)하고 가족과 生死別(생사별)되며 발광에 불구와 급변 몰락으로 대흉하다.

◇ 四五順調運(순조운) 순풍에 돛을 달아 놓은 것과 같은 상이며 경륜이 깊고 지략이 커서 대지대업을 이루고 만난을 잘 타개하여 능히 성공하여 부귀번영이 극에 이른다. 단 다른 운과의 조직에 따라서 조난이 생길 우려도 있다.

四十五이면 **順水行舟格(순수행주격=즉 순탄한 물로 배가 가는 격)**이니 경륜이 심원하고 뜻과 소망을 달성하며 자손이 창성하고 사업은 흥왕하며 명성이 멀리 퍼지는 길운이다.

◇ 四六悲哀運(비애운) 보배를 싣는 배가 갈라지는 상으로 정력이 줄어들고 박약, 비애로 나아가게 되어 곤난, 신고, 파괴가 많다 그러나 일종의 변괴적인 운이므로 개중에는 큰 어려움을 일찍 맛보고 끝나서 대성공을 하는 사람이 있으며 혹은 다른 운과의 조직에 따라서는 병신, 고독, 형벌, 단명에 빠지게 되는데 어쨌든 불행을 면하기 어려운 운명이다.

四十六이면 **夏扇逢火格(하선봉화격=즉 여름 부채가 불을 만난 격)**이니 정력이 결핍하여 漸漸(점점) 비참하고 병난과 고독 과부에 短命(단명)되고 아니면 호걸에 협객의 운이다.

◇ 四七展開運(전개운) 꽃이 피어오르는 상과 같이 행복한 길조의 수리이고 천부의 행복을 누리게 된다. 다른 사람과 일치하여 큰일과 큰 사업을 성취하지만 진취하면 손해되고 물러나면 이익이 있다. 영원한 행복을 자손에게 전하는 좋은 운이다.

四十七이면 **龍得如意珠格(용득여의주격=즉 용이 여의주를 얻은 격)**이니 꽃피고 행복하며 천부의 吉慶(길경)이 長遠(장원)하여 큰 뜻과 큰 사업을 성취하며 金玉이 만당하고 자손도 창성된다.

◇ 四八榮達運(영달운) 지략이 충만하고 재능도 있으며 유덕하다, 또한 경건하다는 의미도 있다. 다른 사람의 고문이나 상담역으로 위엄과 명망을 떨치는데 천성이 영민하여 공명영달하고 상서로운 수리이다.

四十八이면 **魚群下釣格(어군하도격=즉 물고기 떼에 낚시를 던진 격)**이니 지략이 강건하고 덕망이 멀리 퍼지며 이름은 사방에 높고 지위도 얻으며 부귀를 누리게 되는 격이다.

◇ 四九吉凶變化運(길흉변화운) 길흉이 안팎으로 한 장의 종이 속과 같으므로 길은 길로 변화되어 좋게 되고, 흉할 때는 흉으로 변하여 대흉하게 되므로 좋을 때는 성공되지만 흉할 때는 손실, 재해, 액난이 따르는데 많이는 일면 대흉한 속에서 한 편으로 좋은 경사도 내포하고 있게 된다. 어쨌든 간에 다른 운과의 배합에 따라서 행, 불행을 나눠서 볼 수 있지만 대

개 흉화로 빠지게 된다.

四十九이면 **虎入荒山格(호입황산격=즉 호랑이가 황량한 산으로 들어 간 격)**이니 길흉이 상반하고 손실 위험이 많으며 병고가 중중하고 만일에 눈앞에 黑子(흑자)가 있으면 희망한 일도 통달되는 격이다.

◇ 五十一成一敗運(일성일패운) 일성일패의 상이 있는데 五수의 덕으로 한번은 진취하여 큰 사업을 성취하고 부자로 왕성하지만 가득 차면 파괴될 흉조도 있으므로 말년에 과도한 실패를 초래하여 자신이나 가정을 멸망에 이르게 하고 다른 운이 흉을 가중시킬 때는 형벌, 살상, 수심, 이별, 고독, 빈한에 빠지고 자주 큰 재해가 이른다.

五十이면 **秋雁失侶格(추인실려격=즉 가을 기러기가 짝을 잃은 격)**이니 혹은 성취하고 혹은 실패되니 파란이 첩첩하고 투기심으로 타락하고 失意(실의)되니 만년에 재액이 많게 되는 운이다.

◇ 五一一盛一衰運(일성일쇠운) 일성일쇠의 상으로 한번은 성운 융창하여 아울러 명리를 달성시키지만 운속에는 자연히 흉조를 내포하고 있으므로 만년에 부침이 생겨 쇠퇴의 운으로 고생과 실패에 이르기 쉽다, 다른 좋은 수와의 결합에 따라서는 대길하게 된다.

五十一이면 **浮雲蔽月格(부운폐월격=즉 뜬구름이 달을 가린**

격)이니 한번은 성공하고 한번을 실패하니 일시는 명리를 달성하나 만년이 부침과 파란으로 고생 곤궁에 빠지고 실의에 빠지게 되는 격이다.

◇ 五二躍進運(약진운) 한번을 약진하여 펴지는 상으로 세력이 강대하고 무형에서 유형을 창조하는 운이다. 선견지명이 있어 계획을 그르치는 일이 없고 달통한 안목은 능히 시세를 살필 줄 안다. 투기심도 풍부하면서 기략도 있으므로 어렵고 고통스런 속에서도 대지대업을 관철시켜 功名利達(공명이달)하게 된다. 요컨대 선견지명으로 성공하고 부귀영화를 누리게 되는 수리이다.

五十二이면 **門前盈車格(문전영차격=즉 문전에 차가 가득한 격)**이니 길다란 세력으로 약진하며 선견지명으로 투철하여 공명영달하고 한가하고 편안하는 격이다.

◇ 五三障害運(장해운) 외견은 길상이니 복이 있는 것 같지만 내실은 장애, 재화가 많다. 많이는 전반생이 행복하여도 후반생은 불행에 빠지게 된다. 또한 후반생의 두터운 녹은 전반에 재액을 당했기 때문인데 단, 主運(주운) 副運(부운)과 三才의 배치가 양호하여야 대길운이 되는 것이다.

五十三이면 **朔月更虧格(삭월경휴격=즉 초승달도 다시 일그러진 격)**이니 외견으로는 유복한 것 같으나 내용이 빈한하고 재앙과 복록이 서로 보이며 결국에는 실패하는 운이다.

◇ 五四破滅運(파멸운) 대 흉악을 암시하며 불행, 참절, 불화, 손실, 근심 고통이 빈번하고 패가망신, 혹은 불구, 폐질, 형벌, 단명, 횡사, 고독 등 逆難(역난)이 있다 전반생은 좋다.

五十四이면 **風雷下杜鵑花格(춘기발동격=즉 바람불고 뇌성 치는데 진달래 꽃인격)**이니 커다란 흉화와 서로 맞지 않아 (齟齬) 집이 파괴되고 걸인의 격이다.

◇ 五五反盛運(반성운) 성한 것이 극치면 도리어 흉이 생기게 된다. 표면은 번성하게 보이나 내용은 재해가 속출하고 일에는 안심할 수가 없으며 신고, 액난, 이별, 産亡(산망) 등 재난이 많고 아울러 의지는 강하여 만난을 타개하고 이겨내며 견실하게 참아내어 서두르지 않으니 일에 당하여 성공할 수 있게 되는 길흉이 상반한 운격으로 박약하고 뜻이 약한 사람도 드디어 입신하게 된다. 이수는 역시 三才(삼재)의 배치가 좋고 나쁨에 따라 길흉이 다르다.

五十五이면 **路入平坦格(노입평탄격=즉 길이 평탄으로 들어 간 격)**이니 길흉이 상반하나 三才가 吉數(길수)를 포함하면 영화에 吉昌되지만 만일 三才가 凶數(흉수)로 되면 크게 상서롭지 못하다.

◇ 五六亡破運(망파운) 실행하는 용기가 모자라서 진취의 기상이 결여되고 손실, 망신, 재액이 거듭 오므로 말년이 최대로 흉악하게 되는 운격이다. 정력도 모자라므로 만사에 어그러지는 뜻이 많다.

五十六이면 **巖頭放馬格(암두방마격=즉 바위 끝에 말을 놓아둔 격)**이니 실천력이 없어 행사에는 용단성이 박약하므로 재액이 거듭 오고 쇠운으로 된다.

◇ 五七剛毅運(강의운) 차가운 꾀꼬리가 봄밤에 우는 의미가 있고 본성이 굳세어 천부의 행복을 누리고 부귀영화를 이루게 된다. 단 생중에서 한번은 커다란 어려움을 당하게 되는데 이 어려움을 넘기면 매사가 뜻과 같이 되고 상서로움이 이르며 번영하게 된다. 주운 부운으로 좋은 수리이고 대운에도 양호하여 최대의 길상으로 변하게 된다.

五十七이면 **雲散月出格(운산월출격=즉 구름 흩어지고 달이 솟는 격)**이니 타고난 천성이 강건하여 일찍부터 吉慶(길경)이 있으나 일차 큰액을 경과한 뒤로 번영을 달성하는 격이다.

◇ 五八浮沈運(부침운) 부침이 많고 消長(소장)의 극치를 내포하고 있으므로 좋은 복이 있다가 커다란 실패와 크나큰 액이 뒤에 나타나게 된다. 집이 파산된 뒤에는 일어나고 부귀번영도 누리게 된다. 대체로는 말년에 행복과 경사를 누리게 된다.

五十八이면 **採薪逢虎格(채신봉호격=즉 땔감 하려다 호랑이 만나는 격)**이니 부침이 많고 일면 일도 많으며 재앙과 실패로 家財(가재)가 파산된 뒤로 다시 致富(치부)하는 격이다.

◇ 五九逆難運(역난운) 인내심이나 용기가 결여되고 의지는 쇠퇴

하여 일에 성취시킬 재능이 있더라도 손실과 액난, 파산, 실의, 역경으로 당연히 귀결하게 되어서 일생에 고생과 슬픔 속에서 끝나게 된다.

五十九이면 **孤松棲鶴格(고송서학격=즉 외로운 소나무에 학이 깃든 격)**이니 무슨 일이든 성취되지 않고 손실과 厄難(액난)에 일생 병고 있고 고생에 참담한 凶格(흉격)이다.

◇ 六十動搖運(동요운) 캄캄하고 어두워 동요하고 불안한 흉조이다. 목적을 정하지 못하고 좁은 길에 풍랑을 맡아 무모하고 계산 없이 기도하다 기업을 한번도 성취하지 못하고 실패, 고통, 슬픔에 극도로 빠지고 심하면 형벌, 살상, 병난, 단명에 이르게 된다.

六十이면 **船上騎馬格(선상기마격=즉 배위에서 말은 타는 격)**이니 刑傷(형상)에 病災(병재)가 많고 무모한 企圖(기도)로 좌절하며 困苦(곤고)와 역경에 短命(단명)되고 불구나 孤獨格(고독격)이다.

◇ 六一不和運(불화운) 명리가 온건히 번영되며 부귀할 길조가 있으나 오만하고 불순하여 내외로 불화를 빚고 가정은 반목하며 형제는 담을 열어 놓은 것 같은데 내용은 궁핍하다. 덕을 닦고 성질을 조심하되 항시 화순하고 간절하게 지켜 가면 위와 같은 흉환이 미연에 방지되고 천부의 행복을 누리게 된다. 재물과 보배가 풍부하고 일생에 길상을 누리는데 총격에 있다면 대운이 양호하여져서 털끝만큼의 근심도 이르지 않게 된

다. 점차로 무상의 대운으로 이르게 되는 것이다.

六十一이면 **天衢策馬格(천구책마격=즉 넓은 거리에서 말을 채찍한 격)**이니 명리에 부귀 영달되나 불순하고 오만하여 누구를 물론하고 반목과 불화되어 결국 화를 부른 격이다.

◇ 六二衰退運(쇠퇴운) 내외불화하며 신용이 모자라고 소망을 달성하기 어려우며 점차로 쇠퇴하는 경지로 들어가게 되고 불시의 재액도 오게 되는데 일가가 쇠퇴되고 일신도 약하게 되어 점점 고생과 슬픔이 이르는 흉상이다.

六十二이면 **驚魚依藻格(경어의조격=즉 놀랜 물고기가 마름을 의지한 격)**이니 뜻과 소망은 오히려 풀리나 내외불화하고 불시의 재액이 날아오며 심신은 쇠퇴하고 困苦(곤고) 실패된다.

◇ 六三發展運(발전운) 만물이 비나 이슬의 혜택을 받아 피어나는 것과 같이 모든 일들이 자유스럽고 목적을 성취하며 다시는 우환이 오지를 않고 부귀번영을 자손에게 전하는 최대길경의 운이다.

六十三이면 **金盤堆果格(금반퇴과격=즉 金쟁반에 과일이 담겨진 격)**이니 목적을 달성하여 일생에 우환이나 疾苦(질고)가 드물고 자손이 창성하며 일신도 강건하고 복이 있는 격이다.

◇ 六四滅亡運(멸망운) 부침, 파괴, 멸망의 흉조가 있고 불시의 재난에 빠지거나 혹은 일가가 이산되고 만일에 병살이나 비명이 없다 해도 생애에 안정을 얻기 어려운 흉운이다.

六十四이면 **凍水行船格(동수행선격=즉 얼음 물에 배가 가는 격)**이니 병고와 횡액에 재액도 심히 많고 불시로 변을 만나며 가족의 연이 박하고 일생을 이별하는 격이다.

◇ 六五興隆運(흥융운) 하늘도 장원하고 땅도 오래가는 귀중한 최상의 운이요 만사가 뜻과 같이 실현되고 일생을 무사, 평안하게 행복을 누리며 가운융창 장수번영을 얻게 되고 영원히 길상을 전하게 된다.

六十五이면 **花園設筵格(화원설연격=즉 화원에 연회석을 베푼 격)**이니 장수하며 성운이요 만사가 순조롭게 발전하여 권위 명성 재물 위엄의 네 가지 덕이 겸비되는 격이다.

◇ 六六艱難運(간난운) 진퇴가 자유롭지 못하고 내외불화하며 어려움을 견디어내기 어렵다. 손실과 재액도 교대적으로 오므로 결국에 내 몸과 가정을 멸망시키는 악운과 흉상도 있다.

六十六이면 **逆水行舟格(역수행주격=즉 물을 거슬러서 배가 가는 격)**이니 진퇴양난이며 재액과 병고 단명하여 생애에 편안을 얻지 못하는 격

◇ 六七通達運(통달운) 윗사람의 원조를 받아 모든 게 통달되고

만사에 지장 없이 천부의 행운을 타서 능히 소망을 이루고 기운이 성대하여져 부귀영화도 오게 된다.

六十七이면 **種竹成林格(종죽성림격=즉 대를 심어서 대숲을 이룬 격)**이니 만사가 여의하고 형통하며 가운도 왕성하여 富貴榮華(부귀영화)되는 吉祥格(길상격)이다.

◇ 六八昂進運(앙진운) 지혜와 생각은 주밀하고 지조는 견고하여 부지런하고 힘써 실행하므로 발전, 앙진되는 상이다. 발명공부에 재능도 있고 능히 대중의 신의도 얻어 소망이 달성되고 명예도 안전한 좋은 운이다.

六十八이면 **旱野逢雨格(한야봉우격=즉 가뭄 든 들에 비를 만난 격)**이니 근면하게 힘써 행하며 발전력이 있고 발명 연구력도 확실하여 진보되고 영달하는 격이다.

◇ 六九窮迫運(궁박운) 궁박, 막힘, 역경에 이르는 상이 있고 정신의 발달이 결여되어 질병과 재난이 교대로 온다. 불안과 동요의 흉운으로 단명하며 직업이 없고 불구, 폐질이나 혹은 사망되고 고통에 빠지게 된다.

六十九이면 **破網求魚格(파망구어격=즉 망가진 그물로 물고기를 잡으려는 격)**이니 실의와 역경에 病災(병재)와 횡액, 短命(단명)되며 처자와 생리사별하고 고독 불안한 격

◇ 七十寂寞運(적막운) 험악, 멸망의 상이 있고 일생이 참담하여

근심 고통이 끊이지 않고 공허 적막의 감이 있으며 불구, 형벌, 살상, 단명, 이별, 수심 등의 액난이 있거나 아니면 세상에서 쓸 수 없는 폐인이 된다.

七十이면 **老鼠失穴格(노서실혈격=즉 늙은 쥐가 쥐구멍을 잃은 격)**이니 공허하고 적막하며 형살이 있고 폐질 短命格(단명격)이다.

◇ 七一吉凶相半運(길흉상반운) 자연의 길조를 머금고 있어 부귀영달을 얻게 되는데 내심으로 고생이 많고 실행이나 관철하려는 정신이 모자라 진취에 어려움을 견디며 용기도 결여되어 있으므로 실패하게 되고 길흉이 상반하는데 삼재가 좋으면 좋은 운이 된다.

七十一이면 **雷下行程格(뇌하행정격=즉 벼락 치는데 길 떠나는 격)**이니 부귀영달하려는 뜻이 강하나 고생뿐 성취가 없고 항상 번민이 많으며 가정에 풍파가 끊이지 않고 불행한 격이다.

◇ 七二吉凶相半運(길흉상반운) 어두운 구름에 달이 가려있는 상으로 쾌락과 궁핍이 겹치는 뜻이 있고 전반이 행복하면 후반은 비운을 면할 수가 없다. 외견으로는 좋으나 속 내용은 흉이 생기고 심하면 말년에 패가망신하는 액을 만나게 된다.

七十二이면 **掘井無水格(굴정무수격=즉 우물을 팠는데 물이 없는 격)**이니 外富內貧(외부내빈)하고 말년은 病災(병재)도

극심하며 패가망신하고 불행한 격이다.

◇ 七三平凡運(평범운) 길흉이 상반하는 상으로 실행과 관철하는 용기가 적어 한갓 뜻만 높을 뿐 일을 성취시키지 못한다. 그러나 자연의 복은 있으므로 일생 편안하게 늙어가고 삼재의 좋음에 따라서 길조는 증가된다.

七十三이면 **深谷栽花格(심곡재화격＝즉 깊은 골짜기에 꽃을 심는 격)**이니 志氣(지기)가 고상하나 실천력이 결핍되어 行事(행사)는 성취되지 않고 생업이 파산되며 밖으로는 豊盛(풍성)하는데 속이 비어 있는 격.

◇ 七四不遇運(불우운) 무기, 무능, 무식에 빠져 무위도식하고 세상에서 무용하게 된다. 또한 불시의 재액으로 여러 번 고생되고 역경에 빠져 생애의 불행을 한탄한다.

七十四이면 **門前掛口格(문전괘구격＝즉 남의 집 대문에 입을 매단 격)**이니 무위도식하는 걸인의 명이며 세인이 조소하고 일생을 고생으로 불운하고 살았어도 죽은 것만 못하다.

◇ 七五吉凶相半運(길흉상반운) 자연히 부귀영화 되는 길상인데 그렇더라도 획책이 미숙하면 일이 성취되지 않으며 실패와 어그러지는 일이 초래되므로 물러나 지키면 행복과 길상을 보전하고 진취하면 재액과 실의에 빠지게 된다.

七十五이면 **波濤行舟格(파도행주격＝즉 파도 속에 배가 가**

는 격)이니 내면이 어긋나니 물러나 안정하면 좋고 진취하여 명리를 구하면 불행한 격이다.

◇ 七六離散運(이산운) 내외가 불화하고 일가는 이산된 역운으로 흉하게 되고 산업실패로 집안이 기울게 된다. 일신을 망치는 비운으로 병약, 단명, 처자이별, 수심이 있다.

七十六이면 **龍付馬尾格(용부마미격=즉 용이 말꼬리에 의탁한 격)**이니 일가가 이산되고 재변이 거듭 오며 명예는 더럽혀지고 병고 禍亂(화란)이며 망신에 비참하다.

◇ 七七吉凶相半運(길흉상반격) 흉상중에 길조도 내포되어 대체로 윗사람이 이끌어주고 원조하여 중년에는 지장 없이 행복하게 되나 중년후로 재난에 빠지고 불행을 탄식하게 된다. 즉 전반이 흉할 때 후반은 도리어 길하다.

七十七이면 **月入晦中格(월입회중격=즉 달이 그믐 속으로 들어간 격)**이니 반평생은 행운이 있으나 중년이후로 십년간 곤궁하며 만년에 다시 일어나는 格

◇ 七八吉凶相半運(길흉상반운) 길흉이 상반하지만 흉이 다소 강하다. 원래가 지능도 있으므로 중년에 성공 발달되다가 중년후로는 점차로 쇠퇴하여 말년이 고생, 참담하게 된다. 삼재의 배합에 따라서는 吉祥(길상)으로 된다.

七十八이면 **夢中得寶格(몽중득보격=즉 꿈속에 보배를 얻는**

격)이니 성공 영달의 운이 있으나 한갓 봄꿈이며 만년은 고생이 비길 데 없는 不幸格(불행격)이다.

◇ 七九不伸運(불신운) 궁색하고 불신의 역경에서 정신을 차릴 수 없고 절조와 실행, 정력이 모자라 신용을 잃고 비난과 공격을 받는다. 세상에서 쓰지 않는 폐물로 여기지만 단, 신체는 건전하다.

七十九이면 **魚登几上格(어등궤상격=즉 물고기 도마에 오른 격)**이니 정력이 결핍하고 절의와 도덕심이 전무하며 행동이 사나워서 역경을 자초하여 일생이 肉身(육신)을 용납하지 못하는 격이다.

◇ 八十陰遁運(음둔운) 평생 곤란과 고생이 끊이지 않고 병마, 형벌, 단명 등의 흉운이 강하다. 단, 일찍 은둔생활을 하면 안심하고 명예를 세워 재액을 면하고 행복하다.

八十이면 **池魚入網格(지어입망격=즉 못의 고기가 그물에 갇힌 격)**이니 평생이 불행하고 病災(병재)와 불구 빈궁하며 신세와 가정이 멸망되는 격이므로 가장 不祥(불상)스럽고 凶敗(흉패)의 數이다.

◇ 八一還喜運(환희운) 맨 끝의 수로써 원소의 一數(일수)에 돌아와 자연히 영의 힘이 왕성하며 행복이 많다. 좋은 상서와 융숭한 복이 거듭 오고 귀중한 운명이며 존귀한 영광으로 크게 유도하게 되어 대체로 一의 수와 동일하다.

八十一이면 **井魚出海格(정어출해격=즉 우물안 고기가 바다로 나가는 격)**이니 가장 극에 달한 수리로 元素의 一數(일수)에 돌아가므로 自然(자연)의 靈力(영력)이 왕성하고 吉運(길운)이 장구하게 결여됨이 없는 格이다.

2. 人名用 漢字(인명용 한자)

◇ 호적법 제49조 제3항에서 "이름에는 한글 또는 통상 사용하는 한자를 사용해야 한다. 통상 사용하는 한자의 범위는 대법원 규정으로 정한다." (90.12.15 신설)고 하였다.

그 범위를 보면 교육용기초한자(중학생 및 고등학생용 상용한자 각 900字)와 이에 이름자로 사용빈도가 높은 추가한자와 허용된 同字(동자) 俗字(속자) 略字(약자)로 되어 있다. 따라서 이름에 쓰지 않는 死(사) 惡(악) 盜(도) 등이 포함되었음도 인식해야 될 줄 안다.

실제로는 시행령이 제정되고 인명용 한자 2854字를 대법원이 선정 발표한 1991. 4. 1일 이후부터 한글은 상관없지만 漢字 姓名(한자성명)에는 제한적으로 사용이 가능하도록 한 것이다.(인명용 한자란 姓을 제외한 이름(名)의 한자이므로 출생 신고시 姓은 반드시 한자로 해야 하며 이름은 한자 또는 한글로도 신고 가능하다.)

◇ 두개이상의 음중 初音(초음)이 두음법칙 등으로 "ㄴ,ㄹ"인 한자는 각각 소리나는 대로 "ㅇ,ㄴ"으로 사용할 수 있으며 기타는 인정한 발음에 의한다.(內,내→나 불인정)

※ '91. 4. 1 이후 출생자는 선동렬 선동열 중 선택 가능하나 그 이전에는 선동렬만 가능하였다.
또 ネ ++ 변은 서로 바꾸어 쓸 수 있다.(福=福 草=草)

※ 人名用漢字辭典(인명용한자사전)(李讚九 편저 金碩鎭 감수 明
文堂 발행 2003. 10. 31.版)의 4875字에 2005. 1. 1과 2007.
2. 15 추가분을 합하여 5,178字인 것으로 안다.

한글로 된 아호는 별개지만, 한자 雅號(아호)도 戶籍(호적)과
는 무관하기 때문에 그에 쓰이는 漢字(한자)에 달리 制限(제한)
을 두고 있는 것은 아니다.

인명용한자의 범위에 없는 한자라도 찾아 쓸 수 있으니, 국민
들이 작명할 수 있는 권리를 규제하고 있다고 볼 수 있는 억울함
같은 것을 말끔히 씻어버리는 그런 아름다운 수단이 될 수 있어
흐뭇하다.

人名用漢字(인명용한자)도 시행초기와 달리 현재는 5000字가
넘으니 아호의 文字(문자) 선택에 있어 대부분 充足(충족)되리라
짐작을 해본다.

더욱이 作號(작호)는 본래의 姓名(성명)과 연관성이 있을 뿐
아니라, 본서를 통하여 作名(작명)도 可能(가능)하도록 배려하였
기 때문에 엄청난 勞苦(노고)끝에 탄생한 이 인명용한자의 活用
(활용)은 더욱 중요하며 有用(유용)하게 쓰일 것을 기대한다.

◇ 일러두기

音部(음부)에서

* 音別(음별) 한자중 기초한자 끝에는 ,(컴마)를 하여 추가한자
와 大別(대별)하였다.(간혹 ,가 없는 음이 있는데 전부 추가한
자인 것이며 약속자는 本字(본자)에 배열하였음)

* 당초 원본에는 기초한자는 흑색으로 하고 본자와 同字(동자)는
적색으로 하였으며, 추가한자는 청색으로 다소 식별이 용이하
도록 되어 있었으나 출판 편의상 전부 흑색으로 변환하였음을
양해 바랍니다.

人名用 漢字(音部)

가 음부 <木>

○가家佳街可歌加價假架暇嘉嫁稼賈駕伽迦柯,呵苛哥枷珂痂茄袈訶跏軻哿 ○각各角脚却閣覺刻殼珏恪殼,慤 ○간干間看刊肝幹簡姦懇艮侃杆玕竿諫揀墾栞,奸柬桿澗癎磵稈艱 ○갈渴葛,乫喝曷碣竭褐蝎鞨 ○감甘減感敢監鑑(鑒)勘堪瞰,坎嵌憾戡柑橄疳紺邯龕 ○갑甲鉀,匣岬胛閘 ○강江降講强(強)康剛鋼綱杠堈岡崗姜橿彊慷,畺疆糠絳羌腔舡薑襁鱇嫝跭 ○개改皆個(箇)開介慨槪蓋(盖)价凱愷漑,塏愾疥芥豈鎧玠 ○객客,喀 ○갱更坑,粳羹 ○갹醵 ○거去巨居車擧拒距拒據渠遽鉅(혹 鋸)炬,倨据祛踞鋸 ○건建乾件巾虔健楗鍵,愆腱蹇騫漧 ○걸傑杰,乞桀 ○검儉劍(劒)檢,瞼鈐黔 ○겁劫怯迲 ○게憩揭,偈 ○격格擊激隔檄,膈

覡　　○견犬見堅肩絹遣牽鵑,甄繭譴　　○결
決結潔缺訣,抉　　○겸謙鎌,慊箝鉗　　○경京
景輕經庚耕敬驚慶競竟境鏡頃傾硬警徑卿倞
鯨坰耿炅梗儆憬擎暻更俓涇璟瓊莖勁逕頴冏
勍檠(橄),焵璥痙磬絅脛頸冏鶊冂涏　　○계癸
季界計溪鷄系係戒械繼契桂啓階烓誡,堺屆
悸棨磎稽繫谿　　○고古故固苦考(攷)高告枯
姑庫孤鼓稿顧叩敲皋暠,呱尻拷槁沽痼睾羔
股膏苽菰藁蠱袴詁賈辜錮雇杲　　○곡谷曲穀
哭,斛梏鵠　　○곤困坤昆崑琨錕,梱棍滾袞鯤
○골骨,汨滑　　○공工功空共公孔供恭攻恐
貢珙控,拱蚣鞏　　○과果課科過戈瓜誇寡菓,
跨鍋顆　　○곽郭廓,槨藿　　○관官觀關館(舘)
管貫慣冠寬款琯錧灌瓘梡,串棺罐菅　　○괄
括,刮恝适　　○광光廣(広)鑛侊洸珖匡曠桄
侊,壙狂筐胱　　○괘掛,卦罫　　○괴塊愧怪壞,
乖傀拐槐魁　　○굉宏,紘肱轟　　○교交校橋
敎(教)郊較巧矯僑喬嬌膠,咬嶠攪狡皎絞翹蕎

蛟轎餃驕鮫姣佼　　○구九口求救究久句舊具
俱區驅鷗苟拘狗丘懼龜構球坵玖矩邱銶鳩溝
購軀耉枸,仇勾咎嘔垢寇嶇廐柩歐毆毬灸瞿
絿臼舅衢謳逑鉤駒呴　　○국國(国)菊局鞠,鞫
麴　　○군君郡軍群,窘裙　　○굴屈窟,堀掘
○궁弓宮窮躬,穹芎　　○권卷權勸券拳圈眷,
倦捲淃　　○궐厥闕,獗蕨蹶　　○궤軌,机櫃潰
詭饋　　○귀貴歸鬼龜,句晷簋　　○규叫規糾閨
圭奎揆珪達窺葵,槻硅竅赳閨糾邽蔆　　○
균均菌畇鈞,勻筠龜　　○귤橘,　　○극極克劇
剋隙,戟棘　　○근近勤根斤僅謹槿瑾墐漌僅
嫤筋劤,懃芹董覲饉　　○글契,　　○금金今錦
琴禁禽衾襟昑妗擒檎芩衿　　○급及給急級
汲,伋扱　　○긍肯亘(互)兢矜,　　○기己紀記
起其基期氣技既忌旗奇寄騎豈器幾祈企機畿
飢棄欺器淇琪瑅棋祺錤騏麒玘崎杞埼琦綺錡
箕岐汽沂圻耆璣磯冀驥嗜曉譏瑧伎,夔妓碁
畸碁祁祇羈機肌饑稘　　○긴緊,　　○길吉佶

桔姞,拮　○김金,　○끽喫

나 음부 ＜火＞

○나那奈柰娜挐,儺喇懦拿挐肍胹　　○낙諾,
○난暖難煖,　○날捺,捏　　○남南男楠湳,枏
○납納,衲　　○낭娘,囊　　○내內乃奈耐,柰
○녀女,　　○년年,(秊)撚　　○념念,捻恬拈
○녕寧,甯獰　　○노怒奴努,弩瑙駑　　○농農
濃,膿　　○뇌腦惱,　　○뇨尿鬧撓　　○눈嫩
○눌訥　　○뉴紐鈕,杻　　○능能,　　○니泥,尼
柅膩瀰　　○닉匿溺

다 음부 ＜火＞

○다多茶,爹㢱　　○단丹但單短團端旦段斷
壇檀鍛緞,亶象湍簞蛋袒鄲煓　　○달達,撻澾
獺疸　　○담談淡潭擔譚膽澹覃,啖坍憺曇湛
痰聃蕁錟倓　　○답答畓踏,沓遝　　○당堂當
唐糖黨塘鐺撞,幢戇棠螳　　　○대大代待隊帶

對貸臺戴垈玳袋擡旲,垉岱黛　○댁宅,　　○덕
德(悳),　　○도刀到度道島徒導渡都圖倒挑桃
途稻跳逃陶盜逃堵塗棹濤燾禱鍍蹈,屠嶋悼
掉搗櫂淘滔睹萄覩賭韜醄　　　○독獨督毒篤
讀,瀆牘犢禿纛　　○돈豚敦敦惇暾燉頓,焞旽
沌　　○돌突乭,　　○동同洞銅動童冬東棟桐
董凍潼峒瞳蝀,仝憧疼胴朣瞳彤烔　　　○두斗
豆頭杜科,兜痘竇荳讀逗阧　　　○둔鈍屯遁,臀
芚遯　○득得,　　○등登燈等藤騰鄧謄,嶝橙

라 음부 〈火〉

○라羅螺,喇懶癩蘿裸邏剆覼摞　　　○락樂落
絡洛珞酪,烙駱　　○란卵亂蘭爛欄瀾瑓,丹欒
鸞　　○랄剌辣　　○람藍覽濫,嵐㘚攬欖籃纜
襤嫆　　○랍拉臘蠟　　○랑郎浪朗廊琅瑯,狼
螂烺　　○래來(来)崍萊,徠　　○랭冷,　　○략
略掠,　　○량良兩梁量糧諒樑凉亮倆,粮粱輛
○려麗旅慮勵黎閭呂侶,儷盧戾梠濾礪藜蠣

驢驪 　○력力歷曆,瀝礫轢靂 　○련連蓮聯練鍊戀憐煉璉,攣漣輦變 　○렬列烈裂劣冽,挒 　○렴廉濂簾斂,殮 　○렵獵, 　○령令領嶺零靈伶玲姈吟鈴齡怜,囹岺笭羚翎聆逞泠澪 　○례例禮(礼),澧醴隷 　○로勞路老露爐魯盧鷺,撈攎櫓潞瀘蘆虜輅鹵嚧 　○록祿綠錄鹿彔,碌菉麓 　○론論, 　○롱弄瀧瓏籠,蘢朧聾 　○뢰雷賴瀨,儡牢磊賂賚 　○료料了僚遼,寮廖燎療瞭聊蓼 　○룡龍(竜), 　○루屢累樓淚漏,壘婁瘻縷蔞褸鏤陋 　○류柳留類流琉劉瑠硫,瘤旒榴溜瀏謬 　○륙六陸,戮 　○륜倫輪侖崙綸,淪錀 　○률率栗律,慄嵂 　○륭隆, 　○륵勒肋 　○름凜,廩凛 　○릉陵綾菱稜,凌楞 　○리里梨理利李吏裏(裡)離履俚璃莉离俐悧,浬厘唎犁狸痢籬罹羸釐鯉涖厱 　○린隣潾璘麟,吝燐藺躪鱗粼鱗撛鱗 　○림臨林琳霖淋,琳 　○립立笠粒,砬

마 음부 〈水〉

○마馬麻磨磨瑪,摩痲碼魔　　○막莫漠幕,寞膜邈

○만萬滿晚慢漫蠻万曼蔓鏋,卍娩彎彎挽灣瞞輓饅鰻　　○말末茉,靺抹沫襪鞨

○망亡忙忘望茫妄罔網,芒莽輞邙　　○매每梅妹媒賣買埋,寐昧枚煤罵邁魅苺

○맥麥脈,貊陌驀　　○맹孟猛盟盲萌,氓　　○멱冪覓

○면免勉面眠綿冕棉,沔眄緬麵　　○멸滅,蔑

○명名銘命明鳴銘冥溟,暝梛皿瞑茗蓂螟酩慏洺眀鳾　　○몌袂　　○모母毛某模謀矛募慕暮貌冒摸牟謨,侮姆帽摹牡瑁眸耗芼茅橅

○목木目牧沐睦穆,鶩　　○몰沒,歿　　○몽夢蒙,朦

○묘卯妙苗墓廟描錨畝,昴杳渺猫妙

○무戊茂武務霧無(无)舞貿拇珷畝撫懋,巫憮楙母繆蕪誣鵡橆　　○묵墨默,

○문文問聞門汶炆紋,們刎吻紊蚊雯　　○물勿物,沕　　○

미米未味美尾迷微眉渼彌(弥)薇嵋媄媚,嵄楣湄謎靡徽躾嫩瀰　　○민民敏憫玟旻旼閔珉

憫岷忞愍敃潤瞥頤泯砭,悶緡碈顝鈱　　○밀
密蜜,謐

바 음부 〈水〉

○박泊拍博迫朴薄珀璞鉑舶撲,箔剝樸粕縛
髆雹駁　　○반反半班盤返叛飯般潘伴畔磐
頒,拌搬攀斑槃泮瘢盼磻礬絆蟠斑　　○발發
拔髮鉢渤潑,勃撥跋醱魃　　○방方房傍倣放
訪芳防妨邦坊彷龐昉榜,厖幇旁枋滂磅紡肪
膀舫蒡蚌謗　　○배拜杯(盃)倍培配背排輩湃
陪裵(裴)湃,俳徘焙胚褙賠北　　○백白百伯栢
(柏)佰帛,魄　　○번番飜(翻)繁煩蕃,幡樊燔磻
藩　　○벌伐罰閥,筏　　○범凡犯範汎帆机氾
范梵,泛釩　　○법法,琺　　○벽壁碧璧闢,僻劈
擘檗癖蘗霹　　○변變辨辯邊卞弁,便采　　○
별別,瞥鱉鼈襒莂莂　　○병丙病兵竝(並)屛幷
(并)倂棅軿餠瓶(或瓶)炳柄昞(昺)秉,餠騈
○보保步報普補譜寶(宝)堡甫輔菩潽,湺深珤

裸俌　　○복福伏服復腹複卜馥鍑,僕匐宓茯
葍覆輹輻鰒　　○본本,　　○볼甹,　　○봉奉逢
峰(峯)蜂封鳳俸捧烽琫棒熢蓬鋒,熢縫澭浲
○부夫扶父富部否副符附浮付府簿婦賦膚赴
負腐孚芙溥敷傅復,不俯剖咐埠孵斧缶腑孵
荸訃賻跗釜阜駙鼻　　○북北,　　○분分紛粉
奔憤墳奮汾芬盆,吩噴忿扮盼焚糞賁雰　　○
불不佛弗拂,彿　　○붕朋崩鵬,棚硼繃　　○비
比非悲飛備費批鼻卑婢碑妃肥祕(秘)庇枇琵
屝轡丕匕匪憊斐榌毖毗毘沸泌痺砒秕粃緋
翡脾臂菲蜚裶誹鄙棐　　○빈貧賓頻彬斌濱嬪
穦儐璸玭,嚬檳殯浜瀕牝邠繽份豳贇霦鑌
○빙氷聘憑,騁

사 음부 〈金〉

○사四巳士仕寺史使舍射謝師死私絲思事司
詞蛇捨邪賜斜詐社沙似查寫辭斯祀泗砂糸紗
娑徙奢嗣赦,乍些伺俟傞唆柶梭渣瀉獅祠篩

肆莎蓑裟飼駟麝　　○삭削朔,數索　　○산山
産算散酸珊傘,刪汕疝蒜霰　　　○살殺薩,乷撒
煞　　○삼三森參蔘杉衫,滲芟　　○삽揷(挿),
澁鈒颯　　　○상上尙想霜相祥詳常裳賞床(牀)
償象像嘗商傷喪桑狀庠湘箱翔爽塽,孀峠廂
橡觴樣　　○쌍雙,　　○새塞,璽賽　　○색色索
嗇穡,塞　　○생生,甥牲省笙　　○서西序書緒
署暑叙(敍)徐庶恕抒舒瑞棲(栖)曙誓壻(婿)
惰諝,墅嶼捿筮絮胥薯逝犀鋤黍鼠嶼藇揟忞
○석石夕昔惜席釋析碩奭汐淅晳錫祏鉐,潟
蓆舃　　○선先仙善鮮選船線宣旋禪扇渲琁瑄
璿璇嬋羨銑墡愃膳繕珗嫙,傓敾煽癬腺蘚蟬
詵跣鐥饍洒　　　○설雪說設舌卨楔薛,屑泄洩
渫褻齧蔎契　　○섬暹蟾纖,剡殲贍陝閃　　○
섭燮涉攝葉,　　○성姓性成城誠盛省星聖聲
惺晟(晠)珹娍猩醒瑆,宬猩筬腥聖賵胜　　○세
世洗歲勢細稅貰,笹說忕洒　　　○소小少所訴
掃疎蘇蔬消素笑召昭燒騷沼炤紹邵韶巢疏遡

柖珆,嘯塑宵搔梳溯瀟甦瘙篠簫蕭逍銷愫穌
鼰　　○仐俗速續束屬粟,涑謖贖　　○仒孫損
遜巽,蓀浪　　　○帥率帥,　○숑松送訟頌誦宋
淞悚　　○쇄刷鎖,殺灑碎鎖　　○쇠衰釗,　○
亅水手受授首守收誰須雖愁樹壽(寿)數修
(脩)秀囚需帥殊隨輸遂洙睡獸琇銖繡隨垂粹
穗(穗)髓隋搜袖,嗽嫂岫(峀)戌漱燧狩璲瘦豎
綏綬羞茱蒐蓚藪讐邃酬銹隧鬚濉鷫晬　　○슉
叔淑肅宿孰熟塾琡璹櫹,夙潚菽　　　○순旬純
旬殉盾順瞬循屑巡洵珣筍荀舜淳諄錞醇焞,徇
恂栒楯橓蕈蕣詢馴　　○술戌述術,鉥　　○승
崇嵩,崧　　○슬瑟膝瑟,蝨　　○습習拾襲濕,褶
○승乘承勝升昇僧丞陞繩,蠅滕永塍　　　○시
市示是時詩施試視始矢侍柴恃,匙嘶媤尸屎
屍弑柿猜翅蒔蓍諡豕豺偲媞諟媤　　　○씨氏,
○식食式植識息飾栻埴殖湜軾寔,拭熄簹蝕
○신身申神臣信辛新伸晨愼紳莘薪迅訊,侁
呻娠宸燼腎藎蜃辰璶　　　○실失室實(実)悉,

○심心甚深審尋沁沈,瀋芯諶　○십十什拾,

아 음부 〈土〉

○아兒(児)我牙芽亞(亜)阿雅餓娥峨衙砢,俄
啞莪蛾訝鴉鵝婀哦　　○악惡岳樂堊嶽,幄愕
握渥鄂鍔顎鰐齷　　○안安案眼岸鴈(雁)顔晏
按,鞍鮟　　○알謁,斡軋關　　○암巖(岩)暗庵
菴,唵癌闇　　○압壓押鴨,狎　　○앙仰央殃昂
鴦,怏秧　　○애愛哀涯厓崖艾,埃曖碍隘靄睚
○액厄額液,扼掖縊腋　　○앵鶯櫻,罌鸚　　○
야也夜野耶冶,倻惹揶椰爺若坺　　○약弱約
藥若躍,葯蒻　　○양羊洋陽楊揚養樣讓壤襄
孃漾,佯恙攘敭暘瀁煬痒瘍禳穰釀易　　○어
魚漁於語御,圄瘀禦馭齬唹　　○억億憶抑檍,
臆　　○언言焉諺彦,偃堰嫣　　○얼孼蘖　　○
엄嚴奄俺掩,儼淹　　○업業嶪,　○엔円,　○
여余餘如與汝輿予與,歟璵礖艅茹轝妤悆
○역亦易域譯驛逆役疫埸暘,繹　　○연硏硯

鉛演然燃煙(烟)延燃燕沿緣宴軟衍淵姸娟沇
涓筵瑛姃,曣堧捐挻橡涎繵鳶矘燃醮尭莚孺
嬿　　○열悅熱閱說,咽澧　　○염炎染鹽琰艶
(艷),厭焰苒閻髯　　○엽葉燁曄焲,　　○영永
詠英營榮(栄)迎泳影映暎楹渶煐瑛瀯盈鍈嬰
瑩穎瓔咏,坱嶸潁濚瀴纓霙嬴憬　　○예豫預
藝譽銳芮乂叡(睿,)倪刈曳汭濊猊穢藥裔詣霓
垼埶樂玴嫕蓺蕊繄　　　○오五吾午誤烏梧悟
汚嗚娛傲伍吳旿晤奧珸,俉塢墺寤惡懊敖澳
熬獒筽螁鰲鼇浯燠　　○옥玉屋獄沃鈺,　　○
온溫瑥穩媼,瘟縕蘊昷稳　　○올兀,　　○옹翁
雍甕擁瓮甕癰邕饔　　○와瓦臥,渦窩窪蛙蝸
訛　　○완完緩玩垸浣婉琓琬莞婠宛,梡椀碗
翫睆腕豌阮頑妧岏鋺　　○왈曰,　　○왕王往
旺汪枉,　　○왜倭娃歪矮　　○외外畏,嵬巍猥
○요要搖遙腰夭堯曜耀瑤樂饒姚謠僥,凹妖
嶢拗擾樂橈燿窈窯繇繞蟯邀嗂　　○욕欲浴慾
辱,縟褥　　　○용用勇容庸鎔溶瑢榕蓉湧涌埇

踊塘鏞茸塲甬,俑傭冗澠熔聳俗槦　　○우于
宇右牛友雨遇愚憂又尤羽優佑祐郵玗寓迂旴
禹瑀偶霧堣隅釪,盂禑紆芋藕虞雺扜圩惆慪
燠　　○욱旭昱煜郁頊或,勖栯稶燠　　○운云
雲運韻沄澐耘暉会,暈標殞煩芸蕓隕簀(簀)
○울蔚,鬱乤　　○웅雄熊,　　○원元原院源願
圓援遠園媛瑗苑轅愿嫄怨員袁垣洹沅婉,寃
湲爰猿阮鴛褑朊杬鋺　　○월月越,鉞　　○위
位危爲偉威緯圍衛(衞)爲謂慰胃僞違委尉渭
瑋韋魏暐,萎葦蒍蝟禕　　　　○유由油酉有儒遺
幼幽愈維惟乳唯悠侑洧宥誘猶遊柔裕庾兪
楡喩瑜猷濡愉釉攸柚釉玽,孺揄楢游癒臾萸
諛諭蹂蹈逾鍮曘婑圉迶牖　　○육肉育堉,毓
○윤潤閏尹允玩銃胤阭瀤,贇鬩昀䓖贇　　○
율聿,燏汩建　　○융融,戎瀜絨　　○은恩銀隱
垠殷誾激㹜,慇灖听璊訢儑圻蘟檼礥　　○을
乙,圪　　○음音吟陰飮淫,蔭愔　　○읍邑泣,挹
○응應膺鷹凝,鷹　　○의衣依義議矣儀意宜

醫疑倚誼毅擬懿,椅犧薏蟻　　○이二貳以已
耳而移異移夷伊易弛怡彛(彝)爾珥頤,姨痍肄
苡荑貽邐飴嫛杝胰　　○익益翼翊瀷謚翌熤,
○인人引仁因忍認寅印刃姻,咽湮絪茵蚓靭
靷棘芢氾牣璌　　○일一日壹逸溢鎰馹佾,佚
○임壬任賃妊姙稔,荏恁託　　○입入,卄　　○
잉剩,仍孕芿

자 음부 〈金〉

○자子字自者姊(姉)玆資姿恣刺仔慈紫雌磁
滋藉瓷,呰孜炙煮茨煑蔗疵諮秄　　○작作昨
酌爵灼芍雀鵲,勺嚼斫炸綽焯　　○잔殘,孱棧
潺盞　　○잠暫潛(潜)蠶箴,岑簪　　○잡雜,　　○
장長場丈張章障裝莊(庄)牆(墻)將壯奬帳掌
粧藏臟腸匠杖奘葬暲薔璋漳樟蔣,仗狀檣欌
漿獐臧贓醬　　○재才材財在載裁再哉災栽宰
梓縡齋溨,滓齎　　○쟁爭錚,箏諍　　○저著貯
低底抵苧邸楮沮,佇儲咀姐杵樗狙渚猪疽箸

紵菹藷詛躇這睢齟 ○적的赤寂適滴摘積績
蹟籍笛敵跡賊迪,勣嫡翟荻謫迹鏑吊狄炙
○전田全典前展錢電專傳轉戰佺栓詮銓琠甸
塡殿奠荃雋(音준)顚,佃剪塼廛悛氈澱煎畑癲
筌箋箭篆纏輾鈿鐫顫餞 ○절節絶切折哲,
截浙癤竊 ○점店占點(点)漸,粘岾霑鮎 ○
접接蝶,摺 ○정丁停頂井正政定貞程淨整
情靜(静)精淨庭亭訂廷程征釘整汀玎町呈桯
珵姃偵湞幀楨禎珽挺綎鼎晶晸柾鉦淀錠鋌鄭
靖靚鋥炡渟涏靜頁婷,旌檉瀞睛碇穽艇諪酊霆
埩姘彭征梃胜 ○제弟第帝提題堤制齊際濟
第製諸除祭悌梯瑅,劑啼臍薺蹄醍霽媞 ○
조兆早組調造助祖弔燥操條朝潮照燥租鳥趙
遭彫措晁窕祚曹肇詔釣眺,俎凋嘲棗曺槽漕
爪璪稠粗糟繰藻蚤躁阻雕昭 ○족足族,簇
鏃 ○존存尊, ○졸卒拙,猝 ○종宗種鐘從
縱終倧琮棕淙鍾悰綜瑽,慫腫踪踵柊椶 ○
좌左坐佐座,挫 ○죄罪, ○주主注住朱宙

走酒晝舟周株州洲柱冑奏湊炷註珠鑄疇週駐遒(酒)澍妊姝,侏做呪嗾廚籌紂紬綢蛛誅躊輳酎燽鉒拄倜　　○죽竹,粥　　○준準俊遵峻浚晙埈焌竣畯駿准濬雋儁埻隼,寯樽蠢逡純葰壿僔　○줄茁,　○중中重仲衆,　　○즉卽,即　○즐櫛,　○즙汁,楫葺　○증曾增贈症證蒸憎烝甑,拯繒　　○지只支枝止之知地指志至紙持池誌智遲旨沚址祉祇芝趾摯鋕脂,咫枳砥肢芷漬蜘識贄洔底泜　　○직直織職稙稷,○진辰眞(真)鎭振進盡陳陣珍瑱軫震塵瑱晉(晋)瑨(瑨)津璡秦軫抮診縉賑禛溱塡,唇嗔搢桭榛殄畛疹瞋縉臻蔯袗紾趻蓁畛枃　○질質秩疾姪瓆,侄叱嫉帙桎窒膣蛭跌迭　　○짐斟朕　○집集執什潗(集)楫輯鏶,緝　　○징徵懲澄,

차 음부 〈金〉
○차且次此借差車叉瑳,侘嗟嵯磋箚茶蹉遮

硨韈姹　○챡着錯捉,搾窄鑿齪　○찬贊(賛)
讚(讃)撰燦璨粲瓚澯簒纘鑽,竄纂餐饌攢囋償
(償)　○찰察札,刹擦鬙　○참參慘慚(慙),僭
塹懺斬站讒讖　○창昌唱倉創蒼滄暢窓昶廠
敞彰菖,倡娼愴槍漲猖瘡脹艙　○채採彩菜債
采垛蔡宷綵,寨砦釵琗採媱睬　○책策責冊
(册),柵　○처妻處悽,凄　○척尺斥拓戚陟
坧,倜刺剔慽擲滌瘠脊蹠隻　○천千天川泉
踐淺薦仟阡遷賤,喘擅玔穿舛釧闡韆茜　○
철鐵哲徹喆澈撤轍綴,凸輟悊　○첨尖添僉
瞻,沾惦簽籤詹諂　○첩妾帖捷,堞牒疊睫諜
貼輒　○청靑(青)淸(清)請(請)晴(晴)廳聽,
菁鯖　○체體替締遞諦,切剃涕滯逮諟　○
초草(艸)招肖超抄初礎樵焦蕉楚,剿哨憔梢椒
炒秒硝礁稍苕貂酢醋醮岧鈔　○촉促燭觸,
囑矗蜀　○촌寸村,忖邨　○총總聰(聡)寵叢
銃,塚恩憁摠蔥総　○촬撮　○최最催崔,
○추秋追推抽楸樞鄒錐錘醜,墜椎湫皺芻萩

諏趨酋鎚雛騶鰍　　○축丑祝畜縮築蓄逐軸,
竺筑蹙蹴　○춘春椿瑃賰,　○츨出,朮黜　○
충充忠衝蟲(虫)琉沖(冲)衷,　○췌萃,悴膵贅
○취取吹臭趣就醉翠聚,嘴娶炊脆驟鷲　　○
측側測,仄厠惻　○층層,　○치治致齒値置
恥稚熾峙雉馳,侈嗤幟梔淄痔痴癡穉緇緻蚩
輜　○칙則勅,飭　○친親,　○칠七漆,柒
○침針侵浸寢沈枕琛,砧鍼梣　○칩蟄,　○
칭稱,秤

카 음부 <木>
○쾌快夬,

타 음부 <火>
○타　他打妥墮,咤唾惰拖朶楕舵陀駄駝　　○
탁濯琢濁托度卓倬琸鐸晫託擢拓,啄坼度柝
○탄彈歎炭吞坦灘誕,嘆憚綻　　　○탈脫奪,
○탐探貪耽,眈　○탑塔,搭榻　○탕湯,宕帑

糖蕩　　○태太泰怠殆態汰兌台胎邰,笞苔跆颱鈦　○택宅澤擇坨(音타),　○탱撐　○터攄　○토土吐兔討,　○통通統痛桶,慟洞筒○퇴退堆,槌腿褪頹　　○투投透鬪,偸套妬○특特,慝　○틈闖

파 음부 〈水〉
파破波派頗罷播琶巴杷芭坡杝,婆擺爬跛○판判板販版阪坂,瓣辦鈑　　　○팔八,叭捌○패貝敗霸浿佩牌,唄悖沛狽稗　○팽彭澎,烹膨　　○팤愎　　○편片便編篇遍扁偏,翩鞭騙○폄貶　　○평平評坪枰泙,萍　　○폐幣廢閉肺弊蔽陛,吠斃獘　○포布抱包胞飽浦捕葡褒砲鋪,佈匍匏咆哺圃怖抛暴泡疱脯苞蒲袍逋鮑　　○폭暴爆幅,曝瀑輻　　○표表票漂杓豹彪驃標,俵剽慓瓢飆飄　　○품品稟,　○풍豐(豊)風楓,諷馮　　○피皮彼疲被避,披陂　　○필必筆匹畢弼泌珌祕苾鉍佖,疋　○핍逼乏

하 음부 〈土〉

○하下夏何河荷賀廈(厦)霞昰,瑕蝦遐鰕呀啁碬

碬　○학學(学)鶴,,壑虐謔嗃　○한閑寒恨

限漢韓旱汗澣瀚翰閒,悍罕瀾𪊻　○할割轄,

○함咸含陷函涵艦,唅喊檻緘銜鹹　○합合,哈

盒蛤閤闔陜　○항恒(恆)巷航港抗項亢沆姮,

伉嫦杭桁缸肛行降　○해害該海亥解奚諧偕

楷,咳垓孩懈瀣蟹邂駭骸咍　○핵核,劾　○

행行幸杏,荇倖涬　○향向香響鄕享珦,嚮餉

饗麘　○허許虛墟,噓　○헌軒憲獻櫶,韗　○

헐歇　○험驗險,　○혁革赫爀奕,焱血烞　○

현絃現賢玄弦顯(顕)見峴縣懸晛泫炫玹鉉眩

眩絢呟,俔睍舷衒儇　○혈血穴,孑頁　○혐

嫌　　　○협協脅俠峽浹挾,夾狹脇莢鋏頰洽

○형兄刑形亨螢型邢珩泂炯衡瀅瑩馨熒,滎

瀅荊逈鎣　○혜兮惠(恵)慧蕙彗譓憓憓,暳蹊

醯鞋譓鏸　○호戶乎呼好虎號湖互胡毫豪浩

護晧皓澔昊淏濠灝祜扈鎬壺琥瑚護顥壕濩
浒,岵弧狐瓠糊縞芦葫蒿蝴皞娓　○혹或惑,
酷　○혼婚混昏魂渾,琿　○훌忽惚,笏　○
홍紅洪弘鴻泓烘虹鈜,哄汞訌　○화火化花
貨和話畵(畫)華禾禍嫿樺,譁靴　○확確(碻)
穫擴,廓攫　○환換丸環還歡患喚奐渙煥晥
幻桓鐶驩,宦紈鰥　○활活闊(濶),滑猾豁
○황黃皇況荒凰晃滉榥煌璜蝗堭熀,幌徨恍
惶怳慌晄湟潢篁簧蝗遑隍　○회回會灰悔懷
廻恢晦檜澮繪,(絵)誨匯徊淮獪膾茴蛔賄　○
획劃獲,　○횡橫鐄,宖　○효孝效(効)曉涍
爻驍斅,哮嚆梟淆肴酵皛歊㝩　○후後厚侯
侯喉后垕逅,吼嗅帿朽煦珝　○훈訓勳(勛勋)
壎熏薰燻塤燻鑂,暈　○훼薨　○훤喧暄萱,
煊　○훼毁,卉喙燬　○휘揮輝彙徽暉煇,諱
麾　○휴休携烋,畦虧　○휼恤譎鷸　○흉
凶胸,兇匈洶　○흑黑,　○흔欣炘昕,痕忻
○흘屹,吃紇訖　○흠欽,欠歆　○흡吸洽恰

翁,　○흥興,　○희希熙喜稀戱姬晞噫僖嬉禧憙熹凞羲曦熺爔俙樨,囍憘犧烯暿　　○힐詰,

◇ 일러두기

劃數部(획수부)에서

* 획수별로, 가나다순으로 배열하였으며 枚帳(매장)의 상단우측 ○안의 숫자(예①)는 해당 페이지의 획수를 기재하여 辭典的(사전적)으로 활용토록 하였다.

* 劃字(획자)옆 < >란의 五行은 획수의 數理五行(수리오행)(例 3劃火)이며 漢字 상단의 숫자는 曲劃數(곡획수)이고 옆 ( )안의 오행은 字源五行(자원오행)(예 干木)이다.

※ 자원오행은 원래 글자의 원천이 되는 易理五行(역리오행)을 가르키는 것이나, 劃이나 字에 따라 오행의 배치가 달라 극소수의 경우 二重論(이중론)이 있어 物象(물상)을 위주로 하나만을 기재하였다. (예 三,火-木⇒火 王,金-土⇒金)

* 또 한자와 병기된 ( )안의 한자는 略俗字(약속자)며, 새김에서 ( )안의 音은 본음과 다른 음을 넣었다.

* 당초 원본에는 기초한자를 黑色(흑색)으로 하고 추가한자를 靑色(청색), 동·속·약자와 曲劃(곡획)은 赤色(적색)으로 다소 식별이 용이하도록 되어 있었으나 출판 편의상 전부 흑색으로 변환하였음을 양해바랍니다.

天地定位　山澤通氣
雷風相薄　水火不相射
八卦相錯　數往者順
知來者逆(說卦傳第3章)

帝出乎震　齊乎巽　相見乎離
致役乎坤　說言乎兌　戰乎乾
勞乎坎　成言乎艮(說卦傳
第5章)

人名用 漢字 (劃數部)

一劃 〈木〉

4(木)   1(木)
乙새을 一하나일

二劃 〈木〉

4(土)   6(金)   4(金)   4(土)   4(金)   2(火)
冂멀경.빌경 乃이에내 刀칼도 力힘력 了마칠료(요) 卜점칠복

4(金)   2(金)   3(水)   2(木)   2(火)   3(水)   3(木)
匕비수비 乂어질예 又또우 二두이 人사람인 入들입 丁고무래정

三劃 〈火〉

3(木)   5(木)   6(木)   3(火)   4(金)   4(水)
干방패간 巾수건건 乞빌걸 工장인공 久오래구 口입구

4(水)   7(火)   6(土)   4(土)   3(木)   5(木)
(口나라국) 弓활궁 己몸기 女계집녀(여) 大큰대 万일만만

③,④

4(水) 亡 망할망　6(水) 凡 무릇범　3(土) 士 벼슬사　6(土) 巳 뱀사　4(土) 山 메산　3(火) 三 석삼　3(木) 上 위상

4(水) 尸 주검시　4(水) 夕 저녁석　4(水) 小 적을소　7(水) 也 이끼야　5(木) 兀 우뚝할올　4(水) 于 어조사우

6(火) 已 이미이　5(金) 刃 칼날인　3(木) 廾 수물입　5(水) 子 아들자　5(金) 勺 잔질할작　3(木) 丈 어른장

4(木) 才 재주재　4(水) 叉 깍지낄차　3(水) 川 내천　3(水) 千 일천천　4(木) 寸 마디촌　3(土) 土 흙토

3(水) 下 아래하　5(水) 孑 외로울혈　6(土) 丸 알환

四劃 〈火〉

4(火) 介 끼일개　4(土) 犬 개견　5(金) 公 귀공　8(水) 孔 구멍공　5(金) 戈 창과　7(火) 仇 짝구　7(金) 勾 글귀구

6(金) 勻 고를균　4(金) 斤 근근　5(火) 今 이제금　6(水) 及 미칠급　6(木) 內 안내　6(火) 丹 붉을단(란)

4(火) 斗 말두　7(木) 屯 둔칠둔　6(火) 毛 털모　4(木) 木 나무목　4(木) 文 글월문　6(木) (无) 毌 없을무

7(土) 勿 말물　6(金) 反 돌이킬반　5(水) 方 모방　6(土) 卞 성씨변　4(土) 夫 지아비부　4(木) 父 아비부

6(金) 分 나눌분　4(水) 不 아니불(부)　7(火) 比 견줄비　7(水) 四 녁사(실5획)　5(水) 少 젊을소　6(水) 水 물수

5(木) 手 손수 4(木) 升 되승 5(火) 心 마음심 4(火) 什 열십(세간즙) 6(火) 氏 성씨 6(金) 牙 어금니아

8(水) 厄 재앙액 6(火) 円 화폐엔 7(金) 予 나여 5(金) 刈 풀벨예 4(火) 午 낮오 5(火) 日 가로왈 4(水) 夭 고울요

8(木) 冗 번잡할용 5(水) 友 벗우 4(土) 牛 소우 6(土) 尤 더욱우 5(水) 云 이를운 8(木) 亏 땅이름울

6(木) 元 으뜸원 6(水) 月 달월 5(水) 尹 맏윤 7(土) 允 진실로윤 5(火) 以 써이 4(火) 仁 어질인 8(火) 引 끌인

5(火) 日 날일 4(水) 壬 맡을임 8(火) 仍 인할잉 7(金) 切 끊을절(체) 4(水) 井 샘정 4(木) 爪 손발톱조

8(土) 弔 조상할조 5(土) 中 가운데중 4(土) 之 갈지 4(土) 止 그칠지 5(土) 支 지탱할지 5(木) 尺 자척

4(火) 天 하늘천 5(土) 丑 소축 4(火) 仄 기울측 5(木) 夬 터놓을쾌 4(木) 太 클태 7(土) 巴 땅이름파

5(木) 片 조각편 7(水) 匹 짝필 7(水) 亢 높아질항 7(金) 兮 어조사혜 5(木) 戶 집호 6(水) 互 서로호

4(火) 火 불화 6(火) 化 화할화 8(火) 幻 허깨비환 4(火) 爻 형상효 5(水) 凶 흉할흉 5(火) 欠 이지러질흠

五劃 <土>

7(水) 可 옳을가 8(水) 加 더할가 6(金) 刊 책펴낼간 5(土) 甘 달감 6(木) 甲 답옷갑 6(水) 去 갈거

⑤

6(火) 巨 클거　6(水) 古 옛고　8(水) 叩 두드릴고　9(水) 尻 꽁무니고　7(木) 功 공공　6(木) 瓜 오이과

8(火) 巧 공교할교　8(水) 句 글귀구　5(土) 丘 언덕구　7(木) 叫 부르짖을규　7(土) 奴 종노　8(水) 尼 여승니

6(火) 旦 아침단　6(火) 代 대신할대　6(水) 冬 겨울동　5(火) 仝 한가지동　7(火) 令 명령할령

5(金) 立 설립(입)　5(木) 末 끝말　6(土) 皿 그릇명　8(土) 母 어미모　8(金) 矛 창모　6(木) 目 눈목　8(水) 卯 토끼묘

6(土) 戊 다섯째천간무　5(木) 未 못할미　8(火) 民 백성민　5(土) 半 반틈반　6(金) 白 흰백

6(木) 弁 고깔변.떨변　7(火) 丙 남방병　5(木) 本 근본본　6(水) 付 줄부　7(水) 北 북녘북(배)　9(木) 弗 아니불

5(水) 不 클비　7(水) 氷 어름빙　5(火) 仕 벼슬사　6(木) 史 사기사　8(水) 司 맡을사　5(金) 乍 잠간사　5(木) 生 날생

6(金) 石 돌석　6(火) 仙 신선선　6(火) 世 세상세　8(水) 召 부를소　6(水) 囚 가둘수　8(木) 丞 받들승　7(木) 市 저자시

6(木) 示 볼일시　5(金) 矢 화살시　6(金) 申 납신　5(木) 失 잃을실　6(土) 央 가운대앙　8(水) 永 길영

5(土) 五 다섯오(실4획)　5(金) 玉 구슬옥　8(水土) 瓦 질그릇와　4(金) 王 임금왕(실4획)　6(火) 外 밖의

8(火) 凹 오목할요　7(水) 用 쓸용　6(水) 右 오른쪽우　9(火) 幼 어릴유　6(木) 由 말미암을유

11(水) 孕 아이밸잉　7(火) 仔 맡길자　5(火) 仗 기댈장　6(木) 田 밭전　6(火) 占 점점　5(土) 正 바를정

5(火) 左 왼좌 5(木) 主 임금주 6(水) 只 다만지 8(水) 叱 꾸짖을질 6(木) 且 또차 8(土) 此 이차

7(木) 札 편지찰 9(木)7(木) 册(冊) 책책 5(金) 斥 내칠척 5(火) 仟 일천천 8(水) 凸 뾰족할철 7(木) 朮 삽주뿌리출

7(土) 出 날출 9(木) 充 가득할충 9(火) 他 다를타 7(火水) 台 별이름태 6(혹7)(水) 叭 나팔팔 5(木) 平 평할평

7(木) 布 배포 10(金) 包 쌀포 7(金) 皮 가죽피 6(火) 必 반드시필 6(土) 疋 필필 5(金) 乏 다할핍 7(火) 玄 검을현

7(水) 穴 구멍혈 8(木) 兄 맏형 6(金) 乎 온호 10(火) 弘 클홍 5(木) 禾 벼화 5(木) 卉 풀훼

六劃 <土>

8(水) 各 각각각 8(土) 艮 괘이름간 7(土) 奸 간음할간 12(木) 坔 땅이름갈 6(火) 价 착할개 6(火) 件 사건건

9(土)9(土) 考(攷) 상고할고 7(土) 曲 굽을곡 6(金) 共 함께공 8(火) 光 빛광 7(土) 匡 광정광 6(火) 交 사귈교

7(土) 臼 확구 9(木) 机 책상궤 6(土) 圭 서옥규 8(水) 劢 강할근 8(火) 伋 생각할급 7(火)7(火) 亘(互) 뻐칠궁

6(火) 企 꾀할기 7(火) 伎 재주기 7(水) 吉 길할길 6(木)8(木) 年(秊) (실8획)) 해년 8(土) 老 늙을로

8(水) 多 많을다 9(木) 宅 집댁(택) 10(金) 乭 이름돌 9(水) 同 한가지동 8(金) 列 벌릴렬

⑥

9(土) 劣 용률할렬   8(木) (礼) 예도례(禮略字)   4(土) 六 여섯륙(육)(실4획)   7(水) 吏 관리리(이)

6(火) 卍 일만만   8(土) 妄 망녕될망   8(水) 名 이름명   7(土) 牟 보리모   9(金) 刎 벨문   6(木) 米 쌀미

6(木) 朴 순박할박   7(水) 百 일백백   7(火) 伐 칠벌   10(土) 犯 범할범   9(水) 氾 넘칠범(실5획)

6(火)8(火) 幷(并) 아우를병   6(火) 伏 엎질복   7(土) 缶 장군부   10(土) 妃 왕비비   8(火) 份 빛날빈   8(土) 牝 암빈

7(木) 寺 절사   9(水) 死 죽을사   7(火) 似 같을사   8(木) 糸 실사   10(土) 色 빛색   8(혹9)(金) 西 서녘서   8(木) 先 먼저선

7(火) 舌 혀설   8(木) 束 묶을속   8(木) 守 지킬수   7(金) 收 거둘수   9(木) 夙 일찍숙   9(火) 旬 열흘순

7(土) 戍 개술수자리수   9(木) 丞 정승승   7(金) 式 법식식   8(火) 臣 신하신   8(木) 安 편안안

9(火) 仰 우러를앙   6(土) 羊 양양   8(土) 如 같을여   7(水) 亦 또역   8(火) 曳 끌예   7(火) 伍 대오오   8(木) 宇 집우

10(火) 羽 깃우   7(土) 圩 오목할우   10(火) 旭 빛날욱   11(水) 危 위태할위   8(木) 有 있을유   8(木) 肉 고기육

7(火) 聿 드디어율   7(金) 戎 되융   9(土) 圪 흙더미우뚝할   7(木) 衣 옷의   10(木) 夷 오랑캐이   6(火) 耳 귀이

8(水) 而 말이을이   14(金) 弛 늦을이   7(火) 伊 저이   8(木) 印 도장인   7(水) 因 인할인   6(火) 任 맡을임

9(木) 字 글자자   7(木) 自 스스로자   7(土) 匠 장인장   6(木) 庄 정중할장   6(土) 在 있을재   8(木) 再 두재

6(土) 6(水) 7(火) 9(土) 8(火) 8(水)
全 온전전 汀 물가정(실5획) 早 일찍조 吊 조문할조 兆 조조조 存 있을존

6(水) 8(木) 6(木) 7(木) 7(火) 5(水)
州 고을주 舟 배주 朱 붉을주 竹 대죽 仲 가운데중버금중 汁 진액즙(실5획)

10(土) 9(火) 7(土) 7(木) 8(木) 7(金)
地 땅지 旨 뜻지 至 이를지 次 버금차 舛 어기어질천 尖 뾰족할첨

8(木) 7(水) 7(木) 10(木) 9(木) 7(水)
(艸)풀초 虫 벌레충 打 칠타(실5획) 朵 떨기타 宅 집택 吐 토할토

7(水) 9(火) 7(水) 7(火) 9(水) 7(水)
合 합할합 伉 짝항 亥 돼지해 行 다닐행(항) 向 향할향 血 피혈

7(金) 9(土) 8(水) 6(火) 7(水) 9(木)
刑 형벌형 好 좋을호 回 돌아올회 灰 재회 后 황후후 朽 썩을후

6(火) 9(木) 9(金) 10(木) 10(土)
休 이름다울휴 兇 흉할흉 匈 가슴흉 吃 먹을흘 屹 산우뚝할흘

七劃 〈金〉

10(木) 10(木) 10(木) 7(木) 8(土) 9(木)
伽 절가 角 뿔각 却 물리칠각 杆 지레간 坎 구덩이감 匣 궤갑

6(水) 7(木) 10(金) 8(火) 10(土)
江 물강(실6획) 杠 깃대강 改 고칠개 更 다시갱(경) 坑 구덩이갱

8(火) 10(水) 10(火) 11(火) 10(火) 9(木)
車 수레거(차) 劫 겁탈할겁 見 볼견 冏 빛날경 囧 빛날경 系 이를계

8(金) 8(水) 8(水) 8(水) 7(金) 9(金)
戒경계할계 告고할고 谷골곡 困곤할곤 攻칠공 串습관관(곶)

9(木) 12(水) 8(木) 8(火) 11(木) 9(水)
宏클굉 究궁리할구 求구할구 灸지질구 局판국 君임금군

11(火) 9(土) 10(木) 9(土) 11(火) 10(木)
糺꼴규 均고를균 克이길극 妗성긋병긋할금 忌꺼릴기 杞구기자기

7(土) 9(土) 9(土) 10(水) 10(土) 11(土)
圻지경기 岐높을기 妓기생기 卵알난(란) 男사내남 努힘쓸노

10(水) 8(火) 9(土) 8(火) 9(木)
尿오줌뇨 但다만단 坍물이언덕칠담 旲햇빛대 禿대머리독

9(火) 7(木) 8(木) 9(水) 9(土) 9(水)
彤붉을동 杜마을두 豆팥두 冷찰랭 良어질량(양) 呂음률려(여)

9(火) 7(金) 8(土) 8(金) 8(土)
伶영리할령(영) 弄희롱할롱 牢굳을뢰 利이로룰리(이) 里마을리(이)

9(木) 8(水) 9(火) 7(火) 10(土)
李오얏리(이) 吝인색할린 忘잊을망 忙바쁠망(실6획) 每매양매

11(木土) 7(土) 9(土) 7(火) 10(水) 10(木)
免면할면 牡수컷모 妙묘할묘 巫무당무 吻입술문 尾꼬리미

7(火) 9(土) 9(火) 10(土) 9(土) 8(火)
伴짝반 坊티방 彷거닐방 妨방해할방 尨삽쌀개방 伯맏백

9(水) 10(木) 7(火) 11(金) 7(金) 9(水)
汎뜰범(실6획) 机나무범 采분별할변 別분별별 兵병사병 甫클보

8(土) 8(水) 9(水) 10(水) 11(火) 10(木)
步걸음보 否아니부 孚미뿔부 吩뿜을분 佛부처불 庇덮을비

私 사사사   8(木)
些 적을사   10(木)
伺 살필사   10(火)
刪 깎을산   10(金)
汕 통발산(실6획)   7(水)

杉 삼나무삼   7(木)
床(牀 (실8획)) 평상상   7(木)9(木)
序 차례서   10(木)
汐 저녁조수석 (실6획)   7(水)

成 이룰성   9(火)
忕 살필세, 익힐설(실6획)   6(火)
宋 나라송   8(木)
秀 빼어날수   11(木)
豕 돼지시   8(水)

伸 펼신   8(火)
辛 매울신   7(金)
身 몸신   9(火)
我 나아   9(金)
冶 쇠불릴야   9(水)
言 멸씀언   8(金)
余 나여   8(火)

汝 너여(실6획)   7(水)
妤 아름다울여   11(土)
役 부릴역   11(火)
延 맞을연   10(土)
吾 나오   9(水)

汚 더러울오(실6획)   9(水)
吳 오나라오   10(水)
完 완전할완   10(木)
妧 좋을완   10(土)
岏 가파를완   10(土)

妖 고울요   8(土)
甬 물솟아오를용   10(水)
佑 도울우   8(火)
旴 해돋을우   9(火)
扜 당길우(실6획)   8(木)

夽 높을운   8(木)
位 벼슬위   7(火)
攸 바유   7(金)
酉 닭유   9(金)
听 웃을은   8(水)
圻 언덕은   7(土)

吟 읊을음   9(水)
邑 고을읍   11(土)
矣 어조사의   8(金)
柂 나무이름이   11(木)

忍 참을인   10(火)
汈 끈적거릴인(실6획)   7(水)
牣 충만할인   9(土)
佚 안할일   7(火)

妊 아이밸임   8(土)
孜 부지런할자   9(水)
作 지을작   7(火)
灼 구울작   9(火)
岑 매뿌리잠   9(土)

壯 씩씩할장   8(木)
杖 지팡이장   7(木)
災 재앙재   10(火)
材 재목재   8(木)
佇 오래설저   9(火)
低 낮을저   9(火)

⑦,⑧

8(火) 8(火) 10(火) 7(金) 9(土)
赤붉을적 佃사냥할전 甸경기전 玎옥소리정(실6획) 町발두덕정

8(水) 9(木) 8(土) 7(火) 11(水)
呈보일정 廷조정정 姃계집엄 玎전할정 征두려워할정 弟아우제

10(土) 8(土) 7(火) 7(土) 7(火) 7(火)
助도울조 足발족 佐도울좌 坐앉을좌 走달아날주 住머물주

8(火) 10(水) 7(土) 9(水) 8(土) 9(水)
志뜻지 池못지(실6획) 址터지 底숫돌지 辰별진(신) 肖어질초

8(木) 7(火) 9(火) 4(金) 8(土)
村마디촌 忖헤아릴촌(실6획) 吹불취 七일곱칠(실2획) 妥온당할타

9(木) 8(水) 10(金) 10(木) 8(金) 8(土)
托밀칠탁(실6획) 吞삼킬탄 兌별태 兎토끼토 判판단할판 坂고개판

8(金) 8(水) 9(火) 9(木) 8(火) 9(火)
貝조개패 吠짖을폐 佈펼포 杓자루표 佖가득할필 何어찌하

10(水) 8(火) 6(水) 10(木) 9(水)
呀입벌릴하 旱가물한 汗땀한(실6획) 罕드물한 含머금을함

8(木) 7(木) 10(土) 7(火) 9(水) 9(水)
杏은행행 夾낄협 亨형통할형 形얼굴형 汞수은홍 孝효도효

12(水) 10(水) 9(木)
吼사자우는소리후 吸마실흡 希바랄희

八劃 〈金〉

8(火) 佳 아름다울가　11(水) 呵 꾸짖을가　10(金) 刻 각할각　11(火) 侃 군셀간　7(金) 玕 옥돌간(실7획)

10(土) 岬 산허리갑　11(土) 岡 메강　10(土) 羌 되강　10(木) 居 살거　8(火) 杰 빼어날걸　8(水) 決 정할결(실7획)

9(木) 抉 당길결(실7획)　10(土) 京 서울경　9(金) 庚 일곱째천간경　11(土) 炯 들경　9(火) 炅 빛날경

10(水) 季 끝계　10(木) 屆 이를계　10(土) 固 군을고　10(土) 姑 시어머니고　11(水) 孤 외로울고　10(水) 呱 아이가울고

9(火) 杲 밝을고　9(土) 坤 땅곤　12(火) 昆 맡곤　8(水) 汩 통할골(실7획)　10(水) 空 빌공　8(火) 供 이바지공

9(木) 果 과실과　11(木) 官 벼슬관　10(金) 刮 조갤괄　10(火) 侊 클광　8(土) 狂 미칠광(실7획)　9(火) 映 비칠광

8(木) 卦 점괘괘　10(火) 乖 어그러질괴　9(火) 佼 예쁠교　9(金) 具 갖출구　8(金) 玖 검은옥돌구(실7획)

8(土) 坵 언덕구　10(水) 咎 허물구　11(土) 屈 굽을굴　14(水) 穹 높을궁　12(木) 卷 책권　10(土) 券 문서권　11(木) 糾 살필규

10(火) 昑 밝을금　8(金) 金 쇠금(금)　10(木) 扱 걷어가질급(실7획)　9(水) 汲 물길을급(실7획)

8(金) 其 그기　9(木) 技 재주기(실7획)　10(土) 奇 기이할기　10(金) 玘 패옥기(실7획)　9(水) 汽 김기(실7획)

7(水) 沂 물이름기(실7획)　11(水) 肌 살기(실6획)　9(火) 佶 바를길　10(木) 枏 매화나무남

9(火) 奈 어찌내　10(火) 念 생각념　14(火) 弩 쇠노노　9(木) 杻 싸리뉴　11(水) 畓 유창할답　10(土) 坮 대대

10(土)　10(金)　11(土)　12(火)　10(水)　　　9(木)

岱 대산대　到 이를도　毒 독독　旽 밝을돈　沌 막힐돈(실7획)　東 동녘동

8(木)　8(火)7(火)　　10(土)　9(金)　10(水)　11(土)

枓 두공두　來(来7획) 올래　兩 두량　戾 허물려　冽 찰렬　岺 고개령

11(土)　11(水)　10(火)　11(火)　10(水)

姈 영리할령(영)　囹 옥령　例 법식례(예)　彔 나무깎을록　侖 뭉치륜(윤)

10(水)　8(木)　11(木)　8(木)

肋 갈빗대륵(실6획)　林 숲을림(임)　罔 없을망　枚 줄기매

9(土)　11(水)　10(木)　12(火)　10(水)

妹 손아래누이매　孟 맏맹　盲 소경맹　氓 백성맹　沔 물이름면(실7획)

11(火)　11(水)　12(土)　7(水)　　8(土)

明 밝을명　命 목숨명　姆 여선생모　沐 머리감을목(실7획)　牧 칠목

10(水)　12(水)　9(木)　9(土)　7(水)

沒 빠질몰(실7획)　歾 죽을몰　杳 아득할묘　武 굳셀무　汶 더럽힐문(실7획)

8(火)　11(木)　9(木)　10(土)　9(水)　9(火)

炆 연기날문　門 문문　沕 잠길물(실7획)　物 만물물　味 맛미　旻 하늘민

9(火)　12(土)　9(火)　10(金)　11(木)　11(火)

旼 온화할민　岷 산이름민　忞 아름다울민　放 노을방　房 방방　昉 밝을방

10(木)　8(木)9(木)　　9(火)　11(木)

枋 박달방　杯(盃(실9획)) 잔배　佰 일백백　帛 비단백

9(木)　　13(水)　10(木)　　13(木)

秉 잡을병.벼묶큼병　服 옷복　宓 엎드릴복,잠잠할밀　甮 땅이름볼

8(木)　9(土)　8(木)　10(水)　8(金)

奉 받들봉　府 마을부　扶 도울부(실7획)　咐 분부할부　斧 도끼부

⑧

10(土) 阜언덕부 8(木) 奔달아날분 9(水) 汾물이름분(실7획) 11(火) 忿분할분 10(木) 扮잡을분(실7획)

11(火) 盼햇빛분 12(火) 佛방불할불 12(水) 朋벗붕 9(土) 卑낮을비 11(木) 批깎을비(실7획) 8(木) 非아니비

11(木) 枇비자나무비 8(木) 社모일사 11(木) 事일사 9(火) 使하여금사 9(火) 舍집사 8(水) 沙모래사(실7획)

11(木) 祀제사사 9(水) 屳산중산 12(木) 乷음역자살 11(金) 尙오히려상 9(土) 狀형상상

11(木) 抒펼서(실7획) 9(火) 昔옛석 8(木) 析쪼갤석 9(土) 姓성성 9(木) 所처소소 9(木) 松솔송

12(金) 刷인쇄할쇄 10(水) 受받을수 8(土) 垂드리울수 10(土)10(土) 岫(峀)매뿌리수 10(水) 叔아재비숙

11(木) 承이을승 9(火) 昇오를승 9(火) 侍모실시 11(土) 始비로소시 10(火) 侁걷는모양신

10(水) 呻끙끙거릴신 8(木) 沁물적실심(실7획) 11(水)10(水) 兒(児)(실7획)아이아

11(土) 妸고울아 9(土) 岳큰산악 9(土) 岸언덕안 12(火)8(火) 亞(亜)(실7획)버금아 11(金) 軋잇을알

10(土) 岩바위암 6(木) 艾쑥애(실6획) 9(水) 夜밤야 8(土) 厓언덕애 12(木) 扼움킬액(실7획)

8(火) 佯거짓양 10(字) 於어조사어 11(木) 抑누를억(실7획) 11(水) 奄문득엄 11(火) 易바꿀역(쉬울이)

10(水) 沇물흐를연(실7획) 12(水) 咏읊을영 8(火) 炎불꽃염 9(水) 沏물이름예(실7획) 9(火) 旿대낮오

7(水) 沃 기름질옥(실7획) 10(火) 臥 누울와 14(木) 宛 여전할완 8(火) 往 갈왕 9(火) 旺 왕성할왕

7(水) 汪 깊고넓을왕(실7획) 8(木) 枉 굽을왕 10(金) 盂 밥그릇우 10(水) 雨 비우 8(金) 玗 옥돌우(실7획)

8(水) 沄 끓을운(실7획) 9(水) 沅 물이름원(실7획) 10(水) 杬 나무이름원 12(木) 朊 달빛희미할원

9(土) 委 맡길위 10(火) 侑 권할유 12(水) 乳 젖유 11(火) 昀 햇빛윤 8(水) 汩 흐를율(실7획)

9(火) 依 의지할의할의 10(木) 宜 마땅의 10(火) 佾 춤출일 11(土)11(土) 姉(姊실7획) 누이자

11(金) 刺 찌를자(척) 9(火) 炙 김쪼일자(적) 10(木) 秄 북돋을자 9(土) 狀 배풀장

9(木) 長 긴장 10(火) 爭 다툴쟁 10(木) 底 밑저 10(木) 咀 씹을저 10(土) 姐 아가시저 8(木) 杵 공이저

8(土) 狄 오랑캐적.악공적(실7획) 11(火) 的 과녁적 9(金) 典 법전 8(火) 佺 산신이름전

8(木) 折 꺾을절(실7획) 9(木) 店 가개점 10(土) 岾 고개점 9(木) 定 정할정 9(金) 政 정사정 8(火) 征 칠정

9(土) 姃 단정할정 11(金) 制 제할제 8(金) 卒 군사졸 10(木) 宗 마루종 11(水) 周 두루주 9(土) 姝 예쁠주

10(木) 宙 집주 8(火) 侏 난장이주 12(水) 呪 주저할주 9(金) 知 알지 9(木) 枝 가지지 7(水) 沚 물가지(실7획)

9(水) 泜 붙을지(실7획) 10(木) 直 곧을직 10(木) 枃 바디진 9(火) 侄 굳을질 10(木) 帙 책갑질

11(火) 侘실심할차 9(金) 刹절찰 10(火) 昌창성창 8(木) 采캘채 10(土) 妻아내처 9(土) 坧기지척

7(金) 玔옥고리천(실7획) 9(土) 妾첩첩 11(木) 帖문서첩 10(木) 靑(青)푸를청 10(木) 初처음초 10(金)

9(木) 抄배낄초(실7획) 9(火) 炒볶을초 12(土) 崟산높을초 8(木) 竺나라이름축 10(火) 忠충성충

8(水)7 沖(冲(실6획))화할충(실7획) 9(水) 取취할취 9(火) 炊밥지을취

10(火) 侈사치할치 10(水) 沈잠길침(성심)(실7획) 11(木) 枕벼개침

8(火) 快쾌할쾌(실7획) 9(木) 卓높을탁 8(土) 坼터질탁 9(土) 坦너그러울탄 10(木) 宕골집탕

12(木) 帑나라곳집탕 7(水) 汰넘칠태(실7획) 12(木) 投던질투(실7획) 10(土) 妬투기할투

11(木) 爬긁글파 11(木) 把잡을파(실7획) 11(木) 杷비파나무파 10(土) 坡언덕파 9(木) 板널판

10(木) 版인쇄판 2(金) 八어덟팔(실2획) 12(火) 佩찰패 8(土) 坪들평 14(水) 咆먹일포 9(木) 表거죽표

10(火) 彼저피 11(木) 抗대항할항(실7획) 10(水) 沆큰물항(실7획) 11(木) 杭건늘항.늘항

11(水) 咍웃을해 8(木) 幸다행행 11(土) 享누릴향 9(火) 侐고요할혁 14(水) 弦활시위현 11(水) 咞소리현

14(水) 協화할협 10(水) 呼부를호 12(혹13)(木) 虎범호 9(火) 昊하늘호 10(土) 岵산에숲질호 13(木) 弧나무활호

⑧,⑨

10(金) 11(火) 11(火) 14(木) 9(水) 10(金)
或 혹혹 昏 어두울혼 忽 문득홀 宖 클홍 和 화할화 効 본받을효

10(水) 9(火) 9(火) 8(火) 7(火)
肴 안주효 欣 기뻐할흔 昕 해돋을흔 炘 화끈거릴흔 忻 기뻐할흔(실7획)

九劃 〈水〉

11(木) 12(木) 12(木) 10(木) 10(木) 9(水)
柯 가지가 架 횃대가 枷 칼가 看 볼간 柬 분별할간 肝 간간(실7획)

12(土) 9(木) 13(火) 9(木) 10(土) 11(木) 13(火)
姦 간음할간 竿 장대간 曷 어찌갈 柑 감귤감 姜 성강 舡 배강 皆 다개

9(水) 8(金) 12(木) 10(火) 10(木)
疥 옴개 玠 큰홀개(실8획) 客 손객 炬 횃불거 拒 막을거(실8획)

12(木) 9(火) 12(火) 9(水) 14(金)
建 세울건 怯 겁낼겁(실8획) 俓 곧을경 巠 물경 勁 굳셀경

10(水) 10(土) 10(金) 11(火) 11(木)
癸 열째천간계 界 기경계 計 셈할계 係 걸릴계 契 맺을계 (글)

10(金) 10(木)
故 연고고 枯 마를고

9(水) 9(木) 13(木) 9(火) 2(木)
沽 살고(실8획) 科 과거과 冠 갓관 怪 괴이할괴(실8획) 拐 유인할괴(실8획)

10(水) 10(土) 5(水) 12(木)
咬 씹을교 姣 예쁠교 九 아홉구(실2획) 拘 거리낄구(실8획)

12(木)	12(土)	13(土)	10(土)	11(木)
枸 구기자구	狗 개구(실8획)	耇 늙은이구(耉와같음)	垢 때구	柩 널구

11(火)	11(木)	13(火)	10(土)	9(土)
軍 군사군	芎 궁궁이궁(실7획)	軌 굴대궤	赳 헌걸찰규	奎 별규

12(土)	13(金)	12(火)	13(金)	14(木)	9(木)
昀 개간할균	剋 이길극	急 급할극	矜 자랑긍	紀 벼리기	祈 빌기

11	11(土)	12(木)	11(火)	10(木)
祇 토지신기(지)	姞 후직이름길	拏 잡을나	南 남녘남	奈 능금내

12(水)	10(木)	12(火)	11(水)	12(木)
耐 견딜내	拈 잡을념(실8획)	怒 성낼노	泥 진흙니(실8획)	柅 무성할니

13(金)	12(火)	12(土)	10(火)	10(木)
段 충계단	彖 결단할단	畓 논답	待 기다릴대	度 법도도(탁)

12(水)	12(土)	12(金)	11(金)
突 부딪칠돌	垌 항아리동	剏 찰라(나)	剌 (음랄)어그러질랄

9(木)	13(火)	11(火)	12(火)	10(火)
拉 꺾을랍(실8획)	亮 밝을량	侶 짝려	昤 날빛령	怜 영리할령(실8획)

10(水)	12(木)	10(火)	10(火)	10(火)
冷 깨우칠령(실8획 음영)	柳 버들류	律 법률	俚 속될리	俐 영리할리

10(土)	9(木)	8(水)	8(木)
厘 티끌리	抹 뭉갤말(실8획)	沫 물방울말(실8획)	芒 가스랑이망(실7획)

10(火)	10(火)	15(金)	13(木)	12(木)
昧 어둘울매	面 낯면	勉 힘쓸면	眄 겯눈질할면	明 밝게볼명

9(木)	11(水)	12(火)	13(火)	10(金)
某 아무모	冒 무릅쓸모	侮 업신여길모	昴 별묘	玅 땅이름묘

⑨

12(木)　　　　9(土)　　　　　11(木)　　8(金)
拇엄지손가락무(실8획)美아름다울미眉눈썹미玟옥돌민(실8획)

11(水)　　　12(金)　　10(金)　　9(水)
泯빠질민(실8획)敃강할민砇옥돌민泊배댈박(실8획)

10(木)　　　　10(水)　　　9(木)
拍손벽칠박(실8획)叛배반할반拌버릴반(실8획)

8(水)　　　　12(木)　　　9(木)　　　14(金)
泮반궁반(실8획)盼돌아볼반拔뺄발(실8획)勃활발할발

9(木)　　10(木)　　8(水)　　　　10(火)　　　9(水)
拜절배柏잣백泛뜰범(실8획)便문득변(편)法법법(실8획)

10(水)　　　11(火)　　　11(木)　　12(火)12(火)　　10(火)
屛병풍병炳빛날병柄자루병昞(昺)밝을병保보호할보

11(火)　　10(土)　　11(金)　　9(火)　　　10(金)　　　12(金)
備도울보封봉할봉負질부赴다다를부訃부고부盆동이분

13(木)　　　　13(火)　13(金)　　12(木)　　13(火)
拂밀칠불(실8획)飛날비砒비상비秕쭉정이비毖삼갈비

13(火)13(火)　12(水)　　　　9(水)
毗毘밝을비沸끓을비(실8획)泌샘물졸졸흐를비(실8획)

11(金)　　　　　11(火)　　10(木)　　　10(水)
玭구슬이름빈(실8획)思생각사査사실할사泗물이름사(실8획)

11(金)　　11(木)　10(火)　　12(金)　　9(木)　　10(木)
砂모래사柶윷사俟기다릴사削깎을삭衫적삼삼相서로상

9(木)　　10(土)　　9(土)　　11(水)　　11(木)　　9(水)
庠학교상峠고개상牲희생생叙차례서宣베풀선泄세어날설(실8획)

11(木) 11(木) 10(火) 8(火) 13(火)
契사람의 이름설 省살필성(생) 星별성 性성정성(실8획) 昭밝을소

11(水) 12(火) 12(木) 10(火) 13(水)
沼늪소(실8획) 炤밝을소 招나무흔들릴소 俗풍속속 帥장수수

10(水) 10(木) 12(火) 10(木) 10(火) 15(土)
首머리수 盾방패순 徇부릴순 泚물이름술(실8획) 是이시 施배풀시

12(木) 10(水) 11(木) 13(水) 11(水) 10(火) 11(木)
柴섶나무시 屎똥시 柿감시 屍주검시 食밥식 信믿을신 室집실

12(土) 11(火) 10(木) 10(土) 12(火)
甚심할심 俄잠깐아 押누를압(실8획) 狎참압할압(실8획) 昂높을앙

9(火) 11(水) 11(水) 13(木) 12(火) 9(火)
快원망할앙(실8획) 殃재앙앙 哀슬플애 約대략약 昜별양 彦선비언

13(水) 10(土) 9(水) 10(火) 12(水)
疫염병역 姸고울연 沿물따라내려갈연(실8획) 衍펴질연 兗바를연

12(木) 11(水) 11(火) 15(水) 11(木)
染물들일염 泳헤엄칠영(실8획) 映비칠영 盈찰영 俉맞이할오

11(木) 11(火) 13(土) 10(金) 10(土) 9(土)
屋집옥 昷어질온 瓮독옹(용기) 玩놀완(실8획) 娃아름다운왜 歪비뚤왜

11(土) 11(金) 12(土) 13(木) 13(土)
畏드러울외 要중요할요 姚어여뿔요 拗꺾을요(실8획) 勇날랠용

12(火) 12(土) 12(木) 8(木) 10(火)
俑허수아비용 禹우임금우 紆얽힐우 芋토란우(실7획) 昱밝을욱

10(土) 10(木) 12(金) 11(土) 9(水) 14(火)
垣담원 爰이에원 韋가죽위 威위엄위 油기름유(실8획) 幽깊숙할유

12(木) 柔 부드러울유　12(木) 宥 용서할유　13(火) 兪 성유　10(木) 柚 유자유　10(土) 臾 잠깐유　12(水) 囿 동산유

11(金) 珛 귀막는옥유(실8획)　14(水) 胤 맏윤　11(土) 垠 끝은　10(金) 音 소리음　8(水) 泣 울읍(실8획)

10(火) 怡 기쁠이(실8획)　14(土) 姨 이모이　11(土) 姻 혼인인　11(木) 咽 목구멍인(열)　10(土) 姙 자식밸임

10(土) 者 놈자　11(土) 姿 맵시자　11(水) 咨 물을자　9(木) 芍 작약작(실7획)　10(火) 昨 어제작　9(火) 炸 불터질작

10(金) 斫 쪼갤작　11(水) 哉 어조사재　11(木) 抵 막을저(실8획)　9(水) 沮 막을저(실8획)

10(土) 狙 원숭이저(실8획)　10(火) 畑 화전전　12(金) 前 앞전　10(火) 点 점점　10(金) 貞 곧을정　12(火) 亭 정자정

11(金) 訂 고칠정　9(木) 柾 나무정　9(火) 炡 빛날정　12(水) 穽 함정정　12(金) 酊 비틀거릴정　12(木) 帝 임금제

10(火) 俎 제기조　13(火) 昭 빛날조, 밝을조　11(木) 拙 졸할졸(실8획)　10(木) 柊 나무이름종　9(木) 柱 기둥주

8(水) 注 물댈주(실8획)　9(木) 奏 아뢸주　12(水) 胄 자손주　9(火) 炷 심지주　10(土) 妹 어여쁠주

12(木) 紂 말고삐주　9(木) 拄 떠받칠주(실8획)　13(火) 俊 준걸준　10(土) 重 무거울중　14(水) 卽 곧즉

9(木) 祉 복지　11(水) 咫 짧을지　10(木) 枳 탱자지　10(木) 洔 섬지(실9획)　9(木) 抮 휘어잡을진(실8획)

10(水) 殄 멸할진　10(火) 昣 밝을진　11(土) 姪 조카질　13(土) 奼 자랑할차　13(火) 昶 밝을창　11(木) 栅 우리책

10(木) 拓 열척(실8획) 12(水) 泉 샘천 14(水) 穿 뚫을천 9(水) 沾 젖을첨(실8획) 14(金) 剃 털깎을체

12(木) 招 부를초(실8획) 10(木) 秒 초침초(벼까락묘) 10(火) 促 재촉할촉

10(木) 抽 뽑을추(실8획) 9(木) 秋 가을추 2(金) 酋 두목추 10(火) 春 봄춘 10(水) 治 다스릴치(실8획)

11(土) 峙 산우뚝설치 11(金) 則 법칙 12(土) 勅 칙서칙 11(水) 柒 옷칠칠 12(火) 侵 침노할침 13(木) 拖 끌타(실8획)

13(水) 咤 꾸짖을타 12(土) 垞 언덕택 9(木) 柝 목탁탁 10(火) 炭 석탄탄 13(木) 眈 즐길탐 11(水) 泰 클태

12(火) 怠 게으를태 12(水) 殆 위태로울태 10(木) 波 물결파(실8획) 10(木) 沛 클패(실8획)

12(木) 扁 작을편 9(木) 枰 바둑판평 8(水) 泙 물소리평(실8획) 14(木) 抱 안을포(실8획)

13(木) 匍 엎드러질포 13(木) 抛 던질포(실8획) 13(水) 泡 물거품포(실8획) 10(火) 怖 두려울포

12(水) 品 품수품 12(木) 風 바람풍 11(木) 披 헤칠피(실8획) 9(水) 泌 개천물필(실8획)

10(水) 河 물하(실8획) 10(火) 昰 여름하 12(木) 虐 사나울학 11(水) 咸 다함 12(木) 函 함함

11(水) 哈 웃음소리합 10(土) 缸 항아리항 12(土) 巷 거리항 11(土) 姮 항아항 9(水) 肛 항문항(실7획)

11(水) 咳 기침해 10(土) 垓 계단해 12(水) 孩 어릴해 10(木) 香 향기향 10(金) 革 가죽혁 10(木) 奕 클혁

⑨,⑩

10(水) 泫물깊고넓을현(실8획) 11(火) 炫밝을현 12(火) 眩당혹할현 12(火) 俔염탐할현

10(火) 恜판매할현(실8획) 10(火) 頁머리혈 9(火) 俠호협할협 10(土) 型거푸집형 11(水) 洞찰형(실8획)

12(火) 炯빛날형 12(火) 胡오랑캐호 11(火) 晧밝을호 10(土) 狐여우호(실8획) 11(木) 紅붉을홍

13(水) 泓물깊을홍(실8획) 10(水) 虹무지개홍 10(水) 哄떠들석할홍 12(木) 奂빛날환 12(木) 宦벼슬환

14(木) 紈비단환 10(金) 皇임금황 11(水) 況모양황(실8획) 13(水) 廻돌회 11(火) 徊배회할회

10(火) 侯제후후 12(土) 厚두터울후 12(火) 後뒤후 10(土) 垕두터울후 14(木) 紇굵은실흘

13(土) 姬계집희 11(火) 俙비슷할희

十劃 〈水〉

12(木) 家집가 14(木) 哥노래할가 11(金) 珂옥이름가(실9획) 13(水) 痂헌데딱지가

14(木) 哿옳을가.아름다울가 9(金) 珏쌍옥각(실9획) 11(火) 恪삼갈각(실9획) 10(木) 栞깎을간

10(水) 疳감질병감 14(金) 剛강할강 12(火) 個낱개 8(木) 芥겨자개(실8획) 12(火) 倨거만할거 11(木) 祛물리칠거

12(木) 虔 긍정할건　12(木) 桀 헤걸걸　12(木) 格 격식격　11(水) 肩 어깨견(실8획)　12(土) 缺 이지러질결

12(金) 兼 겸할겸　10(土) 耕 갈경　13(火) 徑 지름길경　12(火) 倞 굳셀경　10(火) 耿 깨끗할경　14(水) 勍 굳셀경

10(木) 桂 계수나무계　10(火) 烓 화덕계　14(火) 高 높을고　11(木) 庫 창고고　10(土) 羔 염소고

13(木) 拷 매때릴고(실9획)　14(水) 股 다리고(실8획)　12(火水) 哭 곡할곡　14(金) 骨 뼈골　11(火) 恭 공순공

14(火) 恐 두려울공　11(金) 貢 바칠공　10(木) 拱 낄공(실9획)　13(水) 蚣 지네공　11(木) 括 묶을괄(실9획)

13(火) 恝 걱정없을괄　11(水) 洸 굳셀광(실9획)　12(木) 桄 베틀광　13(木) 絋 넓을꽝　11(水) 肱 팔뚝굉(실8획)

10(木) 校 학교교　10(土) 狡 교활할교(실9획)　11(火) 俱 함께구　11(金) 矩 법구　12(金) 珣 옥돌구(실9획)

13(木) 宮 집궁　16(水) 躬 몸궁　11(木) 拳 주먹권　14(火) 倦 게우틀권　14(火) 鬼 귀신귀　12(木) 根 뿌리근

8(木) 芹 미나리근(실8획)　12(木) 衾 옷금　9(木) 芩 약이름금(실8획)　11(木) 衿 옷깃금(실9획)

14(木) 級 등급급　10(水) 肯 즐길긍(실8획)　12(水) 氣 기운기　12(水) 豈 어찌기　14(金) 記 기록기　13(火) 起 일어날기

13(土) 耆 늙은이기　11(木) 桔 도라지길　11(木) 拮 열심히일할길(실9획)　15(土) 娜 아름다울나

12(木) 拿 잡을나(拏俗字)　14(土) 㑊 깃발날릴나　14(木) 納 드릴납　12(木) 衲 장삼납(실9획)　13(土) 娘 어머니낭

10(火) 恬편안념(실9획)　13(木) 紐맬뉴(유)　12(木) 爹아비다　11(水) 疸황달달　10(火) 倓고요할담

12(水) 唐당나라당　10(金) 玳대모대(실9획)　10(火) 徒무리도　12(金) 倒넘어질도　14(土) 島섬도

12(木) 挑돋을도(실9획)　12(木) 桃복숭아도　11(水) 凍얼동　12(木) 洞고을동(통)(실9획)　13(木) 桐오동동

11(水) 疼아풀동　13(火) 烔뜨거운모양동　11(木) 苀나무싹둔(실8획)　11(水) 洛물락(낙(실9획)

12(火) 烙지질락　12(水) 凉서늘할량(양)　12(火) 倆재주량(양)　13(土) 旅나그네려(여)

12(火) 烈매울렬(열)　11(水) 洌매섭게렬(열)(실9획)　11(金) 玲옥소리령(영)(실9획)

10(火) 料헤아릴료(요)　12(水) 流흐를류(유)(실9획)　14(土) 留머무를류(유)

12(火) 倫차례륜(윤)　11(木) 栗밤률(율)　13(水) 凌업신여길릉　12(木) 唎가는소리리

14(火) 离남방리　11(金) 砬악돌립　12(火) 馬말마　15(土) 娩해산할만　13(水) 秝끝말　9(土) 邙터망(실6획)

11(土) 埋묻을매　14(木) 眠잠잘면　12(木) 冥어둘명　11(水) 洺이름명(실9획)　11(木) 袂소매몌(실9획)

12(木) 耗빌모　10(木) 芼나물모(실8획)　12(土) 畝이랑무(묘)　13(火) 們무리문　12(木) 紋무늬문　12(木) 紊얽힐문

11(水) 蚊모기문　12(金) 珉옥돌민(실9획)　10(金) 珀호박박　14(金) 剝깎을박　11(土) 畔물가반　16(木) 般본받을반

10(木) 13(土) 14(木) 12(水) 14(木)
芳 꽃다울방(실8획) 旁 곁방 紡 자을방 肪 기름방(실8획) 舫 쌍배방

11(水) 12(火) 11(火) 10(火) 15(字) 11(木)
蚌 조개방 倣 본받을방 倍 갑절배 俳 광대배 配 짝배 栢 잣나무백

10(火) 10(金) 12(水) 9(水) 12 12(土)
倂 나란할병 竝 아우를병 病 병들병 洑 보마기보(실9획) 峯(峰) 봉우리봉

10(火) 8(木) 10(金) 12(金) 11(火)
俸 봉급봉 芙 연꽃부(실8획) 釜 가마부 剖 쪼갤부 俯 업드릴부

14(木) 12(木) 11(木) 13(水)
紛 어지러울분 粉 가루분 芬 향기분(실8획) 肥 살찔비(실8획)

11 11(木) 11(木) 13(木) 13(土) 14(木) 13(木)
祕(秘) 숨길비 匪 아니비 粃 쭉정이비 射 쏠사 師 스승사 紗 깁사

12(土) 15(水) 13(木) 13(水) 11(金)
娑 춤출사 唆 꾀일사 祠 사당사 朔 초하루삭 珊 산호산(실9획)

12(木) 13(木) 13(木) 12(木) 13(火)
芟 풀벨삼(실8획) 桑 뽕나무상 索 찾을색 書 글서 恕 용서할서

12(木) 11(火) 12(木) 11(木) 15(木)
栖 깃들일서 徐 천천히할서 席 자리석 祏 섬석 扇 부채선

12(水) 13(水) 11(水) 13(木)
洒 엄숙할선, 씻을세(실9획) 屑 조촐할설 洩 샐설(실9획) 閃 피할섬

11(金) 12(土) 13(土) 13(木)
剡 고을이름섬 城 재성 娍 헌걸찰성 戌 도서실성

11(水) 12(木) 10(木)
洗 깨끗할세(실9획) 素 흴소 笑 웃음소

12(金) 珋아름다운옥소　13(木) 宵하늘소　13(木) 梳빗소　14(水) 孫손자손　12(木) 衰쇠할쇠

11(金) 釗힘쓸쇠　11(水) 殊다를수　10(火) 修닦을수　9(水) 洙물가수(실9획)　12(土) 狩순행할수(실9획)

15(木) 純순수할순　14(水) 殉따라죽을순　12(水) 洵믿을순(실9획)　12(火) 恂진실할순(실9획)

13(木) 栒순나무순　11(水) 巡순행할순(실7획)　11(木) 拾주울습(십)(실9획)　12(火) 乘탈승

12(火) 時때시　10(火) 恃믿을시(실9획)　12(水) 豺늑대시　15(水) 翅날개시　12(火) 息쉴식

11(木) 栻점치는판식　11(木) 拭닦을식(실9획)　11(木) 神귀신신　10(土) 迅빠를신(실7획)

13(金) 訊물을신　12(土) 娠애밸신　12(木) 宸집신　9(木) 芯등심초심(실8획)　2(水) 十열십(실2획)

10(木) 芽움아(실8획)　13(土) 娥예쁠아　13(土) 峨산높을아　16(水) 啞벙어리아　13(木) 哦읊을아

12(木) 案책상안　13(火) 晏늦을안　12(木) 按살필안(실9획)　11(木) 秧모앙　11(土) 埃티끌애　18(金) 弱약할약

9(水) 洋물양(실9획)　11(火) 羔근심할양　13(水) 圄옥어　13(火) 俺클엄　11(火) 烟연기연　13(木) 宴잔치연

14(土) 娟아름다울연　14(土) 姃환할연　10(木) 芮나라이름예(실8획)　13(火) 倪도울예

10(金) 珋옥돌예(실9획)　13(火) 烏가마귀오　14(土) 娛즐길오　15(火) 翁늙은이옹　17(土) 邕화할옹

13(土) 垸 빠를완　16(土) 窈 고요할요　12(土) 辱 욕될욕　12(木) 容 얼굴용　13(土) 埇 길돋을용　11(火) 倭 삥돌왜

9(土) 迂 굽을우(실7획)　11(火) 祐 복우　12(火) 彧 빛날욱　12(木) 槱 산앵두욱　11(木) 耘 김맬운

9(木) 芸 향풀운(실8획)　12(土) 原 근원원　12(水) 員 관원원　16(火) 怨 원망원　12(木) 袁 성원

10(水) 洹 흐를원(실9획)　11(水) 洧 물이름유(실9획)　11(木) 秞 벼와기장무성할유　11(水) 育 기를육(실8획)

12(火) 恩 은혜은　17(金) 殷 은나라은　12(火) 倚 의지할의　11(水) 益 더할익　15(水) 蚓 지렁이인

8(木) 芢 씨인(실8획)　11(火) 恁 생각할임　12(木) 芿 풀싹잉(실7획)　14(火) 茲 이자　12(火) 恣 방자할자

13(水) 疵 흠자　14(金) 酌 잔질할작　11(木) 奘 클장　12(金) 財 재물재　11(木) 宰 재상재　11(木) 栽 심을재

11(水) 疽 등창저　12(水) 展 펼전　10(木) 栓 나무못전　12(木) 庭 뜰정　11(金) 釘 못정　11(金) 祖 할아비조

11(木) 租 구실조　13(火) 晁 아침조　12(火) 曹 성씨조　10(金) 祚 복조조　12(木) 蚤 벼룩조　13(水) 凋 시들조

12(火) 倧 한배종　10 座 자리좌　9(水) 洲 물가주(실9획)　10(木) 株 그루주　13 酎　12(金) 酒 술주

14(土) 埈 가파를준　15(土) 峻 높을준　10(水) 准 승인할준　10(火) 隼 매새준　15(木) 純 선두를준

10(水) 症 병증세증　13(火) 烝 무리증　13(木) 拯 건질중(실9획)　11(木) 持 가질지(실9획)

13(木) 12(金) 8(木) 13(金)
指손가락지(실9획) 祗공경할지 芝지초지(실8획) 砥숫돌지

11(水) 8(木) 14(木) 14(木)11(木)
肢사지지(실8획) 芷백지지(실8획) 紙종이지 眞(真)참진

13(火)11(火) 10(水) 9(金) 10(木)
晉(晋)진나라진 津나루진(실9획) 珍보배진(실9획) 秦진나라진

12(水) 11(土) 10(水) 10(木) 10(水) 11(木)
唇놀랄진 畛두렁길진 疹홍역진 秩차례질 疾병질 桎속박할질

13(火) 11(火) 10(火) 13(水) 11(金) 12(火)
朕나짐 借빌릴차 差어긋날차 窄좁을착 站우두커니설참 倉곳집창

12(火) 14(金) 12(水) 14(金) 11(火)
倡여광대창 砦옹타리채 凄쓸쓸할처 剔바를척 隻새한마리척

13(火) 12(水) 13(水) 16(木) 13(土) 13(金)
倜대범할척 哲어질철 哨망볼초 媰꼴추 畜기를축 祝빌축

12(木) 12(金) 11(水) 12(火) 11(土)
衷가운데충 琉귀고리옥충(실9획) 臭냄새취 値값치 致이룰치

11(火) 12(水) 10(金) 12(金) 11(火)
恥부끄러울치 蚩어리석을치 針바늘침 砧다딤이돌침 倬클탁

13(金) 13(木) 12(金) 11(木) 11(土) 10(水)
託부탁할탁 耽즐길탐 討칠토 套전례투 特특별특 派물갈래파(실9획)

13(金) 11(木) 12(水) 10(木) 16(金)
破깨트릴파 芭파초파(실8획) 唄염불소리패 秤저울평 砲대포포

13(水) 13(水) 15(木) 13(水) 11(火) 12(水)
哺먹일포 圃동산포 疱부르틀포 豹표범표 俵흩어질표 疲피곤

10(金) 珌갈장식옥필(실9획)　12(火) 夏여름하　11(火) 恨한할한(실9획)　10(火)10(火) 恒(恆)항상항(실9획)

11(木) 桁차꼬항　15(木) 航배로물건널항　12(水) 奚어찌해　12(木) 害해로울해　11(木) 核씨핵　10(火) 倖요행행

11(火) 軒추녀헌　14(土) 峴고개현　11(金) 玹옥돌현(실9)　13(木) 眩아찔할현　11(土) 峽골짜기협

10(水) 洽화합할협　11(金) 祜복호　9(木) 芦부들호(실8획)　12(木) 笏홀기홀　9(水) 洪넓을홍(실9획)

10(火) 烘횃불홍　11(金) 訌어지러울홍　10(木) 花꽃화(실8획)　11(木) 桓굳셀환　10(水) 活살활(실9획)

13(火) 晃밝을황　11(火) 恍황홀할황(실9획)　13(火) 晄밝을황　9(火) 恢클회(실9획)　10(金) 效본받을효

13(水) 哮큰소리낼효　11(火) 候기후후　11(金) 訓가르칠훈　10(火) 烋아름다울휴　10(火) 恤근심할휼(실9획)

12(水) 洶물소리흉(실9획)　14(金) 訖이를흘(끝낼글)　10(火) 恰흡족할흡(실9획)　10(水) 洽젖을흡(실9획)

十一劃 〈木〉

14(火)7 假(仮실6획)거짓가　11(木) 苛가혹할가(실9획)　12(木) 茄가지가(실9획)

15(木) 袈가사가　12(木) 桿줄기한간　15(土) 勘헤아릴감　13(木) 紺보라빛감

12(水) 胛 어깨쭉지갑(실9획)　13(木) 康 편안할강　14(土) 堈 언덕강　15(土) 崗 메강　15(金) 乾 하늘건

14(火) 健 건장할건　15(火) 偈 쉴게　14(土) 堅 굳을견　14(土) 牽 끌견　13(金) 訣 이별할결　14(金) 竟 마침경

14(火) 頃 기우러질경　16(木) 卿 벼슬경　12(木) 梗 곧을경　16(木) 絅 홑옷경

15(火) 焗 빛날경(烱과同)　12(木) 械 기계계　13(水) 啓 일께울게　10(木) 苦 괴로울고(실9획)

12(金) 皐 언덕고　10(木) 苽 줄고(실9획)　12(木) 梏 수갑곡　14(火) 斛 열말들이곡　16(土) 崑 메곤

12(木) 梱 문지장곤　13(木) 袞 곤룡포곤(裒同)　10(金) 珙 크고둥근옥공(실10획)　14(金) 貫 꿸관

14(木) 梡 토막나무관　12(金) 珖 옥피리광(실10획)　13(金) 敎(教) 가르칠교　12(金) 皎 힐교

12(金) 救 구할구　15(土) 區 구역구　12(木) 苟 진실로구(실9획)　15(木) 寇 도적구　14(木) 毬 공구

14(水) 國 나라국　(国)(실8획)　14(土) 堀 굴굴　16(水) 圈 우리권　12(木) 眷 돌볼권　14(火) 規 법규

10(金) 珪 모날규(실8획)　12(金) 硅 유리만드는흙규　9(土) 近 가까울근(실8획)　11(土) 基 터기

14(木) 寄 부칠기　15(水) 飢 주릴기　14(土) 崎 산길험할기　13(土) 埼 낭떨어지기　17(水) 旣 이미기

11(土) 那 어찌나(실8획)　12(金)(실10획) 珞 목걸이낙(락)　12(木) 捏 꼭찍을날(실10획)　14(火金) 訥 말더듬거릴눌

13(水) 匿 숨길닉　13(水) 蛋 새알단　12(木) 袒 옷벗어맬단(실10획)　12(水) 啖 씹을담　13(水) 聃 귀바퀴없을담

13(木) 堂 집당　15(木) 帶 띠대　13(木) 袋 자루대　14(水) 豚 돼지돈　14(木) 動 움직일동　16(木) 兜 투구두　13(火) 得 얻을득

12(土) 婪 고울람　12(水) 浪 물결랑(낭)(실10획)　15(水) 朗 밝을랑(낭)　13(火) 烺 빛밝을랑

13(土) 狼 이리랑(실10획)　12(土) 崍 산이름래　11(火) 徠 산이름래,올래　14(土) 略 간략할략

13(木) 梁 들보량(양)　13(木) 笭 작은놀령　13(土) 羚 영양령　17(火) 翎 날개령　13(火) 聆 들을령　12(水) 鹵 소금로(노)

15(土) 鹿 사슴록　14(火) 聊 애오라지료　14(木) 累 여러누(루)　14(土) 嶁 별이름루　13(金) 琉 유리류(유)(실획)

14(土) 崙 산이름륜(윤)　13(火) 率 거느릴솔(비율률(율))　14(金) 勒 굴레륵　12(木) 梨 배리(이)

11(火) 悧 영리할리(이)(실10획)　11(水) 浬 해리리(실10)　12(土) 犂 얼룩소리　12(土) 狸 삵리(狸同字)(실10획)

11(水) 涖 다다를리(이)(실10획)　11(木) 笠 삿갓립(입)　11(木) 粒 낟알립(입)　13(木) 麻 삼마　16(火) 晚 늦을만　14(土) 曼 길만

15(木) 挽 당길만(실10획)　9(木) 茉 말리말(실9획)　14(水) 望 바랄망　14(木) 梅 매화매　12(木) 苺 딸기매

12(木) 麥 보리맥　14(火) 覓 찾을멱　16(木) 冕 면류관면　13(木) 眸 눈동자모　12(木) 茅 띠모(실9획)

10(木) 苗 싹묘(실9획)　10(木) 茂 성할무(실9획)　16(土) 務 힘쓸무　15(水) 問 물을문　14(木) 梶 나무끝미

⑪

14(金) 　14(木) 　14(木) 　10(金)
敏민첩할민 密빽빽할밀 舶큰배박 班나눌반(실10획)

10(土) 　13(木) 　14(金) 　9(土)
返도라올반(실8획) 絆얽을반 訪찾을방 邦나라방(실7획)

12(土) 　13(水) 　11(火) 　11(水)
培북돋을배 背등배(실9획) 徘배회할배 胚애밸배(실9획)

13(木) 　14(金) 　14(木) 　13(土)15(土)
范성범(실9획) 釩떨칠범 梵중의글범 瓶瓶(실13획)병병

11(金) 　15(金) 　12(火)
珤보배보(寶古字)(실10획) 匐엉금엉금길복 烽봉화봉

14(金) 　12(木) 　12(水) 　16(土) 　13(土)
副버금부 符병부부 浮뜰부(실10획) 婦며느리부 埠언덕부

12(土) 　16(土) 　13(土) 　14(金) 　11(火)
趺도사리고앉을부 崩무너질붕 婢계집종비 貧가난할빈 彬빛날빈

13(木) 　10(水) 　11(土) 　12(火)
斌빛날빈 浜물가이름병(濱빈의略)(실10획) 邠나라이름빈 斜비낄사

15(水) 11(土) 　11(火) 　12(火) 　15(木) 　11(木)
蛇뱀사 邪간사할사(실7획) 徙옮길사 赦놓을사 梭북사 産낳을산

15(金) 　14(火) 　15(木) 　11(金) 　15(水)
殺죽일살 參석삼(참여할참) 常항상상 祥상서로울상 商장사상

11(火) 　11(木) 　12(水) 　13(金) 　11(木)
爽상쾌할상 笙생황생 胥서로서(실9획) 敍펼서 庶뭇서

13(火) 　17(木) 　14(土) 12(金) 　13(水) 　15(土)
惢기뻐할여,서 船배선 旋돌선 琁옥돌선(실10획) 雪눈설 髙높을설

16(金) 11(水)　　　　14 14(火)　　　11(水)
設배풀설涉건널섭(실10획)晟(晠)밝을성胜날고기성.정

14(木)　12(木)　　　16(木)　15(水)　11(水)
細가늘세笹가는대세紹이을소巢집소涷행국속(실10획)

13(水)　　　13(金)　　　11(火)　　　　　12(木)
滄밥손(飱과同)訟송사할송悚두려울송袖소매수(실10획)

12(土)　13(木)　16(水)　13(金)　　　　14(火)　14(土)
羞부끄러울수宿잘숙孰누구숙珣옥그릇순(실10획)術꾀술崇높을숭

13(土)　　　16(水)　14(金)　13(火)　　13(土)　　13(火)
崒산웅장할승習익힐습匙수저시偲굳셀시埴찰흙식晨새벽신

14(木)　　　12(火)　14(金)　　16(土)　　　15(土)　　14(木)
紳벼슬아치신悉다실訝의심할아婀아리따울아堊백토악眼눈안

14(木)　　　15(水)　　12(土)　　15(土)　13(火)
庵암자암唵움켜먹을암崖낭떨어지애野들야倻땅이름야

11(土)　10(木)　　　　11(水)　　13(水)　14(火)
埜들야若같을약(야)(실9획)痒가려울양魚고기어御어거할어

14(水)　　　14(火)　14(火)　13(土)　　12(金)
唹고요히웃을어偃쓰러질언焉어찌언域지경역研연마할연

13(水)　　　　14(木)　　　13(水)　　　14(木)
涓가릴연(실10획)捐버릴연(실10획)涎침연(실10획)挻당길연(실10획)

13(火)　14(火)　　　　11(木)　　　　　10(木)
軟연할연悅기쁠열(실10획)苒덧없을염(실9획)英꽃뿌리영(실9획)

12(土)　　　　14(土)　　15(土)　13(木)　12(火)
迎맞을영(실8획)埼성가퀴예埶재주예梧오동오悟깨달을오(실10획)

14(火) 晤 만날오 13(金) 敖 장대할오 12(水) 浯 강이름오(실10획) 14(金) 訛 그릇될와 13(水) 浣 씻을완(실10획)

15(土) 婠 맵시예쁠완 18(土) 婉 아름다울완 14(木) 梡 도마완(관) 13(木) 欲 하고자할욕 11(水) 浴 목욕욕(실10획)

14(木) 庸 떳떳할용 13(水) 涌 권할용(실10획) 14(火) 偶 짝우 12(金) 釪 요령우 15(水) 雩 기우제우

15(土) 勖 힘쓸욱 14(木) 苑 동산원(실9획) 16(木) 寃 원통원 14(火) 偉 위대할위 12(水) 胃 밥통위(실9획)

14(土) 尉 벼슬위 12(水) 唯 오직유 12(火) 悠 멀유 12(木) 庾 곳집유 13(土) 媃 아리따울유 14(土) 堉 기름진땅육

12(金) 珢 옥돌은(실10획) 12(金) 訢 공손할흔 13(木) 移 옮길이 12(土) 異 다를이 10(金) 珥 귀고리이(실10획)

9(木) 苡 길경이이(실9획) 15(水) 痍 상처이 15 15(火) 翊翌 도울익 13(木) 寅 동방인 12(金) 訂 생각할임

16(木) 紫 자주빛자 15(土) 瓷 자기자 16(金) 張 배풀장 12(金) 章 글장 14(土) 將 장수장 14(木) 帳 휘장장

11(木) 梓 가리나무재 11(木) 苧 모시저(실9획) 15(木) 紵 모시저 14(木) 寂 고요적 12(木) 笛 저적

13(土) 專 오로지전 14(火) 悛 고칠전(실10획) 13(火) 晢 밝을절 11(水) 浙 강이름절(실10획)

12(木) 粘 끈끈할점 14(火) 停 머물정 13(火) 頂 정수리정 12(火) 偵 정탐할정 12(木) 桯 걸상정

12(水) 涏 곧을정(실10획) 13(木) 旌 기정 13(木) 挺 빼어날정(실10획) 13(土) 埩 밭갈정

13(火) 彭 조촐하게꾸밀정　13(木) 梃 경직할정　15(木) 第 차례제　14(木) 祭 제사제

14(火) 悌 공손할제(실10획)　15(木) 梯 사다리제　14(木) 組 짤조　14(火) 鳥 새조　14(火) 彫 새길조

15(木) 窕 안존할조　13(金) 釣 낚시조　11(木) 條 가지조　12(木) 粗 거칠조　13(金) 曹 무리조　14(木) 眺 바라볼조

13(木) 族 겨레족　14(木) 終 마칠종　11(火) 從 따를종　11(木) 挫 꺾을좌(실10획)　13(火) 晝 낮주

10(金) 珠 구슬주(실10획)　12(火) 做 지을주　14(木) 紬 명주주　14(水) 浚 깊을준(실10획)　16(火) 晙 밝을준

15(火) 焌 불땔준　14(土) 埻 관혁준　11(木) 茁 풀싹줄(실9획)　12(土) 趾 발가락지

12(木) 振 떨칠진(실10획)　12(木) 桭 평고대진　11(木) 袗 홑옷진(실10획)　14(火) 昣 밝을진

14(水) 窒 막을질　13(土) 執 잡을집　12(木) 捉 잡을착(실10획)　15(木) 紮 감을찰　14(火) 參 참여할참　12(金) 斬 벨참

14(水) 唱 부를창　14(土) 娼 몸파는여자창　15(水) 窓 창창　11(火) 彩 빛날채　11(土) 埰 식읍채

12(木) 寀 동관(同官)채　12(金) 釵 비녀채　12(金) 責 꾸짖을책(빚채)　12(土) 婇 여자이름채

17(土) 處 곳처　13(金) 戚 겨레척　8(土) 阡 언덕천(실6획)　11(金) 釧 팔찌천　13(火) 惞 공경할철

12(土) 甜 달첨　14(水) 涕 눈물체(실10획)　13(木) 梢 나무끝초　12(木) 苕 능소화초(실10획)

①

12(金) 釗 좋은쇠초　12(土) 邨 마을촌(村과同)(실7획)　14(火) 恖 바쁠총　12(土) 崔 높을최　13(土) 娶 장가들취

13(火) 側 곁측　13(木) 厠 뒷간측　14(木) 梔 치자나무치　12(水) 痔 치질치　13(水) 浸 잠길침(실10획)

12(水) 唾 침타　16(木) 舵 키타　13(水) 啄 쪼을탁　13(金) 貪 탐할탐　13(水) 胎 아이밸태(실9획)　13(木) 笞 볼기칠태

11(木) 苔 이끼태(실9획)　14(木) 桶 통통　11(土) 堆 쌓을퇴　15(火) 偸 훔칠투　14(土) 婆 할미파

13(金) 販 팔판　14(木) 捌 깨트릴팔(실10획)　12(金) 敗 패할패　11(水) 浿 물이름패(실10획)

13(水) 悖 어그러질패(실10획)　12(土) 狽 이리패(실10획)　14(火) 烹 삶을팽　14(火) 偏 치우칠편

15(木) 閉 닫을폐　13(水) 肺 허파폐(실9획)　16(木) 胞 패보포(실9획)　12(水) 浦 물가포(실10획)

13(木) 捕 잡을포(실10획)　14(木) 苞 그령포(실9획)　16(木) 袍 핫옷포(실10획)　19(木) 匏 박포

13(火) 票 표표　15(火) 彪 범표　13(木) 被 덮을피(실10획)　12(土) 畢 다할필　10(木) 苾 향기필(실9획)

11(火) 悍 사나울한(실10획)　15(水) 啣 명함함(銜俗字)　13(金) 盒 합합　13(金) 該 그해　13(水) 海 바다해(실10획)

15(火) 偕 함께해　13(金) 珦 옥이름향(실10획)　12(金) 許 허락할허　12(火) 烋 붉을혁　15(木) 絃 악기줄현

13(金) 現 나타날현(실10획)　15(火) 晛 햇발현　15(木) 舷 뱃전현　14(火) 衒 팔현　10(水) 浹 사무칠협(실10획)

11(木)   11(土)   9(土)   11(金)

挾낄협(실10획) 狹좁을협(실10) 邢나라이름형(실7획) 珩노리개형(실10획)

12(火) 15(火) 11(水)   13(火)   16(木)   15(木)

彗비혜 毫터럭호 浩물호(실10획) 晧밝을호 扈넓을호 瓠표주박호

12(水)   16(土)   15(土)   14(金)   15(火)

滸물가호(실10획) 嫭계집영리할호 婚혼인혼 貨재물화 晥깨끗할환

14(火)   14(木)   13(火)   15(火)   14(木)

患근심환 凰봉황새황 悔뉘우칠회(실10획) 晦그믐회 梟올빼미효

14(金)   13(火)   12(土)   13(水)

珝옥이름후(실10획) 焄불김오를훈 畦밭두둑휴 痕흉터흔

14(火)   13(火)

晞바를희 烯불빛희

十二劃 〈木〉

13(火)   15(金)   16(土)   13(土)

街거리가 訶꾸짖을가 跏책상다리할가 迦막을가(실9획)

15(火)   19(金)   16(木)   13(木)   17(水)   12(金)

軻수레가 殼껍질각 間사이간 稈짚간 喝더위먹을갈 敢구태어감

14(土)   14(土)   10(土)   18 17(金)

堪견딜감 嵌산깊을감 邯땅이름감(실8획) 強(强)굳셀강

⑫

16(木) 絳 붉을강 15(木) 開 열개 17(木) 凱 개선할개 16(水) 喀 토할객 14(土) 距 떨어질거

14(木) 据 일할거(실11획) 13(金) 鈐 비녀장검 14(木) 傑 뛰어날걸 11(土) 迲 갈겁(실9획) 15(木) 結 맺을결

15(火) 景 빛경 14(金) 硬 굳을경 15(水) 痙 심줄땅길경 13(土) 堺 경계계 13(火) 悸 두근거릴계(실11획)

13(木) 棨 창계 15(木) 袴 바지고(실11획) 13(金) 辜 허물고 13(火) 雇 품살고 16(木) 棍 몽둥이곤

14(木) 控 당길공(실11획) 14(金) 款 정성관 15(木) 棺 널관 14(水) 胱 오줌통광(실10획) 13(木) 筐 광주리광

12(木) 掛 걸괘(실11획) 16(火) 傀 클괴 16水 喬 높을교 14(木) 絞 목맬교 13(火) 蛟 교룡교 12(金) 球 구슬구(실11획)

10(土) 邱 언덕구(실8획) 16(水) 窘 군색할군 15(木) 掘 팔굴(실11획) 16(木) 捲 거둘권(실11획)

15(水) 淃 물돌아흐를권(실11획) 14(土) 厥 그궐 14(金) 貴 귀할귀 15(火) 晷 그림자귀 14(金) 鈞 근균

16(金) 棘 멧대추나무극 14(金) 戟 갈래진창극 15(土) 勤 부지런할근 13(火) 僅 겨우근 16(木) 筋 힘줄근

15(木) 給 줄급 14(水) 期 기약기 17(火) 幾 거의기 11(水) 淇 물이름기(실11획) 12(木) 棋 바둑기 13(木) 棄 버릴기

10(木) 祁 성할기(실8획) 14(火) 棊 돌기 13(金) 欺 속일기 15(水) 喫 마실끽 15(木) 挐 붙잡을나

14(水) 胗 성길나(실10획) 13(木) 捺 누를날(실11획) 15(火) 惱 괴로와할뇌(실11획)

13(金) 鈕 인꼭지뉴(유)　14(木) 捻 비틀념(실11획)　17(水) 能 능할능(실10획)　10(木) 茶 차풀다(차)(실10획)

14(土) 窞 깊을다　13(金) 短 짧을단　15(水) 單 홑단　11(水) 淡 맑을담(실11획)　14(金) 覃 미칠담　13(木) 答 대답답

14(木) 棠 팥배나무당　14(金) 貸 빌릴대　15(火) 悳 큰덕　14(金) 盜 도적도　13(土) 堵 담도　14(水) 屠 잡을도

12(火) 悼 슬퍼할도(실11획)　13(木) 掉 흔들도(실11획)　13(木) 棹 노도　14(水) 淘 일도(실11획)

14(火) 惇 도타울돈(실11획)　15(金) 敦 도타울돈　15(火) 焞 귀갑지지는불돈　13(金) 童 아이동　13(木) 棟 마룻대동

15(水) 胴 큰창자동(실10획)　13(水) 痘 천연두두　9(土) 阧 치솟을두　15(金) 鈍 둔할둔　14(火) 登 오를등

13(木) 等 무리등　16(木) 喇 나팔라(나)　16(土) 絡 헌솜락(낙)　13(金) 嵐 람기람(남)　14(水) 琅 옥이름랑(실11획)

14(火) 掠 노략질할략(실11획)　15(木) 量 헤아릴량　15(水) 裂 찢을렬　15(火) 勞 수고할로　12(水) 淚 눈물루(실11획)

16(金) 硫 유황류(유)　13(水) 淪 물놀이륜(윤)(실11획)　13(土) 崻 가파를률　13(金) 理 다스릴리(이)(실11획)

11(水) 痢 설사리(이)　11(木) 淋 물뿌릴림(임)(실11획)　13(木) 棽 무성할림.침

13(土) 茫 넓을망(실10획)　14(金) 媒 중매매　14(木) 買 살매　13(水) 寐 잠잘매　15(土) 脈 맥맥(실10획)

15(木) 猛 사나울맹(실11획)　15(金) 棉 목화면　12(木) 楢 홈통명　16(木) 茗 차싹명(실10획)　14(木) 帽 모자모

⑫

12(火) 16(金) 13(金) 13(水) 13(土)
睦화목할목 無없을무 貿무역할무 斌무부무(실11획) 雯구름무늬문

13(土) 15(土) 15(土) 15(木) 16(火)
媄빛고울미 嵄깊은산미 媚아첨할미 嵋산이름미 閔민망할민

15(水) 13(水) 14(土) 12(木) 21(火) 13(土)
悶번민할민 蜜꿀밀 博넓을박 迫다칠박(실9획) 斑얼룩반 發필발

15(火) 11(土) 15(木) 12(木) 13(火)
跋밟을발 傍곁방 防막을방(실7획) 幇도울방(幫과同) 排물리칠배(실11획)

13(土) 13(木) 13(木) 15(土) 13(火) 13(土)
焙불에쬘배 番차례번 筏떼벌 棅자루병 報갚을보 普넓을보

14(火) 10(木) 10(木) 12(木)
堡작은성보 復회복할복(부) 茯복령복(실10획) 捧받들봉(실11획)

12(木) 14(火) 15(木) 12(火) 13(金) 15(水)
棒몽둥이봉 傅스승부 富부자부 焚불살을분 賁꾸밀분 雰안개분

16(木) 14(火) 13(火) 17(金) 12(木) 12(木)
棚시렁붕 備가출비 悲슬플비 費소비할비 斐오락가락할비 棐도지게비

13(木) 12(金) 6(木) 16(金) 13(金) 13(木)
斌빛날빈 斯이사 絲실사 詞말씀사 詐속일사 捨놀사(실11획)

13(木) 14(金) 12(火) 12(木) 14(金) 15(水)
奢사치사 散흩을산 傘우산산 森나무빽빽할삼 鈒창삽 象코끼리상

15(水) 16(火) 13(木) 15(木) 14(木)
喪복입을상 翔날상 廂행랑상 甥생질생 捿깃드릴서(栖와同)(실11획)

14(木) 16(火) 15(土) 16(土) 16(木) 13(土)
棲살서 舒펼서 壻(婿)사위서 絮솜서(실9획) 犀물소서 黍기장서

246 | 아호연구

13(木) 浙일석(실11획)   11(水) 晰밝을석   12(火) 惜아낄석(실11획)   16(土) 舄클석,까치작

13(木) 善착할선   12(金) 琁아름다운옥선(실11획)   15(火) 盛성할성   13(火金) 珹옥이름성(실11획)

13(金) 貹재물성   15(木) 稅세금세   14(金) 蛻세낼세   13(金) 訴하소연할소   16(木) 掃쓸소(실11획)

14(土) 疎성길소   13(水) 消녹을소(실11획)   13(土) 邵높을소(실8획)   13(水) 甦소생할소(穌俗字)

16(土) 疏성길소   13(木) 粟조속   18(木) 巽괘이름손   12(水) 淞강이름송(실11획)   13(火) 須모름지기수

10(木) 授줄수(실11획)   13(水) 琇옥돌수(실11획)   13(火) 茱수유수(실10획)   13(火) 淑맑을숙(실11획)

15(木) 順순할순   15(木) 循돌순   13(木) 筍죽순순   14(木) 舜순임금순   15(火) 荀사람이름순(실10획)

12(土) 淳순박할순(실11획)   16(土) 焞밝을순   15(火) 述지을술(실9획)   14(土) 勝이길승   15(金) 視볼시

14(土) 猜시기할시(실11획)   15(土) 媤시집시   13(金) 弒죽일시   14(土) 媞예쁘고고울제.시

14(木) 植심을식   15(水) 殖번식할식   14(木) 寔이식   13(水) 深깊을심(실11획)   15(金) 尋찾을심

12(土) 阿언덕아(실8획)   14(火) 雅맑을아   17(火) 惡사나울악,미워할(오)   16(木) 幄휘장악

11(水) 涯물가애(실11획)   12(水) 液즙액(실11획)   13(木) 掖낄액(실11획)   15(火) 馭말부릴어

⑫

15(土) 堰방죽언　15(木) 掩가릴엄(실11획)　14(水) 淹담글엄(실11획)　12(木) 茹먹을여(실10획)

16(火) 暘날흐릴역　16(金) 硯벼루연　13(火) 然그릴연　14(水) 淵못연(실11획)　14(土) 堧빈터연　14(水) 莚자랄연

15(火) 焰불당길염(燄과同字)　16(金) 詠읊을영　15(土) 猊사자예(실11획)　13(水) 蛙개구리와

14(金) 琓옥이름완(실11획)　18(木) 椀주발완　11(土) 阮관이름완(실7획)　14(土) 堯요임금요

10(木) 茸무성할용(실10획)　14(火) 傛익숙한모양용　16(木) 寓붙여살우　15(土) 堣모퉁이우

14(水) 雲구름운　13(火) 雄수컷웅　14(土) 媛예쁠원　14(火) 越넘을월　16(水) 圍둘레위　16(金) 爲위할위

11(火) 惟오직유(실11획)　17(水) 喩비유할유　13(木) 釉광택유　15(火) 閏윤달윤　15(金) 鈗병기윤

12(土) 阭높을윤(실7획)　15(木) 絨융융용　11(水) 淫음난음(실11획)

14(木) 椅의나무의　14(金) 貳두이　14(木) 羡벨이(실10획)　15(金) 貽줄이　12(水) 胘힘줄질길이(옥편10)

15(木) 絪기운인　11(木) 茵자리인(실10획)　15(金) 靷질길인(靭과同字)　14(木) 壹하나일

10(木) 荏들깨임(실10획)　15(金) 剩남을잉　11(木) 茨가시나무자(실10획)　13(火) 雀참새작

15(水) 殘해칠잔　19(水) 孱잔악할잔　14(木) 棧잔도잔　15(土) 場마당장　15(木) 掌손바닥장

12(木) 粧단장할장　14(木) 裁판결할재　15(金) 貯쌓을저　12(土) 邸집저(실8획)　14(金) 詛주저할저

⑫

11(土) 迪나아갈적(실9획)　15(木) 奠제사지낼전　10(木) 荃겨자무침전(실10획)　12(木) 筌통발전

18(木) 絶끊을절　13(木) 接델델접(실11획)　13(木) 程길정　13(水) 淨깨끗할정(실11획)

12(水) 淀물소리정(실11획)　13(火) 情뜻정(실11획)　15(火) 晶수정정　15(木) 幀그림족자정

13(金) 班옥돌정(실11획)　14(火) 晸해뜰정　16(土) 婷예쁠정　12(金) 珵패옥정(실11획)　13(土) 堤방죽제

16(水) 啼울제　15(水) 朝아침조　13(木) 措들조(실11획)　16(金) 詔고할조　16(木) 棗대추조　16(木) 尊높을존

12(土) 猝갑자기졸(실11획)　14(木) 椶종려나무종　13(水) 淙물소리종(실11획)

13(火) 悰즐거울종(실11획)　13(金) 註주낼주　13(水) 蛛거미주　20(木) 粥죽죽성죽　16(土) 竣마칠준

17(火) 畯농부준　13(水) 衆무리중　15(火) 曾일찍증　14(火) 智지혜지　15(木) 脂기름지(실10획)

13(金) 診볼진(진단)　13(火) 軫수레뒤턱나무진　14(水) 蛭거머리질　13(土) 跌넘어질질

10(土) 泆갈마들질(실9획)　12(火) 集모일집,모을집(실10획)　14(金) 硨조개이름차

13(土) 着붙을착　15(金) 創비롯할창　15(金) 敞들어날창　14(土) 猖미쳐날뛸창(실11획)

12(木) 採갤채(실11획)　13(木) 策채찍책　13(火) 悽슬퍼할처(실11획)　12(水) 脊등성마루척(실10획)

⑫

13(水) 16(水) 14(水) 12(水)
淺얕을천(실11획) 喘헐떡거릴천 喆밝을철 添더할첨(실11획)

13(木) 13(土) 14(金) 13(水)13(水)
捷빠를첩(실11획) 堞성가퀴첩 貼붙을첩 淸(清)맑을청(실11획)

15(火)15(火) 13(火) 12(木) 13(木)
晴(晴)갤청 替바꿀체 棣참나무체 茜꼭두서니천(실10획)

15(火) 11(木) 12(火) 14(木) 15(金)
超뛸초 草풀초(실10획) 焦마를초 椒산초나무초 硝초삭초

14(木) 16(水) 14(金) 16(火) 14(水)
稍벼줄기끝초 貂담비초 酢초초 蜀나라이름촉 最가장최

12(木) 12(木) 14(火) 15(木) 11(火)
推밀추(실11획) 椎뭉치추 軸굴대축 筑와기이름축 悴파리할췌(실11획)

16(土) 17(水) 15(水) 13(水)
就나아갈취 脆무를취(실10획) 淄검은빛치(실11획) 痴어리석을치

14(火) 14(木) 12(土) 15(土)
晫밝을탁 探더듬을탐(실11획) 邰나라이름태(실8획) 跆밟을태

12(金) 17(木) 15(水) 15(木) 15(土)
鈦티타늄태 統거느릴통 痛아플통 筒대통통 跛절뚝발이파

10(土) 13(金) 14(木) 13(火) 13(金)
阪산비탈판(실7획) 鈑금박판 牌패패 彭나라이름팽 貶떨어뜨릴폄

13(金) 16(木) 14(火) 13(木) 21(金) 16(金)
評평론할평 幅폭폭 馮성풍 筆붓필 彌도울필 賀하례할하

13(水) 15(水) 17(土) 15(金) 15(水)
寒찰한 閑한가할한 閒한가할한 割나눌할 涵젖을함(실11획)

15(水)　14(水)　　13(火)　11(木)　　12(水)
喊소리함　蛤대합조개합　項목목항　荇마름행(실10획)　洚기운행.당길행(실11획)

15(木)　12(火)　17(木)　16(火)　　18(水)
虛빌허　焱불꽃혁　絢무늬현　睍불거진눈현　脅갈비협(실10획)

18(水)　　　　11(木)　　　　14(火)12(火)
脇脅과同(실10획)　荊모형나무형(실10획)　惠(惠(10획))은혜혜

12(水)　　　17(木)　14(金)　15(火)　　15(水)
淏맑을호(실11획)　壺병호　皓빛날호　惑미혹할혹　混섞을혼(실11획)

14(火)　　　　16(水)　13(土)　13(木)
惚황홀할홀(실11획)　喚부를환　黃누루황　荒거칠황(실10획)

14(土)　　13(土)　13(火)　11(木)
媓여자이름황　堭대궐황　徨노닐황　洃강이름회(실11획)

12(木)　　　　15(水)　13(水)
茴회향풀회(실10획)　蛔거위회　淆뒤섞일효(실11획)

17(土)　　　14(水)　15(木)　14(水)　15(水)
窙높은기운효　喉목구멍후　帿과녁후　嗅맡을후　喧의젓할훤

16(水)　17 17(金)　　　17(火)　15(水)
喙부리훼　毇毁해담(험담)할훼　彚무리휘　胸가슴흉(실10획)

13(水)　13(金)　17(火)　14(水)　14(木)
黑검을흑　欽공경할흠　翕합할흡　喜기쁠희　稀드물희

十三劃 ＜火＞

17(火)　16(土)　　15(金)　16(水)　　14(木)
暇겨를가　嫁시집갈가　賈장사고　脚다리각(실11획)　幹줄기간

⑬

14(木) 揀가릴간(실12획) 16(水) 渴목마를갈(실12획) 14(水) 減덜감(실12획) 16(火) 感느낄감

16(金) 戡칠감 14(金) 鉀갑옷갑 17(木) 閘물문갑 15(土) 畺지경강 16(土) 跭우뚝설강 15(土) 塏높고건조할개

14(木) 粳매벼갱(秔과同) 13(水) 渠똘거(실12획) 14(金) 鉅클거 16(木) 楗문지방건 15(火) 愆허물건

17(木) 揭높이들게(실12획) 18(木) 絹명주견 13(金) 鉗칼겸 16(火) 傾기울어질경 14(木) 莖줄기경(실11획)

16(水) 敬공경할경 16(水) 脛정강이경(실11획) 18(木) 經글경 15(金) 鼓복고 15(水) 痼고질고 16(金) 琨옥돌곤(실12획)

17(金) 誇자랑할과 17(土) 跨타넘을과 12(土) 适빠를괄(실10획) 14(木) 罫줄쾌 17(土) 塊덩어리괴

11(土) 郊들교(실9획) 14(火) 較비교할교 19(火) 鳩비들기구 16(木) 絿급박할구 17(土) 舅시아비구

16(金) 鉤갈고랑이구 15(土) 群무리군 15(木) 裙치마군(실12획) 18(木) 窟굴굴굴 19(金) 詭속일궤

14(木) 揆헤아릴규(실12획) 11(土) 邽고을규.보옥규(실9획) 15(木) 筠대나무균 17(木) 極다할극

14(木) 禁금할금 16(火) 禽새금 14(金) 琴거문고금(실12획) 12 14(金) 琪琦옥이름기(실12획)

13(木) 祺복기 17(水) 嗜즐길기 16(土) 畸뙤기밭기 14(金) 碁바둑기 13(木) 稘일주년기 14 15(火) 煖暖따뜻할난

17(金) 酪진한유즙낙(락) 20(木) 亂어지러울난(란) 15(木) 楠녹나무남 14(木) 湳물이름남(실12획)

17(火) 16(木) 17(金) 15(土) 15(火水)
寗편안녕 祿복녹(록) 祿돌모양록(녹) 農농사농 湍여울단(실12획)

16(土) 16(火) 14(水) 13(水) 15(土) 16(土)
亶믿을단 煓빛날단 湛즐길담(실12획) 痰가래담 塘못당 當마땅당

13(水) 16(土) 13(土) 14(土) 16(木)
渡건널도(실12획) 跳뛸도 逃도망할도(실10획) 塗바를도 督감독할독

17(火) 12(木) 17(木) 15(木) 15(木)
頓조아릴돈 荳콩두(실11획) 廊복도랑(낭) 粮양식량(양) 粱기장량(양)

14(火) 14(木) 16(木) 15(金) 16(土)
煉불릴련(연) 廉살필렴(염) 零떨어질령(영) 鈴방울령(영) 路길로

18(木) 16(火) 16(金) 15(水) 18(土) 16(木)
虜포로로 輅수레로 賂뇌물줄뢰 雷우뢰뢰(뇌) 旒깃발류(유) 稜모름릉

16(木) 15(木)14(木) 12(木) 12(金)
楞모릉 裏(裡)속리 莉말리리(이)(실11획) 琳옥이름림(임)(실12획)

15(水) 12(木) 11(木) 13(火)
痲저릴마 莫아닐막(실12획) 莽우거질망(실11획) 煤그을음매

12(土) 15(水) 17(土) 17(金) 16(土)
陌두렁맥(실9획) 貊북방종족맥 盟맹세맹 酩술취할명 募모을모

14(木) 14((옥편14획)水) 14(土) 16(木)
描그릴묘(실12획) 渺아득할묘(실12획) 猫고양이묘(실12획) 楙무성할무

16(火) 11(土) 12(水) 15(木)
微작을미 迷미혹할미(실10획) 渼물결무늬미(실12획) 楣문미미

14(水) 17(土) 17(火) 17(火)
湄물가미(실12획) 嫩착하고 아름다울미 愍근심할민 暋굳셀민

⑬

16(金)　14(金)　19(水)　15(水)　16(火)　13(金)
鈱철판민 鉑금박박 電누리박 飯밥반 頒반포할반 鉢바리발

17(水)　12(水)　14(火)
渤바다이름발(실12획) 湃물결칠배(실12획) 煩번거로울번

13金)　15(木)　15(木)
琺법랑법(실12획) 馦갑자기향기날별 莂모종낼별(실11)

15(木)　13(水)　15(水)　12(金)
補도울보(실12획) 湺보보(실12획) 蜂벌봉 琫칼장식옥봉(실12획)

11(土)　17(木)　13(木)　19(火)
附붙을부(실8획) 孵작은배부 莩풀이름부(실11획) 鳧오리부

18(金)　15(金)　15(金)　14(水)　17(火)
硼붕산붕 碑비석비 琵비파비(실12획) 痺암메추라기비 聘맞을빙

19(水)　13(水)　15(火)　12(水)
嗣이을사 渣찌끼사(실12획) 肆방자할사 莎향부자사(실11획)

15(木)　15(火)　14(木)　12(木)　15(火)
裟가사사 煞죽일살 挿(실12획) (挿)꽂을삽(실11획) 想생각상

14(金)　16(火)　13(水)　15(水)　14(土)
詳자상상 傷상할상 湘물이름상(실12획) 嗇인색할색 塞변방새(색)

15(火)　15(火)　13(木)　17(木)　16(木)
暑더울서 愲지혜서(실12획) 筮점대서 鼠쥐서 揟고을이름서(실12)

14(金)　14(水)　14(土)　14(火)
鉐놋석 渲바림선(실12획) 羨부러워할선 愃쾌할선(실12획)

18(火)　16(金)　16(土)　15(木)　13(水)
僊신선선 詵많을선 跣맨발선 楔문설주설 渫칠설(실12획)

254 | 아호연구

⑬

14(火) 聖성인성　14(火) 聖성인성　13(火) 惺깨달을성(실12획)　14(土) 猩성성이성(실12획)　15(木) 筬바디성　15(土) 歲해세

18(金) 勢기세세　16(土) 塑토우소　11(土) 送보낼송(실10획)　15(火) 頌칭송할송　14(金) 碎부술쇄

13(水) (脩)포수(실11획)　14(火) 愁수심수　14(木) 睡잠잘수　16(土) 嫂형수수　16(金) 竪세울수

16(木) 綏편안할수　15(金) 酬갚을수　16(火) 肅엄숙할숙　14(金) 琡옥이름숙(실12획)

14(水) 脣입술순(실11획)　14(木) 楯난간순　17(金) 詢물을순　15(火) 馴길들일순　15(金) 鉥돗바늘술

18(土) 嵩높을숭　15(土) 塍밭두둑승　15(金) 詩글시　15(金) 試시험할시　17(火) 翅날개칠시

13(水) 湜물맑을식(실12획)　15(火) 軾수레난간식　13(金) 新새로울신　11(木) 莘세신신(실11획)

15(水) 蜃조개신　16(火) 衙마을아　13(木) 莪지칭개아(실11획)　16(水) 蛾나비아　17(火) 愕놀랄악(실12획)

15(木) 握쥘악(실12획)　14(水) 渥두터울악(실12획)　15(火) 暗어둘암　16(火) 愛사랑애　16(金) 碍거리낄애

11(火) 耶어조사야(실8획)　15(火) 惹이끌야　15(木) 揶희롱지거리할야(실12획)　15(木) 椰야자나무야

15(木) 爺아비야　16(木) 楊버들양　16(木) 揚오를양(실12획)　16(金) 敭들칠양　17(火) 暘해돋이양　16(火) 煬쬘양

15(水) 瘀병어　13(木) 業업업　16(土) 與더불여　16(木) 舺배이름여　12(土) 逆거스릴역(실10획)　17(金) 鉛납연

15(火) 煙 연기연　16(木) 筵 자리연　16(木) 椽 서까래연　12(金) 琰 비취옥염(실12획)　15(火) 暎 비칠영

13(水) 渶 물맑을영(실12획)　19(木) 楹 기둥영　14(土) 塋 무덤영　17(火) 預 미리예　18(木) 裔 후손예

17(金) 詣 이를예　17(水) 嗚 탄식할오　16(土) 塢 둑오　15(火) 傲 거만할오　14(木) 奧 깊을오

14(金) 珸 옥돌오(실12획)　16(木) 筽 버들고리오　17(水) 螁 지내오　14(火) 頊 삼갈옥　13(金) 鈺 보배옥

16(土) 媼 할미온　15(火) 雍 화할옹　14(金) 矮 키작을왜　16(水) 渦 소용돌이와(실12획)

14(木) 莞 빙그레웃을완(실11획)　18(金) 琬 홀완(실12획)　20(金) 碗 주발완(盌의俗字)

16(水) 脘 밥통완(실11획)　16(火) 頑 완고할완　18(土) 嵬 높을외　15(土) 猥 함부로외(실12획)

16(水) 湧 솟을용(실12획)　16(火) 傭 품팔이용　18(木) 虞 헤아릴우　17(火) 愚 어리석을우

15(火) 愉 기쁠우(실12획)　14(火) 煜 빛날욱　13(土) 郁 문채날욱(실9획)　16(火) 暈 무리운　16(水) 圓 둥글원

14(木) 援 도울원(실12획)　15(水) 園 동산원　16(土) 嫄 계집이름원　13(水) 湲 물흐를원(실12획)

15(金) 鉞 도끼월　15(水) 渭 물이름위(실12획)　14(木) 裕 넉넉할유(실12획)　18(火) 愈 더욱유

16(土) 猶 오히려유(실12획)　16(火) 愉 즐거울유(실12획)　17(木) 楡 느티나무유　17(火木) 揄 끌유(실12획)

16(木)　　16(土)　　16(水)　　　　12(金)
楢졸참나무유　猷꾀할유　游헤엄칠유(실12획)　瑈옥같은돌유(실12획)

13(土)　　　　15(土)　　　　　　15(水)　　13(火)
莠연뿌리윤(실11획)　建걸어가는모양율(실10획)　飲마실음　愔화평할음

14(木)　　　15(土)　　15(火)　16(火)　　19(土)　　14(水)
揖읍읍(실12획)　義옳을의　意뜻의　肄익힐이　嫕기쁠이　湮잠길인(실12획)

18(金)　　　14(金)　　15(木)　　15(金)　　16(火)　14(火)
靷가슴걸이인　賃품팔이임　稔풍년들임　資재물자　雌암자　煮삶을자

16(金)　15(木)　　12(木)　　　　　6(木)
盞잔잔　裝꾸밀장　莊장중할장(실11획)　(庄)장중할장(실6획)

15(火)　14(水)　　　　14(木)　　13(水)
載실을재　滰맑을재(실12획)　楮닥나무저　渚물가저(실12획)

14(土)　　　14(木)　　14(火)　　15(土)　　15(金)
猪돼지저(실12획)　箸젓가락저　雎물수리저　跡자취적　賊도적적

16(土)　12(木)　　　　12(土)　　　17(水)
勣공적적　荻물억새적(실11획)　迹자취적(실10획)　電번개전

15(火)　　14(金)　　13(金)　　　　17(土)　　16(火)
傳전할전　詮선명할전　瑱옥이름전(실12획)　塡메울전　煎달일전

14(金)　　18(金)　　18(金)　　13(水)　　　　14(木)
鈿비녀전　殿큰집전　剪자를전　湞물이름정(실12획)　楨쥐똥나무정

16(火)　13(金)　15(木)　　15(水)　　　　16(木)
鼎솥정　鉦정정　靖편안할정　淳물끓일정(실12획)　睛눈동자정

15(金)　17(木)　　17(木)　　14(木)　　　　17(火)
碇닻정　艇거룻배정　綎띠술정　提들제(실12획)　照비칠조

11(土)   16(木)   14(金)   17(木)
阻험할조(실8획) 稠빽빽할조 琮서옥이름종(실12획) 椶종려나무종

12(水)   14(金) 13(金) 17(火) 16(火) 14(木)
湊물모일주(실12획) 誅벨주 鉒쇳덜주 啁밝을주 儁영특할준 楫노즙(집)

13(金)   15(木)   18(水) 14(土) 15(火)
鉁보배진 稙일찍심은벼직 嗔성낼진 嫉시기할질 斟술따를짐

14(水)   14(土)   15(木) 14(火) 12(金)
嗟탄식할차 嵯우뚝솟을차 粲흰쌀찬 債빚채 琗주옥빛채(실12획)

14(木) 15(火) 16(金) 15(木) 15(木) 14(木)
睬주목할채 僉다첨 詹이름첨 牒글씨판첩 睫속눈썹첩 楚초나라초

18(金)   15(土)   14(火) 13(土) 13(木)
剿노곤할초 塚무덤총 催재촉최 追쫓을추(실10획) 楸개오동나무추

12(水)   14(木)   14(水)   14(火)
湫다할추(실12획) 椿참죽나무춘 測잴측(실12획) 惻슬퍼할측(실12획)

16(木) 13(木) 13(火) 19(火) 16(水) 16(水)
置둘치 稚어릴치 雉꿩치 馳달릴치 嗤웃을치 飭신칙할칙

14(金)   14(火)   15(木)   13(土)
琛보배침(실12획) 惰게우를타(실12획) 楕길쭉할타 陀비탈질타(실8획)

15(火)   13(金)   13(金)
馱실을타(태) 琢쫄탁(실12획) 琸사람이름탁(실12획)

17(水)   14(土) 15(水)   13(土)
脫벗을탈(실11획) 塔탑탑 湯넘어질탕(실12획) 退물러날퇴(실10획)

15(金)   14(木) 14(火)   15(水)
琶비파파(실12획) 稗피패 愎괴팍할팍(실12획) 脯포포(실11획)

16(金)　　15(木)　　15(木)　　　16(木)　　　　12(土)
剽빼틀를표 稟줄품 豐풍성할풍 楓단풍나무풍 陂비탈피(실8획)

14(金)　　13(木)　　　　15(木)14(木)　　　　18(水)
鈚창자루필 荷연하(실11획) 廈(厦)처마하(실12획) 嗃엄할학

15(水)　　　　　15(金)　　18(木)　17(木)
港항구항(실12획) 該그해 解풀해 楷나무이름해

18(火)　15(金)　　15(土)　　　11(木)　　　　14(土)
歇쉴헐 鉉솥귀현 嫌싫어할혐 莢풀열매협(실11획) 逈멀형(실10획)

15(水)　　　　22(木)　　　　16(金)　　　　14(水)
湖호수호(실12획) 號부루짖을호 琥호박호(실12획) 渾흐릴혼(실12획)

16(土)14(土)　　　　15(金)　　16(金)　16(木)
畵(畫(실12획))그림화 話말할화 靴신화 換바꿀환(실12획)

15(水)　　　　　16(火)　　14(火)　　　13(火)
渙흩어질환(실12획) 煥빛날환 煌빛날황 惶두려워할황(실12획)

13(水)　　　　18(木)　　15(木)　　16(金)　　12(土)
湟해자황(실12획) 幌휘장황 會모일회 賄뇌물회 逅만날후(실10획)

17(火)　　　　15(土)　　　16(火)　　16(火)　　15(火)
煦따스하게할후 塤질나팔훈 暈무리훈 暄따뜻할훤 煊따뜻할훤

18(金)　15(木)　　　　16(火)　15(火)　15(火)　　19(火)
毀헐훼 揮휘두를휘(실12획) 暉빛휘 輝빛날휘 歆반을흠 熙빛날희

15(金)
詰물을힐

十四劃 〈火〉

18(水)　　19(金)　　19(木)　19(金)　18(金)　17(金)　19(木)
嘉아름다울가　歌노래가　閣집각　碣비갈　竭다할갈　監볼감　綱벼리강

13(土)　　　　16(혹17획)水)　　17(土)　　16(木)
降내릴강(항)(실9획)　腔빈속강(실12획)　嫝편안할강　箇낱개

15(火)　　　　15(火)　　　　17(火)　18(土)
愷즐거울개(실13획)　愾성낼개(실13획)　覡박수격　甄질그릇견

14(火)　　　　15(木)　　　　17(土)　15(土)
慊쩐덥지않을겸(실13획)　箝재갈먹일겸(실13획)　境지경경　逕소로경(실11획)

18(火)　15(水)　　　　16(金)　　19(金)　19(火)
輕가벼울경　溪시내계(실13획)　誡경계할계　敲두드릴고　暠힐고(호)

18(木)　15(木)　15(木)　　　16(金)　　17(水)
槁마를고　皐못고　菰향초고(실12획)　誥고할고　滑어지러울골(실13획)

18(木)　13(木)　　　19(木)　17(木)　15(木)
寡적을과　菓과일과(실12획)　廓둘레곽　管피리관　菅골풀관(실12획)

17(火)　　　　18(木)　　18(火)　18(火)　16(木)
愧부끄러워할괴(실13획)　槐회나무괴　魁으뜸괴　僑높을교　構얽을구

15(水)　　　　19(水)　　19(土)　13(土)　　　20(木)
溝봇도랑구(실13획)　嘔노래할구　嶇험할구　逑짝구(실11획)　廐마구구

14(木)　　　14(土)　　　19(金)　17(木)
菊국화국(실12획)　郡고을군(실10획)　銶가래귀　閨도장방규

18(土)　　13(木)　　　　15(土)　　13(木)
嫢가는허리규　菌버섯균(실12획)　墐매흙질할근　菫노란진흙근(실12획)

19(水)	18(木)	14(木)	16(木)	17(火)	19(木)
兢 삼갈긍	綺 비단기	箕 키기	旗 기기	暊 볕기운기	緊 굵게얽을긴

14(土)	18(火)	17(金)	16(土)
郎 사나이낭(랑)(실10획)	寧 편안할녕	瑙 마노노(실13획)	嫩 어릴눈

21(水)	17(金)	17(水)	15(木)	17(土)
溺 빠질닉(실13획)	端 바를단	團 둥글단	對 대답할대	臺 돈대대

18(水)	13(土)	18(土)	14(水)	16(木)
圖 그림도	途 길도(실11획)	嶋 섬도	滔 물넘칠도(실13획)	睹 볼도

15(木)	18(木)	17(金)	16(水)
萄 포도도(실12획)	搗 찧을도(실13획)	銅 구리동	蝀 무지개동

13(土)	15(木)	15(金)
逗 머무를두(실11획)	裸 벌거벗을라(실13획)	辣 매울랄

12(木)	13(土)	17(火)
萊 명아주래(실12획)	連 연할련(연)(실11획)	領 옷깃령(영)

13(土)	19(木)	16(火)	18(木)
逞 굳셀령(영)(실11획)	綠 푸를록	僚 동료료	廖 공허할료(요)

18(水)	14(土)	18(木)	17(水)
屢 창루	陋 좁을루(실9획)	榴 석류나무류(유)	溜 방울저떨어질류(유)(실13획)

18(木)	14(火)	19(木)
綸 낚시줄륜	慄 두려워할률(율)(실13획)	綾 비단릉(능)

15(木)	17(木)	16(木)	19(火)	15(金)	19(木)
菱 마름릉(능)(실12획)	幕 막막	寞 쓸쓸할막	輓 끌만	韎 버선말	網 그물망

15(木)	19(木)	14(水)	16(金)	18(火)
萌 싹맹(실12획)	綿 이어질면	滅 멸망할멸(실13획)	銘 새길명	鳴 울명

⑭

15(水) 17(火) 15(火) 18(水)
溟어두울명(실13획) 暝어두울명 惽민너그러울명(실13획) 貌얼굴모

15(金) 15(土) 15(金) 17(火) 18(火)
瑁서옥모(실13획) 墓무덤묘 誣무고할무 聞드를문 頣강할민

19(金) 15(木) 15(木) 16(火) 20(木)
碈옥돌민 箔발박 粕찌개미박 駁얼룩말박 搬옮길반(실13획)

20(木) 17(木) 16(水) 15(木)15(木) 18(木)
槃쟁반반 榜매방 滂비퍼부울방(실13획) 裵(裴)성배 閥공훈벌

17(木) 16(金) 17(火) 13(木) 16(木) 14(火)
罰죄벌 碧푸를벽 輔도울보 菩보리보(실12획) 福복복 僕종복

19(火) 13(土) 17(水) 16(水) 17(金)
鳳봉새봉 逢만날봉(실11획) 腐썩을부 溥넓을부(실13획) 賦구실부

15(水) 19(水) 16(金) 15(木) 16(木)
腑장부부(실12획) 孵알깔부 鼻코비 榧비자나무비 緋붉은빛비

18(火) 12(木) 15(水) 15(木)
翡물총새비 菲엷을비(실12획) 蜚바퀴비 裨도울비(실13획)

15(水) 16(金) 18(土) 18(水) 15(木) 20(金)
脾지라비(실12획) 賓손빈 獅사자사(실13획) 飼머일사 算셀산 酸초산

17(木) 17(木) 17(火) 19(水) 14(土) 16(木)
颯바람소리삽 裳치마상 像형상상 嘗맛볼상 塽높고밝은땅상 署관서서

16(金) 16(金) 18(土) 13(土) 16(金)
瑞상서서(실13획) 誓맹세할서 墅농막서 逝갈서(실11획) 碩클석

15(金) 19(火) 16(金) 18(土) 19(金)
瑄도리옥선(실13획) 煽부채선 銑끝선 嫙예쁠선 說말씀설,말유세할세

17(金) 誠정성성　14(金) 理옥빛성(실13획)　18(金) 韶풍류이름소　16(木) 搔긁을소(실13획)

16(水) 溯거슬러올라갈소(실13획)　14(土) 逍거닐소(실11획)　15(火) 愫정성소(실13획)

13(土) 速빠를속(실11획)　16(木) 損덜손(실13획)　18(金) 誦욀송　17 8(水) 壽(寿)목숨수　17(水) 需구할수

14(金) 銖무게단수수　16(木) 搜찾을수(실13획)　17(水) 嗽기침수　18(木) 綬인끈수　20(土) 塾글방숙　14(木) 菽콩숙(실12획)

14(金) 瑟큰거문고슬(실13획)　17(火) 僧중승　16(木) 塍바디승　17(水) 飾꾸밀식　16(火) 熄꺼질식

17(火) 愼삼갈신(실13획)　17(水) 腎콩팥신(실12획)　18(木) 實(実8획)열매실　9(木) 斡관리할알　15(火)

15(木) 菴풀이름암(실12획)　15(水) 腋겨드랑이액(실12획)　17(水) 瘍종기양　17(金) 語말씀어

18(土) 嫣쨍긋웃을언　15(水) 演멀리흐를연(실13획)　18(火) 鳶소리개연　19(金) 說기꺼울열

17(土) 厭싫을염　17(火) 髥구렛나루염　17(火) 熀불빛이글어릴엽　15(木)10(木) 榮(栄)영화영

14(金) 瑛옥빛영(실13획)　16(木) 睿깊고밝을예　17(土) 嫕유순할예　18(金) 誤그릇할오　18(木) 寤깰오

14(火) 頑삼갈옥(실13획)　15(水) 溫따뜻할온(실13획)　20(水) 窩움집와　16(木) 窪웅덩이와　20(水) 腕팔완(실12획)

16(木) 搖흔들릴요(실13획)　16(火) 僥바랄요　17(火) 瞭밝을요　15(水) 溶질펀히흐를용(실13획)

16(木) 榕 뱅골보리용　18(土) 踊 뛸용　17(土) 墉 담용　18(火) 漼 권할용　16(火) 熔 녹일용　16(金) 瑀 패옥우(실13획)

19(水) 霂 물소리우　17(木) 禑 복우　17(水) 殞 죽을운　16(火) 熉 노란모양운　21(火) 熊 곰웅　15(水) 源 근원원(실13획)

14(金) 瑗 도리옥원(실13획)　17(火) 願 삼갈원　16(土) 猿 원숭이원(실13획)　18(火) 僞 거짓위

13(木) 萎 마를위(실12획)　16(金) 瑋 옥이름위(실13획)　16(木) 維 바유　19(金) 誘 꾈유

13(木) 萸 수유유(실12획)　18(金) 瑜 美玉유　14(土) 逌 만족할유(실11획)　20(火) 毓 기를육

17(水) 淪 물깊고넓을윤(실13획)　16(金) 銀 은은　20(水) 激 강이름은(실13획)

22(火) 憗 괴로와할은　18(火) 疑 의심의　16(火) 爾 너이　17(水) 飴 엿이　18(火) 煜 사람이름익　18(金) 認 알인

16(火) 軔 작은북인　14(水) 溢 넘칠일(실13획)　17(火) 馹 역마일　19(火) 慈 사랑자　17(水) 滋 부러날자(실13획)

17(木) 綽 너그러울작　18(火) 臧 착할장　14(水) 滓 찌끼재(실13획)　16(木) 箏 쟁쟁　13(木) 菹 채소절임저(실12획)

13(土) 這 이저(실11획)　18(土) 嫡 정실적　18(火) 翟 정적　14(金) 銓 저울질할전　16(土) 塼 벽돌전　16(木) 箋 글전

15(金) 截 끊을절　16(木) 精 정밀미로울정　15(木) 禎 상서정　18(土) 齊 가지런할제　14(金) 절 隄 제당둑제(실13획)

18(木) 製 지을제　16(火) 肇 칠조　13(土) 造 지을조(실11획)　16(火) 趙 나라조　15(木) 種 씨종　18(木) 綜 모을종

15(木) 罪허물죄　19(木) 綢얽힐주　17(水) 嗾부추길주(수)　13(水) 準법준(실13획)　16(土) 迿뒤걸음질칠준(실11획)

18(火) 儁많을준　16(金) 誌기록할지　16(金) 蜘거미지　18(土) 塵띠끌진　16(金) 賑구휼할진

13(水) 溱많을진(실13획)　16(金) 盡다할진　17(木) 搢꽂을진(실13획)　14(木) 榛개암나무진　16(木) 劄차자차

17(木) 搾짤착(실13획)　20(火) 僭참람할참　15(土) 塹구덩이참　17(木) 察살필찰　15(水) 滄찰창(실13획)

18(火) 暢펼창　14(木) 菖창포창(실12획)　15(火) 愴슬퍼할창(실13획)　16(木) 槍창창　15(火) 彰밝을창

15(水) 脹배부를창(실12획)　12(木) 菜나물채(실12획)　16(木) 綵비단채　15(木) 寨울짱채　20(木) 綴꿰맬철

17(火) 輒문득첩　14(木) 菁우거질청(실12획)　17(金) 銃총총　19(木) 総거느릴총　13(土) 逐쫓을축(실11획)

14(金) 瑃옥이름춘(실13획)　12(木) 萃모일췌(실12획)　15(火) 聚모일취　18(火) 翠물총새취

20(木) 緇검은비단치　19(木) 寢잠잘침　16(木) 稱일컬을칭　18(金) 誕태어날탄　16(水) 嘆탄식할탄

17(木) 綻옷터질탄　15(木) 奪빼앗을탈　15(木) 搭탈탑(실13획)　19(木) 榻걸상탑　22(火) 態모양태

19(木) 颱태풍태　15(土) 通통할통(실11획)　17(木) 槌탈망치퇴(추)　16(土) 透통할투(실11획)　17(火) 頗자못파

12(木) 萍마름평(실12획)　20(水) 飽배부를포　14(土) 逋달아날포(실11획)　16(木) 馝향기로울필

16(金) 瑕 티하(실13획)　18(水) 碬 클하　18(金) 碬 숫돌하　13(土) 限 한계한(실9획)　15(金) 衔 재갈함

18(木) 閤 쪽문합　19(土) 嫦 항아항　16(火) 赫 붉을혁　15(火) 熒 등불형　17(水) 熒 실개천형　17(水) 豪 호걸호

16(金) 瑚 산호호(실13획)　17(金) 酷 혹독할혹　19(火) 魂 넋혼　15(金) 琿 아름다운옥혼(실13획)

14(金) 銑 돌쇠뇌홍　12(木) 華 꽃화(실12획)　18(木) 禍 재화화　19(木) 廓 둘레확　17(水) 滑 미끄러울활(실13획)

18(土) 猾 교활할활(실13획)　16(水) 滉 물깊고넓을황(실13획)　17(木) 榥 책상황　16(火) 愰 밝을황(실13획)

16(火) 慌 어렴풋할황(실13획)　18(金) 誨 가르칠회　14(水) 匯 물돌회　17(金) 劃 그을획　18(金) 酵 술밑효

19(火) 歊 김이오를효　15(火) 熏 연기낄훈　18(木) 携 끌휴(실13획)　16(火) 憘 기쁠희　20(火) 熙 빛날희

十五劃 <土>

17(火) 價 값가　17(木) 稼 심을가　20(火) 駕 멍에가　23(火) 慤 성실할각　17(木) 葛 칡갈(실13획)　19(木) 褐 털옷갈(실14획)

20(水) 蝎 독사갈　16(火) 慷 강개할강(실14획)　18(火) 愾 분개할개(실14획)　19(木) 概 대개개

18(水) 溉 물댈개(실14획)　18(土) 踞 웅크릴거　18(水) 腱 힘줄밑둥건(실13획)　18(水) 漧 하늘건(실14획)

17(火)	18(金) 19(金)	18(火)	19(火)	18(火)
儉 검소할검	劍(劒) 칼검	頲 빛날경	慶 경사경	儆 경계할경

18(金)	19(水)	20(木)	16(水)	19(金)
磎 시내계	稿 볏집고	穀 곡식곡	滚 흐릴곤(실14획)	鞏 묶을공

17(金)	16(土)	20(木)	17(火)	19(木)
課 매길과	郭 성곽(실11획)	槨 덧널곽	慣 버릇관(실14획)	寬 너그러울관

16(木) 6(木)	20(土)	20(火土)	16(水)	16(金)
廣(広) 넓을광 嬌 아리따울교	嶠 삐죽하게높을교	餃 경단교	銶 끌구	

20(火)	23(金)	20(火)	23(水)	14(木)
歐 토할구	毆 때릴구	駒 망아지구	窮 다할궁	葵 해바라기규(실13획)

15(土)	18(木)	19(金)	16(木)
逵 한길규(실12획)	槻 물푸래나무규	劇 심할극	槿 무궁화나무근

15(水)	21(土)	19(火)	19(水)	18(金)
漌 맑을근(실14획)	畿 경기기	駑 둔할노	腦 뇌뇌(실13획)	鬧 시끄러울뇨

21(木)	16(金)	19(土)	18(木)	17(火)	16(木)	18(土)
緞 비단단	談 말씀담	踏 밟을답	幢 기당	德 덕덕	稻 벼도	敦 돈대돈

14(木)	18(土)	18(木)
董 바로잡을동(실13획)	嶝 고개등	擝 쌓아올릴라(실14획)

20(木)	15(木)	20(水)
樂 즐거울락,좋아할요.악	落 떨어뜨릴질락(나)(실13획)	螂 사마귀랑(낭)

18(金)	18(金)	17(木)	18(火)
瑯 고을이름랑(실14획)	諒 믿을량(양)	椋 들보량(양)	輛 수레량(양)

19(火)	20(木)	18(木)	18(木)	16(火)
慮 생각할려(여)	閭 이문려(여)	黎 검을려(여)	練 익힐련(연)	輦 손수레련(연)

⑮

16(水)   18(水)   18(金)   18(金)

漣물놀이련(연)(실14획) 魯노나라로(노) 論의론할론(논) 磊돌무더기뢰(뇌)

16(金)   18(木)   18(木)   17(水)   18(金)

賚줄뢰(뇌) 寮벼슬아치료 樓다락루(누) 漏셀루(실14획) 劉성류(유)

18(金)   19(水)   20(金)   18(火)

瑠유리류(유)(실14획) 瘤혹류(유) 戮죽일륙(육) 輪바퀴륜(윤)

17(水)   18(木)   18(金)   18(木)   18(金)

凜찰름(늠) 履신리(이) 璃유리리(이)(실14획) 摩갈마 碼마노마

16(金)   15(水)   16(木)   16(水)

瑪마노마(실14획) 漠사막막(실14획) 萬일만만(실13획) 滿찰만(실14획)

17(火)   17(水)   19(火)   17(金)

慢게으를만(실14획) 漫질편할만(실14획) 輞바퀴테망 賣팔매

18(火)   19(火)   18(木)   15(木)   18(木)

罵욕할매 魅도깨비매 緬가는실면 蔑엽신여길멸(실13획) 瞑눈감을명

17(火)   17(火)   17(木)   16(木)   18(木)   16(土)

慕그리워할모 暮저물모 摹베낄모(모방) 模법모 廟사당묘 墨먹묵

19(火)   21(木)   22(金)   22(金)   21(水)   16(火)

慜총명할민 緡낚시줄민 盤소반반 磐너럭바위반 瘢흉터반 髮터럭발

19(火)   19(金)   16(火)   19(木)

魃가물귀신발 磅돌떨어지는소리방 輩무리배 褙속적삼배(실14획)

17(金)   20(火)   18(木)   15(木)   20(木)   17(火)   19(金)

賠물어줄배 魄넋백 幡기번 樊울번 範법범 僻후미질벽 劈쪼갤벽

16(火)   16(木)   17(水)   17(木)

軿거마소리병 褓포대기보(실14획) 腹배복(실13획) 複겹옷복(실14)

⑮

16(金) 17(火) 16(水) 11(水)
鋒칼끝봉 燧연기자욱할봉 澧내이름봉(실14획) (浲)물이름봉(실10획)

14(土) 18(金) 18(火) 16(土) 17(水)
部거느릴부(실11획) 敷펼부 駙곁마부 墳무덤분 噴뿜을분

16(金) 19(木) 16(火) 19(火) 19(火)
誹헐뜯을비 寫베낄사 僿잘게부술사 駟사마사 賜줄사

17(水) 18(金) 16(木) 18(木)
滲스밀삼(실14획) 賞상줄상 箱상자상 緒실마리서

18(金) 17(火) 20(木) 19(土)
鋤호미서 奭클석 線줄선 嬋고울선

16(土) 18(水) 12(土) 14(木)
墡백토선 腺샘선(실13획) 陝고울이름섬(실10획) 葉성섭(실13획)잎엽

16(水) 20(水) 17(水) 17(金) 18(金) 16(金)
腥비릴성(실13획) 嘯휘파람소 瘙종기소 銷녹일소 數셀수(삭) 誰누구수

17(水) 16(水) 19(金) 16(金) 21(火)
瘦파리할수 漱양치질할수(실14획) 銹녹쓸수 睟재물수 熟익울숙

19(金) 20(金) 19(水) 12(土) 16(水) 17(木)
諄타이를순 醇진한술순 蝨이슬승 陞오를승(실10획) 嘶울시 簹대밥통식

17(水) 17(木) 20(火) 18 12(火) 18(金)
蝕좀먹을식 審살필심 鴉갈가마귀아 鴈(雁)(실12획)기러기안 鞍안장안

16(金) 17(木) 17(水) 18(木)
睚사람이름애 葯구릿대잎약(실13획) 養기를양 樣모양양(상)

17(水) 16(水) 17(火) 20(木)
漾출렁거릴양(실14획) 漁고기잡을어(실14획) 億억억 緣인연연

IV. 附錄 : 269

17(土)　　　19(火)　　　22(金)　　　18(火)
燃 아리잠직할연　熱 더울열(렬)　閱 검열할열　影 그림자영

16(金)　　20(水)　　　19(金)　　　　17(火)　　17(土)
瑩 밝을영　穎 강이름영　銳 날카로울예　熬 볶을오　獒 개오

16(土)　　　16(金)　　　　　　17(木)　　　17(水)
獄 옥옥(실14획)　瑥 사람이름온(실14획)　禾昷 번성할온　瘟 염병온

20(水)　　　22(火)　　22(火)　　18(木)　　　17(火)
蝸 달팽이와　翫 구경완　豌 완두완　緩 늦을완　腰 허리요(실13획)

16(金)　　　　　　　18(土)　　17(水)　　　　18(火)
瑤 아름다운옥요(실14획)　嶢 높을요　窯 기와굽는가마요　慾 욕심욕

16(金)　　　　　　18(木)　　　19(火)　　　13(土)
瑢 패옥소리용(실14획)　槦 살대나무용　憂 근심할우　郵 역참우(실11획)

18(火)　　　　　　17(木)　　　　15(土)　　　16(木)
愳 공경할우(실14획)　稶 서직무성할욱　院 담원(실10획)　瑗 패옥띠원

20(木)　19(火)　　　16(木)　　　　18(木)
緯 씨위　慰 위로할위　葦 갈대위(실13획)　瑋 아름다울위(실14획)

19(水)　　　　19(木)　19(金)　　　17(金)　　　　17(火)
蝟 고슴도치위　牖 창유　誾 온화할은　璁 음은(실14획)　儀 거동의

18(金)　　　20(金)　　　19(火)　17(土)　　　　20(金)　　17(火)
誼 옳을의　毅 굳셀의　頤 턱이　逸 편안일(실12획)　磁 자석자　暫 잠시잠

17(木)　　　17(水)　　　　16(木)　　　　　17(火)
箴 바늘잠　腸 창자장(실12획)　葬 장사지낼장(실13획)　暲 해돋아오를장

15(水)　　　　　16(木)　　　18(木)　　16(土)
漳 강이름장(실14획)　樟 녹나무장　奬 권면할장　獐 노루장(실14획)

20(水) 17(金) 14(木) 19(木)
漿미음장 諍간할쟁 著분명할저(실13획) 樗가죽나무저

17(水) 18(木) 18(金) 18(木) 18(木)
滴떨어질적(실14획) 摘딸적(실14획) 敵원수적 廛가게전 箭화살전

18(木) 20(木) 15(水) 17(水) 20(木)
篆전자전 節마디절 漸점점점(실14획) 蝶나비접 摺접을접(실14획)

17(金) 20(木) 16(金) 18(水) 13(土)
鋌쇳덩이정 靚단장할정 鋥칼갈정 霆천둥소리정 除섬돌제(실10획)

19(水) 19(金) 17(木) 16(水) 16(火)
嘲비웃을조 調고를조 槽구유조 漕배로실어나를조(실14획) 慫권할종

16(水) 18(土) 17(火) 16(土) 17(木)
腫부스럼종(실13획) 踪자취종 駐머무를주 週돌주(실12획) 廚부엌주

18(火) 17(木) 14(木) 17(土) 16(金)
儁준걸준 葰큰준(실13획) 葺기울즙(실13획) 增더할증 銡새길지

18(木) 15(水) 19(木) 13(土) 17(水)
摯잡을지 漬담글지(실14획) 稷기장직 進나아갈진(실12획) 震벼락진

13(土) 18(金) 17(金)15(金)
陣진칠진(실10획) 瑱귀막이옥진(실14획) 瑨(瑨)아름다운돌진(실14획)

19(木) 20(木) 16(金) 18(木) 16(火) 14(金)
禛복받을진 瞋부름뜰진 質바탕질 緝낳을집 徵부를징 瑳깨끗할차(실14)

16(金) 17(火) 15(火) 17(火) 18(木)
磋갈차 慘참혹할참(실14획) 慚(실14획) (慙)부끄러울참 廠헛간창

19(水) 17(水) 13(土) 14(水)
漲불을창(실14획) 瘡부스럼창 陟오를척(실10획) 滌씻을척(실14획)

⑮

16(火) 慽 근심할척(실14획)　17(水) 瘠 파리할척　18(土) 踐 밟을천　18(金) 賤 천할천　18(火) 徹 통할철

20(火) 輟 그칠철　19(金) 諂 아첨할첨　18 18(金) 請(請) 청할청　20(木) 締 맺을체　18(水) 滯 막힐체(실14획)

15(土) 逮 미칠체(실12획)　18(金) 醋 초초　17(火) 憁 바쁠총(실14획)　18(木) 摠 모두총(실14획)

19(木) 樞 지도리추　19(土) 墜 덜어질추　23(金) 皺 주름추　13(木) 萩 사철쑥추(실13획)　17(金) 諏 꾀할추

17(火) 衝 찌를충　16(火) 趣 달릴취　17(金) 醉 취할취　22(水) 嘴 부리취　19(木) 層 층층　16(金) 齒 이치　9(木) 幟 기치

20(火) 輜 짐수레치　15(水) 漆 옷칠(실14획)　19(土) 墮 떨어질타　20(火) 駝 낙타타　22(金) 彈 탄알탄

17(金) 歎 탄식할탄　17(火) 慟 서럽게울통(실14획)　18(火) 慝 사특할특　20(木) 編 엮을편　18(木) 篇 책편

22(火) 翩 빨리날편　19(木) 幣 비단폐　24(木) 廢 폐할폐　17(水) 弊 해질폐　15(土) 陛 섬돌폐(실10획)

17(木) 葡 포도포(실13획)　17(木) 褒 포장할포　17(金) 鋪 펼포　17(火) 暴 사나울폭(포)　16(水) 漂 떠돌표(실14획)

17(木) 標 표표　16(火) 慓 날렐표(실14획)　19(水) 蝦 새우하　15(水) 漢 한수한(실14획)　19(木) 緘 봉할함

12(土) 陜 땅이름합,좁을협(실10획)　19(水) 餉 건량향　18(土) 墟 터허　19(水) 噓 불허　19(金) 賢 어질현

18(火) 儇 총명할현　15(金) 鋏 집게협　16(金) 瑩 밝을형　17(火) 慧 슬기로울혜　18(火) 憓 깨달을혜　16(金) 鞋 신혜

17(火) 暳별반짝일혜 18(木) 糊풀호 16(木) 葫마늘호(실13획) 19(水) 蝴나비호 15(水) 滸물가호(실14획)

17(金) 皥밝을호 16(土) 嬅여자이름화 17(金) 確군을확 20(金) (碻)군을확 17(水) 蝗누리황 16(木) 篁대숲황

18(金) 皛나타날효 15(木) 萱원추리훤(실13획) 18(火) 輝빛날휘 19(木) 麾대장기휘 19(土) 興일어날흥 18(土) 嬉즐길희

十六劃 〈土〉

18(金) 諫간할간 19(土) 墾따비할간 19(水) 澗산골물간(실15획) 16(木) 橄감람나무감 19(金) 鋼강철강

22(金) 彊굳셀강 16(木) 蓋(실14획) 12(水) (盖11획)덮을개 18(金) 鋸톱거 18(木) 黔검을검 19(火) 憩쉴게

20(水) 膈흉격격(실14획) 19(水) 潔깨끗할결(실15획) 18(火) 憬깨달을경(실15획) 20(火) 暻밝을경

20(火) 頸목경 22(金) 磬경쇠경 19(木) 稽머무를계 19(水) 膏살찔고(실14획) 18(金) 錮땜질할고

20(金) 錕붉은쇠곤 18(土) 過지날과(실13획) 20(水) 舘집관 20(木) 橋다리교 25(水) 龜(거북구(귀),얼어터질균

18(土) 獗날뛸궐(실15획) 17(水) 潰무너질궤(실15획) 21(水) 窺엿볼규 23(木) 橘귤나무귤

16(金) 瑾아름다운옥근(실15획) 19(金) 錦비단금 20(水) 器그릇기 16(金) 錤호미기 18(金) 錡솥기 21(木) 機틀기

15(金) 琪피변꾸미개기(실15획)　19(土) 冀바랄기　18(金) 諾대답할낙　17(木) 撚비틀년(연)(실15획)

18(木) 撓어지러울뇨(요)(실15획)　19(土) 壇단단　14(土) 達통달할달(실13획)　16(金) 錟창담

19(火) 曇흐릴담　17(木) 撞칠당(실15획)　18(木) 糖사탕당　15(土) 道길도(실13획)　19(木) 導이끌도

15(土) 都도읍도(실12획)　16(土) 陶질그릇도(실11획)　20(火) 覩볼도　18(金) 賭걸도　19(木) 稌향기로울도

18(木) 篤도타울독　20(火) 暾아침해돈　19(火) 燉이글거릴돈　16(火) 憧그리워할동(실15획)

16(水) 潼강이름동(실15획)　18(火) 瞳동틀동　18(火) 頭머리두　15(土) 遁달아날둔(실13획)　18(火) 燈등잔등

18(木) 橙등자나무등　20(火) 駱낙타락(나)　16(土) 歷지낼력(역)　17(火) 曆책력력(역)

17(金) 璉호련련(연)(실15획)　17(火) 憐불쌍히여길련(연)(실15획)　19(木) 撈잡을로(노)(실15획)

20(水) 盧성노(로)　19(金) 錄기록할록(녹)　20(金) 賴힘입을뢰(뇌)　18(火) 燎횃불료(뇨)

22(土) 龍용룡(용)　13(土) (竜)(실10획)　19(水) 瘻부스럼루(누)　15(土) 陸뭍륙(육)(실11획)　18(金) 錀금륜(윤)

18(木) 廩곳집름(늠)　16(土) 陵큰언덕릉(실11획)　18(土) 廐바를리(윤)　17(水) 潾맑을린(인)(실15획)

18(火) 燐도께비불린(인)　17(水) 霖장마림(임)　19(金) 磨갈마립　19(木) 瞞속일만　20(土) 冪덮을멱

16(木) 蓂명협명(실14획)　19(水) 螟마디충명　17(金) 謀꾀할모　12(木) 橆법모,무　18(木) 穆화목할목

17(木) 夢꿈몽(실14획)　16(木) 蒙입을몽(실14획)　16(木) 撫어루만질무(실15획)

15(火) 憮어루만질무(실15획)　17(火) 默묵묵할묵　18(火) 躾예절가르칠미　18(火) 憫근심할민(실15획)

18(水) 潤물졸졸흘러내린민(실15획)　20(木) 縛묶을박　18(水) 膊포박(실14획)　16(木) 撲칠박(실15획)

16(木) 樸통나무박　16(水) 潘뜨물반(실15획)　24(水) 潑뿌릴발(실15획)　25(木) 撥다스릴발(실15획)

19(水) 膀쌍배방(실14획)　17(木) 蒡인동녕쿨방(실14획)　14(土) 陪쌓아올릴배(실11획)

17(火) 燔구울번　18(土) 壁벽벽　16(金) 辨분변할변　16(金) 餠관금병　16(水) 潽끓을보(실15획)　19(火) 輹복토복

19(火) 輻바퀴살복　16(火) 憤성낼분(실15획)　17(木) 奮떨칠분　19(火) 憊고달플비　18(火) 頻자주빈

18(火) 儐인도할빈　19(火) 憑기댈빙　20(木) 篩체사　16(木) 蓑도롱이사(실14획)　16(木) 蒜달래산(실14획)

18(木) 撒뿌릴살(실15획)　15(水) 澁떫을삽(실15획)　19(木) 橡상수리나무상　20(金) 諝슬기서　19(金) 錫주석석

18(水) 潟갯펄석(실15획)　16(木) 蓆자리석(실14획)　18(金) 璇아름다운옥선(실15획)　17(金) 敾글잘쓸선

19(金) 醒깰성　18(火) 燒사를소　16(木) 篠조릿대소　18(木) 穌긁어모을소　18(木) 蓀향풀이름손(실14획)

⑯

18(木) 蒐꼭두서니수(실14획) 18(木) 樹나무수 16(土) 逐이룰수(실13획) 21(火) 輸나눌수

14(木) 蓨수산수(실14획) 20(木) 橚나무줄지어설숙 19(水) 潚빠를숙(실15획) 19(木) 橓무궁화나무순

19(金) 錞악기이름순 16(木) 蒔모종낼시(실14획) 17(木) 蓍시초시(실14획) 21(金) 諡시호시

18(土) 諟이시.살필체 19(金) 諶참심 19(水) 餓주릴아 19(土) 鄂땅이름악(실12획) 21(金) 諤아뢸알

21(木) 閼가로막을알 20(火) 鴨오리압 20(火) 鴦원앙앙 19(水) 緤목맬액 22(木) 蒻부들약(실14획) 20(木) 禦막을어

17(金) 諺상말언 17(土) 業높고험할업 18(水) 餘남을여 17(木) 燃사를연 19(火) 燕제비연 22(木) 閻이문염

16(火) 燁빛날엽 17(火) 曄빛날엽 19(木) 穎이삭영 24(土) 贏넘칠영 22(木) 豫미리예 19(火) 叡밝을예

20(水) 霓무지개예 19(木) 隷붙을예(례) 19(木) 橤꽃술예(례) 17(土) 墺물가오 20(木) 縕헌솜온

18(土) 甕마을옹 22(金) 錏저울바탕원.완 18(木) 橈꺾일요(뇨) 16(木) 蓉연꽃용(실14획)

17(土) 遇만날우(실13획) 16(土) 運운전운(실13획) 17(水) 澐큰물결일운(실15획)

19(金) 暉넉넉할운 18(木) 橒나무무늬운 18(木) 篔왕대운(簣)대이름운(실18획) 24(火) 鴛원앙원

20(金) 謂이를위틀위 17(土) 違어길위(실13획) 20 21(火) 衛(衞)지킬위 18(金) 諛아첨할유

18(土)　　19(火)　21(金)　20(土)　18(土)
遊놀유(실13획) 儒선비유 諭께우칠유 踩밝을유 逾넘을유(실13획)

18(水)18(水)　　　23(火)　21(水)　18(火)
潤(閏)젖을윤(門15획) 燏빛날율 融화할융 隱남에게기댈은

15(土)　　20(水)　17(金)　　16(水)
陰그늘음(실11획) 凝엉길응 璴사람이름인(실15획) 潏물흐른모양열(실14획)

19(金)　22(水)　　　21(水)16(水)
誮물을자 潺물흐르는소리잔(실15획) 潛(潜)자맥질할잠(실15획)

16(金)　　　19(木)　18(金)　　17(木)　18(金)　20(金)
璋반쪽홀장(실15획) 縡일재 錚쇳소리쟁 積쌓을적 錢돈전 戰싸울전

18(水)　　19(水)　17(金)　　19 18(木)　　20(金)
霑젖을점 鮎메기점 整가지런할정 靜(静)고요할정 諄조정할정

17(金)　　　18(金)　21(金)　　20(土)　19(金)
錠제기이름정 諸모들제 劑약지을제 蹄굽제 醍맑은술제

18(水)　　19(火)　15(金)　　18(土)
潮조수조(실15획) 雕독수리조 璁패옥소리종(실15획) 踵발굼치종

17(土)　　15(土)　17(水)　　17(火)
遒다가설주(실13획) (酒)(실11획) 澍모단비주(실15획) 輳모일주

20(木)　21(木)　17(火)　　18(火)
雋준걸준 樽술통준 蒸찔증(실14획) 憎미워할증(실15획)

14(土)　　22(木)　21(木)　17(土)　14(木)
陳묵을진(실11획) 縝삼실진 縉꽂을진 臻이를진 蓁우거질진(실14획)

15　15(水)　　　18(火)　17(水)　　17(金)
濈(濈)샘솟을집(실15획) 輯모을집 澄맑을징(실15획) 錯섞일착

⑯

22(木) 　　　20(水) 　　　18(木) 　　　16(木) 　　　20(木)
撰지을찬(실15획) 餐먹을찬 篡빼앗을찬 蒼푸를창(실14획) 艙선창창

18(水) 　　　19(木) 　　　18(金) 　　　20(金) 　　　16(木)
澈물맑을철(실15획) 撤거둘철(실15획) 諜염탐할첩 諦살필체 樵땔나무초

15(火) 　　　18(木) 　　　16(金) 　　　16(金) 　　　19(木)
憔수척할초16(실15) 撮취할촬(실15획) 錐송곳추 錘저울추 築쌓을축

17(木) 　　　18(金) 　　　18(火) 　　　19(木) 　　　19(火)
蓄쌓을축(실14획) 賰넉넉할춘 熾성할치 緻밸치 親친할친

18(火) 　　　19(木) 　　　19(水)
憚꺼릴탄(실15획) 撐버팀목탱(실15획) 腿넙적다리퇴(실14획)

18(木) 　　　18(火) 　　　23(木) 　　　17(木) 　　　18(金)
褪바랠퇴(실15획) 頹무너질퇴 罷방면할파 播뿌릴파(실15획) 辦힘쓸판

16(水) 　　　17(土) 　　　19(土)
澎물결부딪치는기세팽(실15획) 遍두루편(실13획) 嬖사랑할폐

16(木) 　　　23(水) 　　　19(火) 　　　19(木) 　　　20(金)
蒲부들포(실14획) 鮑절인어물포 輻바퀴살통폭 瓢박표 諷욀풍

16(土) 　　　17(土) 　　　20(水)11(水) 　　　20(金)
逼닥칠핍(실13획) 遐멀하(실13획) 學(学(실8획)) 배울학 謔희롱거릴학

21(火) 　　　18(水) 　　　16(土) 　　　19(火)
翰날개한 澖넓을한(실15획) 陷빠질함(실11획) 轞놀수레서로괴할헌

21(金) 　　　19(火) 　　　21(金) 　　　19(火) 　　　20(木) 　　　17(火) 　　　19(火)
諧화할해 駭놀랄해 骸뼈해 憲법헌 縣고을현 頰빰협 衡저울대형

18(水) 　　　17(火) 　　　17(水) 　　　22(木) 　　　18(木)
螢반디형 憓사랑할혜(실15획) 澔넓을호(실15획) 縞명주호 蒿쑥호(실14획)

278 | 아호연구

16(木) 19(水) 16(木) 15(土)
樺자작나무화 豁뚫린골활 潢웅덩이황(실15획) 遑허둥거릴황(실13획)

17(木) 19(火) 19(火)16(火) 18(火) 20(金)
橫가로힁 曉새벽효 勳(勛)(실12획) 勲(실15획))공훈 諱꺼리길휘

20(金) 18(火) 18(火) 17(火) 18(木)
戲희롱희 熹성할희 熺성할희 憘기쁠희(실15획) 橲나무아름희

19(水) 20(土) 19(火) 19(火)
噫탄식할희 羲숨쉬희 憙기뻐할희 曦몸씨더울희(19)

十七劃 〈金〉

21(火) 21(水) 22(金) 20(土) 18(木) 19(火)
懇정성간 癎간기간 磵시내간 艱어려울간 瞰볼감 憾한할감(실16획)

20(金) 19(木) 19(木) 20(木) 20(金)
講외힐강 橿나무이름강 糠겨강 據의거할거(실16획) 鍵열쇠건

19(土) 19(木) 24(木) 19(水) 20(木)
蹇절건 檢봉합검 擊부딪칠격 激물결부딪쳐흐를격(실16획) 檄격문격

18(土) 19(金) 19(金) 21(木)
遣보낼견(실14획) 謙겸손할겸 璟옥광채날경(실16획) 擎들경

20(木)20(木) 18(土) 20(水) 21(金) 19(火)
檠(檄)도지개경 階섬돌계(실12획) 谿시내계 鍋노구솥과 顆낟알과

21(水) 21(金) 21(水) 19(水) 20(金) 20(金)
館객사관 矯바로잡을교 膠아교교(실15획) 鮫상어교 購살구 鞠공국

21(火) 勲은근할근 20(木) 擒사로잡을금(실16획) 20(木) 檎능금금 22(金) 璂구슬기(실16획) 23(金) 磯물가기

18(水) 濃짙을농(롱)(실16획) 20(木) 檀박달나무단 21(金) 鍛쇠불릴단 21(木) 擔멜담(실16획)

20(火) 憺편안할담(실16획) 20(水) 澹담박할담(실16획) 18(木) 撻매질할달(실16획)

17(水) 澾미끄러울달(실16획) 16(土) 遝뒤섞일답(실14획) 20(水) 螳사마귀당 16(土) 隊대대(실12획)

19(水) 黛눈썹먹대 18(金) 鍍도금할도 19(土) 賭밝을도 21(土) 獨홀로독(실16획) 19(木) 瞳눈동자동

20(金) 謄베낄등 21(水) 螺소라라(나) 22(土) 勱힘쓸려(여) 17(木) 蓮연밥련(연)(실15획) 23(火) 聯잇달련(연)

18(金) 鍊불릴련(연) 17(水) 濂내이름렴(염)(실16획) 19(金) 斂거둘렴(염) 20(水) 殮염할렴(염)

21(土) 嶺재령(영) 19(水) 澪맑을령,영(실16획) 18(水) 澧강이름례(에)(실16획) 19(水) 潞강이름로(노)(실16획)

22(木) 擄사로잡을로(노)(실16획) 18(水) 濃짙을롱(농)(실16획) 20(火) 儡영락할뢰(뇌)

19(水) 療병고칠료(뇨) 19(木) 蓼여뀌료(요)(실15획) 20(木) 瞭밝을료(요) 22(木) 縷실루(누)

18(木) 蔞쑥루(누)(실15획) 20(木) 樓남루할누(루)(실16획) 15(土) 隆클륭(융)(실12획)

17(木) 罹근심리(이)(실16획) 18(金) 璘옥빛린(인)(실16획) 22(土) 麟기린린 18(木) 撛구원할린(실16획)

⑰

22(火) 臨 임할림(임)　18(水) 膜 막막(실15획)　18(木) 蔓 덩쿨만(실15획)　18(金) 錨 닻묘　21(火) 懋 힘쓸무

23(木) 繆 얽을무　23 14(金) 彌(弥(실8획)) 두루미　19(金) 謎 수수께끼미　20(金) 謐 고요할밀

16(金) 璞 옥돌박(실16획)　19(金) 磻 강이름반　21(金) 謗 헐뜯을방　22(木) 繁 많을번　19(金) 磻 강이름번(반)

18(水) 豳 나라이름빈.반　20(木) 擘 엄지손가락벽　19(木) 檗 황백나무벽　20(木) 瞥 언뜻볼별　18(水) 餅 떡병

19(金) 鍑 솥복　19(木) 葍 무우복(실15획)　17(木) 蓬 쑥봉(실15획)　21(木) 縫 꿰맬봉　20(水) 膚 살갗부(실15획)

20(金) 賻 부의부　18(木) 糞 똥분　24(木) 繃 묶을봉　20(土) 嬪 아내빈　23(火) 騁 달릴빙　21(金) 謝 사례할사

18(木) 蔘 인삼삼(실15획)　19(水) 霜 서리상　20(火) 償 갚을상　19(金) 賽 굿할새　20(土) 嶼 섬서　19(水) 鮮 고울선

20(木) 禪 봉선선　20(木) 褻 더러울설　20(木) 薛 향풀설(실15획)　19(火) 燮 빛날섭　22(火) 聲 소리성

18(土) 遡 거슬러올라갈소(실14획)　19(木) 蔬 푸성귀소(실15획)　22(金) 謖 일어날속

19(土) 遜 겸손할손(실14획)　16(土) 隋 수나라수(실12획)　19(火) 雖 비록수　19(火) 燧 부싯돌수

19(목)17(木) 穗(穗(실15획)) 이삭수　17(水) 濉 물이름수(실16)　17(木) 蓴 순채순(실15획)

21(木) 瞬 눈깜직일순　18(水) 膝 무릎슬(실15획)　22(木) 褶 주름습(실16획)　20(土) 嶽 큰산악　21(金) 鍔 칼날악

21(水) 鮟아귀안　21(土) 癌암암　21(木) 闇닫힌문암　20(土) 壓누를압　21(火) 曖가릴애　17(土) 陽볕양(실12획)

20(木) 襄도울양　18(火) 憶생각억(실16획)　19(木) 檍감탕나무억　19(火) 輿수레여　21(木) 縯길연

20(火) 營경영할영　18(金) 鍈방울소리영　20(土) 嬰갓난아이영　19(土) 嶸가파를영　19(水) 霙진눈깨비영

18(水) 濊깊을예(실16획)　19(木) 藝심을예(실15획)　18(火) 懊손답답할오.더울욱.우

19(木) 擁안을옹(실16획)　20(金) 謠노래요　17(土) 遙멀요(실14획)　21(木) 鯀역사요　17(火) 聳솟을용

17(土) 隅모퉁이우(실12획)　21(火) 優녀녁할우　18(木) 蔚풀이름울(실15획)　16(土) 遠멀원(실14획)

20(火) 轅끌채원　22(水) 孺젖먹이유　21(金) 鍮놋쇠유　20(木) 檃도지개은　19(木) 蔭그늘음(실15획)

18(火) 應응할응　22(火) 翼날개익　19(金) 謚웃을익(시)　15(木) 蔗사탕수수자(실15획)

20(土)18(土) 牆(墻)(실16획)담장　18(木) 蔣줄장(실15획)　19(木) 檣돛대장　20(土) 齋집재　20(木) 績짐쌈적

22(木) 氈모전전　21(水) 澱앙금전(실16획)　20(火) 輾구를전　20(水) 餞전별할전　19(水) 點점점

19(火) 爭頁아름다울정　18(木) 檉위성류정　20(木) 操잡을조(실16획)　20(火) 燥마를조　19(木) 糟전국조

19(木) 簇조릿대족　19(木) 縱놀종　18(金) 鍾쇠북종　23(火) 駿준마준　21(土) 噂기뻐할준　17(金) 璡옥돌진(실16획)

⑰

18(木) 21(水) 18(土) 19(火)
蔯더위지기기진(실15획) 膣새살돋을질(실15획) 蹉넘어질차 燦빛날찬

18(水) 17(木) 20(木)
澯맑을찬(실16획) 蔡거북채(실15획) 擅멋대로천(실16획)

20(土) 18(金) 21(火) 22(木)
遞갈마들체(실14획) 礁물에잠긴바위초 燭촛불촉 總거느릴총

20(火)16(火) 18(木) 23(金) 21(土)
聰(聡)(실14획)귀밝을총 蔥파총(실15획) 醜추할추 鄒나라이름추(실13획)

23(土) 21(木) 20(水) 18(木) 19(金) 20(水)
趨달릴추 縮다스릴축 黜물리칠출 穉어릴치 鍼침침 蟄숨을칩

20(水) 17(水) 18(木) 21(水) 20(土)
濁흐릴탁(실16획) 澤못택(실16획) 擇가릴택(실16획) 霞놀하 壑골학

21(金) 17(水) 20(土) 20(火) 21(火)
韓나라이름한 澣빨한(실16획) 菡높을한 轄비녀장할 懈게으름해(실16획)

20(土) 20(土) 20(土) 19(火)
鄕시골향(실13획) 蹊지름질혜 壕해자호 鴻큰기러기홍(실16획)

21(水)21(水) 17(金) 15(土) 19(木)
闊(濶)트일활 璜서옥황(실16획) 隍해자황(실12획) 檜노송나무회

18(水) 19(土) 22(水) 18(土)
澮봇도랑회(실16획) 獪교활할회(실16획) 嚆울릴효 熏질나팔훈

22(火) 20(火) 22(木) 19(木) 19(火)
燬불훼 徽아를다울휘 虧이지러질휴 禧복희 犧불희

⑱

十八劃 〈金〉

22(木)　　23(金)　　24(木)　　　　20(金)　　21(木)　21(木)
簡대쪽간 鞨말갈갈 彊포대기강(실17획) 鎧갑옷개 擧들거 瞼눈꺼풀겸

19(土)　　　　24(火)　19(金)　20(金)　　　22(火)
隔사이뜰격(실13획) 鵑두견견 鎌낫겸 璟경옥경(실17획) 鵠고니곡

19(土)　　20(木)　　　24(火)　　19(土)　24(水)　23(金)
壙광중광 蕎매밀교(실16획) 翹꼬리깃털교 舊예구 軀몸구 謳노래구

20(木)　22(金)　　18(木)　　　23(木)　21(木)　24(土)
瞿볼구 鞫국문할국 蕨고사리궐(실16획) 闕대궐궐 櫃함궤 歸돌아갈귀

23(水)　17(土)　　20(金)　　22(火)　22(火)　20(火)
竅구멍규 隙틈극(실13획) 謹삼갈근 覲뵐근 騎말탈기 騏말총이기

23(木)　20(火)　　　22(土)　　　　20(水)
機갈기 懦나약할나(실17획) 獰모질녕(영)(실17획) 膩미끄러울니.실찔니(실16획)

19(水)　　27(金)　　21(木)　　19(木)　　　21(木)
瀾넘칠니.미(실17획) 斷끊을단 簞대광주리단 薝지모담(실16획) 擡들대(실17획)

20(金)　20(水)　　　21(火)　22(木)　19(土)
戴일대 濤큰물결도(실17획) 燾비출도 櫂노도 遯달아날둔(돈)(실15획)

19(水)　　　　20(水)　　　22(木)　　20(木)
朣달빛훤허치밀동((실16획) 濫퍼질람(실17획) 擥걷어잡을람 糧양식량(양)

20(木)　　21(土)　23(金)　　　19(土)　　　21(水)
禮예도례(예) 壘진루루 謬그릇될류(유) 釐다스릴리(이) 鯉잉어리(이)

20(水)　　　16(木)　　　　23(火)　　23(火)
朦풍부할몽(실16획) 蕪거칠어질무(실16획) 鵡앵무새무 顒강할민

20(水) 蟠서릴반 17(木) 蕃우거질번(실16획) 20(金) 璧둥근옥벽 20(水) 癖적취벽 20(木) 徹틸별

20(火) 駢나란히할병 21(木) 馥향기복 21(金) 覆뒤집힐복 19(土) 鄙더러울비(실14획)

19(水) 濱물가빈(실17획) 20(木) 檳빈랑나무빈 21(水) 殯염할빈 21(金) 贇예쁠윤.빈 24(木) 觴잔상

20(木) 穡거둘색 19(火) 雙쌍쌍 21(火) 曙새벽서 19(水) 膳반찬선(실16획) 21(木) 繕기울선

22(水) 蟬매미선 22(木) 簫통소소 20(木) 蕭맑은대쑥소(실16획) 22 19(金) 鎖鎖쇠사슬쇄

24(木) 繡수놓을수 20(金) 璲패옥수(실17획) 19(木) 舜무궁화순(실16획) 18(金) 瑟푸른구슬슬(실17획)

22(水) 濕축축할습(실17획) 20(火) 燼깜북이불신 23(火) 鵝거위아 24(火) 顎얼굴높을악 19(火) 顔얼굴안

16(土) 隘좁을애(실13획) 22(火) 額이마액 21(火) 歟어조사여 18(水) 濚물돌아나갈영(실17획)

20(木) 穢더러울예 19(木) 蕊꽃술예 23(土) 蕊꽃술예(실16획) 甕독옹 23(火) 曜빛날요 22(火) 燿빛날요

22(木) 繞두를요 21(水) 嶢요충요 20(金) 鎔녹일용 18(木) 蕓평지운(실16획) 17(土) 隕떨어질운(실13획)

23(火) 魏위나라위 20(木) 蔿애기풀위(실16획) 20(水) 濡젖을유(실17획) 23(水) 癒병나을유

22(火) 曘햇빛유 21(金) 贇예쁠윤(빈) 19(水) 濦예강이른은(실17획) 20(木) 檼마룻대은

22(木)　　　22(火)　　21(金)　　24(木)　　18(火)　　23(金)
擬헤아릴의(실17획)舜떳떳할이爵벼슬작簪비녀잠雜섞일잡醬장장

20(火)　　19(土)　　20(土)　　22(金)　　21(火)　　20(火)
儲쌓을저適갈적(실15획)蹟자취적謫귀양갈적轉구를전題표제제

20(水)　　18(土)　　20(金)　　　　21(火)
濟건널제(실17획)遭만날조(실5획)璪면류관드림옥조(실17획)燽밝을주

19(水)　　23(木)　21(金)　22(木)　20(火)　22(金)
濬깊을준(실17획)繒비단증贄폐백지織짤직職직업직鎭진압진

16(土)　　19(金)　　24(水)　　22(木)
遮막을차(실15획)璨빛날찬(실17획)竄숨을찬擦비빌찰(실17획)

19(土)　22(木)　20(金)　16(木)　　19(水)　24(火)
蹠밟을척瞻볼첨礎주추돌초蕉파초초(실16획)叢모일총雛새끼추

21(金)　　21(土)　　21(水)　18(水)　　　　21(金)
鎚쇠망치추蹙대지를축蟲벌레충膵췌장췌(실16획)贅혹췌

21(水)　　22(木)　　19(木)
濯씻을탁(실17획)擢뽑을탁(실17획)蕩쓸어버릴탕(실16획)

23(木)　　　　19(水)　　　20(金)　18(木)
闖말이문을나오는모양틈膨부풀팽(실16획)鞭채찍편蔽덮을폐(실16획)

23(金)　19(木)　21(木)　23(木)　20(火)　19(金)
斃죽을폐豐풍년풍檻우리함闔문짝합爀붉을혁鎣줄형

18(木)　　　20(水)　　　22(金)　18(水)
蕙혜초혜(실16획)濠해자호(실17획)鎬호경호濩퍼질호(실17획)

20(金)　　　19(木)　19(土)　　　19(火)
環고리환(실17획)簧생황황獲얻을획(실17획)燻연기낄훈

十九劃 <水>

25(土)　19(木)　　　19(土)　24(木)　23(水)　22(金)
彊 지경강　薑 생강강(실17획)　羹 국갱　繭 고치견　鯨 고래경　鏡 거울경

23(火)　27(木)　25(水)　27(木)　21(火)　21(土)
鶊 꾀꼬리경　繫 맬계　鯤 곤어곤　關 빗장관　曠 밝을광　壞 무너질괴

24(金)　22(木)　22(土)　20(木)　　　23(土)　25(金)
轎 가마교　麴 누룩국　蹶 넘어질궐　襟 옷깃금(실18획)　麒 기린기　檖 나무랄기

20(火)　21(水)　　　20(土)　　　23(水)
難 어려울난　膿 고름농(실17획)　鄲 조나라서울단(실15획)　膽 쓸개담(실17획)

22(金)　22(木)　23(金)　21(水)　　　22(木)　21(土)
譚 이야기담　禱 빌도　韜 감출도　瀆 도랑독(실18획)　牘 편지독　犢 송아지독

24(水)　　　19(土)　　　26(火)　25(土)
臀 볼기둔(실17획)　鄧 나라이름등(실15획)　覵 자세할란　麗 고울려(여)

23(木)　24(木)　23(水)　　　20(木)
廬 오두막집려(여)　櫚 종려나무려(여)　濾 거를려(여)(실18획)　簾 발렴(염)

26(土)　22(木)　24(水)　25(土)
獵 사냥렵(엽)(실18획)　櫓 방패로(노)　嚧 웃을로(노)　壟 언덕롱(농)

23(土)　19(土)　　　22(金)　20(火)
麓 산기슭록(녹)　遼 멀료(실16획)　鏤 새길루　類 무리류(유)

22(水)　　　22(火)　26(土)　21(金)　25(木)
瀏 맑을류(유)(실18획)　離 떠날리　贏 여월리(이)　鏋 금만리　鳴 초명명

25(水)　20(木)　　　21(水)　19(木)
霧 안개무　薇 고사리미(실17획)　靡 쓰러질미　薄 엷을박(실17획)

20(木) 攀더위잡을반　30(金) 醱술괼발　25(土) 龐클방　21(金) 譜계보보　21(木) 簿장부부　26(火) 鵬붕새붕

21(水) 臂팔비(실17획)　20(金) 璸구슬이름빈(실18획)　21(木) 穦향기빈　22(木) 顰찡그릴빈

20(水) 髟옥광채빈　24(金) 辭말씀사　22(水) 瀉쏟을사(실18획)　20(金) 璽도장새　23(土) 選가릴선(실16획)

20(金) 璿아름다운옥선(실18획)　19(木) 薛맑은대쑥설(실17획)　18(火) 暹해돋을섬(실16획)

23(水) 蟾두꺼비섬　23(水) 霄하늘소　23(土) 獸짐승수　22(火) 垂鳥솔개수　22(金) 璹옥그릇숙(실18획)

25(木) 繩줄승　24(水) 蠅파리승　22(金) 識알식(지)　17(木) 薪섶나무신(실17획)　20(金) 璶옥돌신(실18획)

20(水) 瀋즙심(실18획)　20(水) 瀁내이름양(실18획)　21(水) 臆가슴억(실17획)　24(水) 孼서자얼

20(金) 璵옥여(실18획)　22(金) 礜돌이름여　22(木) 繹풀어낼역　23(水) 嚥삼킬연　21(金) 瑓옥돌연(실18획)

24(土) 嬿아름다울연　25(金) 藝아름다울예　23(木) 擾어지러울요(실18획)　22(金) 鏞종용　22(金) 韻운운　22(火) 願원할원

19(土) 遺끼칠유(실16획)　19(木) 薏율무의(실17획)　22(水) 蟻개미의　23(火) 鵲까치작

17(土) 障가로막을장(실14획)　19(木) 薔장미장(실17획)　22(金) 鏑살촉적　24(火) 顚꼭대기전

19(土) 鄭나라정(실15획)　19(土) 際사이제(실14획)　24(木) 繰아청통견조　21(金) 鏃살촉족　23(土) 疇밭두둑주

21(土) 遵 좇을준(실16획)　22(木) 櫛 빗즐,보낼즐　22(金) 證 증거증　18(土) 遲 늦을지(실16획)　22(金) 識 표할지

21(火) 懲 혼날징　23(金)16(金) 贊(賛)(실15획) 도울찬　23(木) 擲 던질척(실18획)　20(木) 薦 천거할천(실17획)

21(土) 遷 옮길천(실16획)　23(火) 轍 바퀴자국철　21(木) 簽 농첨　23(水) 鯖 청어청　21(金) 醮 초례초　26(木) 寵 괼총

24(土) 蹴 찰축　23(水) 癡 어리석을치　23(木) 擄 펼터(실18획)　27(木) 擺 열릴파(실18획)　20(木) 瓣 외씨판

23(金) 覇 으뜸패　24(火) 騙 속일편　21(火) 爆 터질폭　22(火) 曝 쪌폭　20(木) 瀑 폭포폭(실18획)　25(水) 蟹 게해

29(水) 嚮 향할향　19(水) 瀅 맑을형(실18획)　25(金) 醯 초혜　22(金) 譓 슬기로울혜　20(金) 譁 시끄러울화

20(木) 穫 벼벨확　20(木) 擴 넓힐확(실18획)　23 15(木) 繪(絵)(실12획) 그림회

21(水) 膾 회회(실17획)　22(木) 薨 죽을훙(실17획)　27(金) 譎 속일휼

二十劃 <水>

25(火) 覺 깨달을각　25(金) 釀 추렴할갹　21(土) 遽 갑자기거(실17획)　23(火) 騫 어지러질건

23(金) 瓊 경옥경(실19획)　24(金) 警 경계할경　30(木) 繼 이을계　22(木) 藁 짚고(실18획)　24(土) 勸 권할권

⑳

22(水)　25(水)　27(土)　24(土)　　　23(水)
饉흉년들근　競군셀궁　慶조심할기　獺수달달(실19획)　黨무리당

25(水)　24(火)　22(木)　　23(火)
竇구명두　騰오를등　羅비단라(실19획)　懶게으를라(실19획)

21(木)　　23(木)　　23(木)　　　24(金)
藍쪽람(남)(실18획)　籃바구니람(남)(실19획)　襤누더기람(남)(실19획)　礪숫돌려(여)

19(水)　　26(金)　　23(金)　24(金)
瀝거를력(역)(실19획)　礫조약돌력(역)　齡나이령(영)　醴단술례(예)

24(水)　24(火)　23(水)　　25(水)
露이슬로(노)　爐화로로(노)　瀘강이름로노)(실19획)　瀧비올롱(농)(실19획)

23(水)　　19(土)　　22(金)　24(水)
瀨여울뢰(뇌)(실19획)　隣鄰이웃린(인)(실15획)　鏻군셀린　饅만두만

22(木)　　22(木)　26(火)　21(金)　23(金)9(金)
襪버선말(실19획)　麵밀가루면　鶩집올목　攀명반반　寶(宝(실8획))보배보

24(水)　23(金)　21(水)　　24(木)
鰒전복복　譬비비할비　瀕물가빈(실19획)　繽어지러울빈(성한모양)

23(水)　　20(木)　　23(土)　20(木)
霰싸라기눈산　薩보살살(실18획)　孀과부상　薯참마서(실18획)

20(木)　　21(火)　21(金)　25(金)　24(火)
藇아름다울서(실18획)　釋풀석　鐥복자선　贍넉넉할섬　騷떠들소

23(水)　　20(木)　　27(水)　23(土)
瀟강이름소(실19획)　藎조개풀신(실18획)　鰐악어악　罌양병앵

24(土)　23(土)　22(火)　22(金)　25(火)
孃계집애양　壤흙양　嚴엄할엄　譯번역할역　曣청명할연

290 ㅣ아호연구

27(水) 瀛바다영(실19획)　21(土) 邀멀요(실17획)　25(火) 耀빛날요　19(木) 藉깰개자(실18획)

22(木) 藏감출장(실18획)　22(土) 蹰머뭇거릴저　22(金) 齟어긋날저　21(木) 籍서적적　23(水) 癤부스럼절

23(水) 瀞맑을정(실19획)　23(水) 臍배꼽제(실18획)　21(木) 薺냉이제(실18획)　24(土) 躁성급할조

21(金) 鐘종종　23(木) 籌투호살주　20(金) 瓆사람이름질(실19획)　20(金) 鐼판금집　23(木) 纂모을찬

26(木) 闡열천　27(木) 觸닿을촉　28(火) 騶말먹이는사람추　22(水) 鰍미꾸라지추　23(金) 鬪싸움투

25(木) 飄회오리바람표　20(土) 避피할피(실17획)　25(水) 鰕새우하　24(水) 瀚넓고큰모양한(실19획)

25(木) 艦싸움배함　23(水) 鹹짤함　21(水) 瀣이슬기운해(실19획)　23(土) 邂만날해(실17획)

25(土) 麝사향사슴향　23(木) 櫶나무이름헌　26(土) 獻바칠헌　25(火) 懸매달현20　24(金) 譞영리할현

26(木) 馨향기형　23(金) 鏸날카로울혜　20(土) 還돌아올환(실17획)　21(火) 懷품을회(실19획)

21(金) 鐄종횡　25(金) 斅가르칠효　19(木) 薰향풀훈(실18획)　25(火) 曦햇빛희　24(土) 犧희생희

24(火) 爔불희20

二十一劃 〈木〉

26(金) 　26(火) 　23(火) 　24(火) 　27(火) 24(水) 　27(水)
譴꾸짖을견 鷄닭계 顧돌아볼고 轟울릴굉 驅몰구 饋먹일궤 饑주릴기

22(火) 　24(金) 　22(木) 　25(水)
儺역귀쫓을나 鐺쇠사슬당 藤등나무등(실19획) 顂약물중독라(원음뢰)

25(火) 　25(木) 　24(水) 　27(火)
爛문드러질란(난) 欄난간란(난) 瀾물결란(난)(실20획) 覽볼람(남)

28(水) 　29(水) 　27(火) 　22(木)
臘납향랍(납)(실19획) 蠟밀랍(납) 儷짝려(여) 藜나라이름려(여)(실19획)

25(水) 　26(金) 　28(火) 　23(土)
蠣굴려(여) 瓏옥소리롱(농)(실20획) 魔마귀마 邈멀막(실18획)

21(土) 　24(火) 　26(火)23(火) 　20(木)
邁갈매(실18획) 驀말탈맥 飜(翻)(실18획))뒤칠번 藩덮을번(실19획)

26(木) 24(水) 　22(金) 　28(土) 　23(水) 　24(金)
闢열벽 霹벼락벽 辯말잘할변 麝사향노루사 饍반찬선 齧물설

23(水) 　26(木) 　26(木) 　21(土) 　22(木)
殲다죽일섬 續이을속 屬여을속 隨따를수(실16획) 藪늪수(실19획)

22(土) 　21(土) 　25(火) 　24(木)
邃깊을수(실18획) 隧길수(실16획) 鶯꾀꼬리앵 櫻앵두나무앵

24(木) 　26(土) 　24(木) 　24(火)
藥약약(실19획) 躍뛸약 攘물리칠양(실20획) 𤱶수레여

23(水) 澄물졸졸흐를영(실20획) 24(火) 憕지킬영(실20획) 24(木) 藝재주예(실19획)

24(金) 譽기릴예 24(水) 饒녀넉할요 22(木) 藕연뿌리우21(실19획) 25(水) 瀷강이름익21(실20획)

25(水) 嚼씹을작 26(金) 臟장물장 25(土) 齎가져올재 25(木) 纏얽힐전 24(金) 鐫새길전 25(土) 躊머뭇거릴주

24(水) 蠢꿈틀거릴준 28(水) 饌반찬찬 25(火)17(火) 儹(儹)모일찬 21(火) 懺뉘우칠참(실20획)

23(金) 鐵쇠철 22(金) 鐸방울탁 25(火) 驃표절따표 24(木) 飂회리바람표 25(火) 鶴학학

20(土) 險험할험(실16획) 23(金) 護보호할호 25(火) 顥클호 24(金) 鐶고리환 24(水) 鯇홀아비환

二十二劃 〈木〉

25(金)25(金) 鑑(鑒)거울감 29(土) 龕감실감 26(水) 鱇아귀강 21(木) 藿콩잎곽(실20획) 23(水) 灌물델관(실21획)

28(火) 驕교만할교 23(火) 懼두려워할구(실21획) 29(火) 鷗갈매기구 24(木) 權권세권 27(水) 囊주머니낭

26(金) 讀글읽을독.귀절두,토두 25(金) 瓓옥광채란(난)(실21획) 28(火) 轢삐걱거릴력(역)

28(土) 變아름다울련(연) 24(木) 蘆갈대로(노)(실20획) 28(木) 籠대그릇롱(농) 28(水) 朧흐릿할롱(농)(실20획)

28(火) 聾 귀머거리롱(농)　23(木) 蘭 골풀린(실20획)　28(土) 變 뫼만　31(火) 彎 굽을만　27(水) 鰻 뱀장어만

25(土) 邊 가변(실19획)　24(金) 鑌 강철빈.광낼빈　24(水) 癬 옴선　22(木) 攝 당길섭(실21획)

22(木) 蘇 차조기소(실20획)　25(金) 贖 속바칠속　24(火) 鬚 수염수　29(木) 襲 엄습할습　25(水) 禳 제사이름양

25(木) 穰 볏대양　25(金) 齬 어긋날어　24(火) 儼 의젓할엄　24(金) 瓔 구슬목거리영(실21획)

23(木) 蘂 꽃술예(실20획)　26(水) 鰲 자라오　24(木) 蘊 쌓을온(실20획)　26(水) 饔 아침밥옹

21(火土) 隱 숨을은(실17획)　24(木) 曘 정하고볼응　26(火) 懿 아름다울의　22(土) 邇 가까울이(실19획)

26(木) 欌 장롱장　22(木) 藷 사탕수수저(실20획)　26(火) 顫 떨릴전　28(水) 竊 훔칠절　26(水) 霽 갤제

23(木) 藻 말조(실20획)　25(金) 鑄 쇠부어만들주　24(金) 齪 악착할착　27(土) 巑 높히솟을찬

27(土) 疊 겹쳐질첩　24(火) 聽 들을청　29(金) 響 울릴향　30(水) 饗 잔치할향　22(火) 瀅 물이름형(실21획)

25(金) 譓 슬기로울혜　25(金) 歡 기뻐할환　26(火) 曉 날랠효　23(金) 鑂 금빛투색할훈　26(水) 囍 쌍희희

二十三劃 〈火〉

28(火) 驚놀랄경　27(水) 蠱좀고　24(金) 瓘옥이름관(실22획)　24(金) 鑛쇳돌광　25(木) 蘭난초난(란)(실21획)

28(木) 欒나무이름란(난)　29(火) 戀사모할련(연)　29(木) 攣걸릴련(연)　29(火) 鷺해오라기로(노)

29(土) 麟기린린(인)　27(火水) 鱗비늘린(인)　25(水) 黴곰팡이미　23(木) 蘗황경나무벽(실21획)

29(金) 變변할변　27(水) 鱉자라별　23(木) 蘚이끼선(실21획)　26(木) 纖가늘섬　28(水) 灑뿌릴쇄(실22획)

30(金) 髓골수수　24(金) 讎원수수　26(土) 巖바위암　23(木) 蘖그루터기얼(실21획)　26(火) 驛역참역

29(金) 醼잔치연　28(木) 纓갓끈영　30(水) 癰악창옹　25(木) 蘟은총은(실21)　27(木) 攢모일찬(실22)

24(木) 籤제비첨　29(金) 體몸체　30(火) 鷲수리취　23(水) 灘여울탄(실22획)　27(火) 驗징험할험

29(火)20(火) 顯(顕)(실18획))나타날현　25(金) 護구할호　33(火) 鷸도요새휼

二十四劃 〈火〉

27(土) 罐두레박관　29(木) 攪어지러울교(실23획)　27(火) 衢네거리구　28(火) 羈굴레기　25(水) 靂벼락력(역)

28(水) 靈신령령(영)　27(金) 齷악착할악　30(水) 靄아지랑이애　28(金) 讓사양할양　29(金) 釀빚을양

28(水)　30(土)25(土)　　　　29(水)　　32(水)　　28(水)

鹽소금염 艷(艶)(실19획) 고울염 鼇자라오 蠶누에잠 臟오장장(실22획)

29(水)　28(木)　　27(金)　　　　26(金)　　34(金)

癲미칠전 韡관대할차 瓚제기찬(실23획) 讖참서참 讒참소할참

31(金)　30(木)　　30(水)　　27(火)　　27(木)

韆그네천 矗우거질촉 囑부탁할촉 驟달릴취 攫붙잡을확(실23획)

二十五劃 〈土〉

30(火)　32(木)　26(木)　　　　31(木)

觀볼관 蠹독독 蘿무라(나)(실23획) 攬잡을람(남)(실24획)

31(木)　　　28(木)　　　31(水)　　31(水)

欖감람나무람(남) 籬울타리리(이) 蠻오랑캐만 鼈자라별

31(木)　　27(木)　　28(水)

纘이을찬 廳관청청 灝넓을호(실24획)

二十六劃 〈土〉

27(土)　　　　32(火)　　34(水)

邏순행할라(나)(실23획) 驢나귀려(여) 灣물굽이만(실25획)

31(金)24(金)
讚(讃(실22획))기를찬

二十七劃 〈金〉

32(火)　　35(木)　　31(土)　　31(金)
驥천리마기 纜닻줄람(남) 躪짓밟을린(인) 鑽끌찬

二十八劃 〈金〉

32(火)　　34(火)　　33(金)　　32(火)
戇어리석을당 鸚앵무새앵 鑿뚫을착 懽기뻐할환

二十九劃 〈水〉

37(火)　　34(木)
驪가라말려(여) 鬱막힐울

三十劃 ⟨水⟩

38(火)
鸞 난새 란(난)

3. 漢字部首表(한자부수표)

一	丨	丶	丿	乙	亅	二	亠	人	儿	入	八	冂	冖	冫
한일	뚫을곤	점주	삐침	새을	갈고리궐	두이	돼지해머리	사람인	어진사람인발	들입	여덟팔	멀경몸	민갓머리	이수변

几	凵	刀	力	勹	匕	匚	匸	十	卜	卩	厂	厶	又	口
안석궤	위튼입구몸	칼도	힘력	쌀포몸	비수비	튼입구변	감출혜옴	열십	점복	병부절	민음호밑	마늘모	또우	입구밀

囗	土	士	夂	夊	夕	大	女	子	宀	寸	小	尢	尸	屮
큰입구몸	흙토	선비사	뒤져올치	천천히걸을쇠발발	저녁석	큰대	계집녀	아들자	갓머리	마디촌	작을소	절름발이왕	주검시엄	왼손좌

山	巛	工	己	巾	干	幺	广	廴	廾	弋	弓	彐	彡	彳
메산	개미허리	장인공	몸기	수건건	방패간	작을요	음호밑	민책받침	스물입발	주살익	활궁변	튼가로왈	터럭삼	두인변

心	戈	戶	手	支	攴	文	斗	斤	方	无	日	曰	月	木	欠
심방	창과	지게호	손수변	버틸지	등글월문	글월문	말두	날근	모방	없을무	날일	가로왈	달월	나무목	하품흠방

止	歹	殳	毋	比	毛	氏	气	水	火	爪	父	爻	爿	片	牙
그칠지	죽을사변	갖은등글월문	말무	견줄비	터럭모	각시씨	가운기엄	물수	불화	손톱조머리	아비부	점괘효	장수장	조각편	어금니아

牛	犬	玄	玉	瓜	瓦	甘	生	用	田	疋	疒	癶	白	皮	皿	目
소우변	개견	검을현	구슬옥	오이과	기와와	달감	날생	쓸용	밭전	짝필	병질엄	필발머리	흰백	가죽피	그릇명	눈목

矛	矢	石	示	内	禾	穴	立	竹	米	糸	缶	网	羊	羽
창모	화살시	돌석	보일시	짐승발자국유	벼화	구멍혈	설립	대죽머리	쌀미	실사	장군부	그물망	양양	깃우

老	而	耒	耳	聿	肉	臣	自	至	臼	舌	舛	舟	艮	色
늙을로	말이을이	장기뢰	귀이	오직율	고기육	신하신	스스로자	이를지	절구구	혀설	어길천	배주	괘이름간	빛색

艸	虍	虫	血	行	衣	両	見	角	言	谷	豆	豕	豸	貝
초두머리	범호엄	벌레훼	피혈	다닐행	옷의	덮을아	볼견	뿔각	말씀언	골곡	콩두	돼지시	갖은돼지시	조개패

赤	走	足	身	車	辛	辰	辵	邑	酉	釆	里	金	長	門
붉을적	달릴주	발족	몸신	수레거	매울신	별신	책받침	고을읍	닭유	분별할변	마을리	쇠금	길장	문문

阜	隶	隹	雨	靑	非	面	革	韋	韭	音	頁	風	飛	食
언덕부	미칠이	새추	비우	푸를청	아닐비	낯면	가죽혁	가죽위	부추구	소리음	머리혈	바람풍	날비	밥식

首	香	馬	骨	高	髟	鬥	鬯	鬲	鬼	魚	鳥	鹵	鹿	麥
머리수	향기향변	말마	뼈골	높을고	터럭발엄	싸움투	울창주창	솥력	귀신귀	물고기어	새조	소금밭로	사슴록	보리맥

麻	黃	黍	黑	黹	黽	鼎	鼓	鼠	鼻	齊	齒	龍	龜	龠
삼마	누를황	기장서	검을흑	바느질할치	맹꽁이맹	솥정	북고	쥐서	코비	가지런할제	이치	용룡	거북귀	피리약

4. 許容 略・俗字明細(허용 약・속자명세)

鑑(감)-鑒 22	柏(백)-栢 10	榮(영)-栄 09	草(초)-艸 06
岡(강)-崗 11	飜(번)-翻 18	叡(예)-睿 14	總(총)-摠 15
強(강)-强 12	幷(병)-幷 06	鼇(오)-鰲 22	聰(총)-聡 14
個(개)-箇 14	竝(병)-並 08	鎔(용)-熔 14	蟲(충)-虫 06
蓋(개)-盖 11	寶(보)-宝 08	衞(위)-衛 16	沖(충)-冲 06
劍(검)-剣 15	峯(봉)-峰 10	彝(이)-彛 16	癡(치)-痴 13
傑(걸)-杰 08	祕(비)-秘 10	廿(입)-卄 03	漆(칠)-柒 09
杆(간)-桿 11	濱(빈)-浜 11	姊(자)-姉 08	橢(타)-楕 13
攷(고)-考 08	絲(사)-糸 06	潛(잠)-潜 16	豐(풍)-豊 13
館(관)-舘 16	牀(상)-床 07	牆(장)-墻 16	廈(하)-厦 12
廣(광)-広 05	敍(서)-叙 09	莊(장)-庄 06	學(학)-学 08
敎(교)-教 11	棲(서)-栖 10	點(점)-点 09	恆(항)-恒 10
國(국)-国 08	晟(성)-晠 11	靜(정)-静 14	顯(현)-顕 18
亘(긍)-亘 06	脩(수)-修 10	鐘(종)-鍾 17	惠(혜)-恵 10
秊(년)-年 06	壽(수)-寿 07	遒(주)-酒 14	畫(화)-畵 13
拏(나)-拿 10	竪(수)-竖 13	卽(즉)-即 07	闊(활)-濶 18
來(래)-来 07	穗(수)-穂 15	瑨(진)-王晋 15	繪(회)-絵 12
禮(례)-礼 05	實(실)-実 08	眞(진)-真 10	效(효)-効 08
龍(룡)-竜 10	兒(아)-児 07	晉(진)-晋 10	後(후)-后 06
離(리)-离 11	亞(아)-亜 07	贊(찬)-賛 15	勳(훈)-勲 15
裏(리)-裡 13	嚴(암)-岩 08	讚(찬)-讃 22	毁(훼)-毀 13
萬(만)-万 03	礙(애)-碍 13	簒(찬)-簒 17	憙(희)-憘 16
彌(미)-弥 08	餘(여)-余 07	慙(참)-慚 15	
裵(배)-裴 14	煙(연)-烟 10	册(책)-冊 05	
杯(배)-盃 09	艷(염)-艶 19	靑(청)-青 08	

不許 略俗字明細(불허 약속자명세)

×假(가)-仮 06	×對(대)-対 07	×釋(석)-釈 11	×醫(의)-医 07
×價(가)-価 08	×擣(도)-擣 19	×聲(성)-声 07	×貳(이)-弐 06
×據(거)-拠 08	×圖(도)-図 07	×續(속)-続 13	×滋(자)-滋 13
×檢(검)-検 12	×讀(독)-読 14	×屬(속)-属 12	×殘(잔)-残 09
×輕(경)-軽 12	×獨(독)-独 09	×數(수)-数 13	×雜(잡)-雑 14
×經(경)-経 11	×燈(등)-灯 06	×濕(습)-湿 12	×錢(전)-銭 14
×徑(경)-径 13	×亂(란)-乱 07	×乘(승)-乗 09	×傳(전)-伝 06
×繼(계)-継 13	×覽(람)-覧 17	×雙(쌍)-双 04	×戰(전)-銭 13
×關(관)-関 14	×兩(량)-両 06	×樂(악)-楽 13	×淨(정)-浄 09
×觀(관)-観 14	×勵(려)-励 07	×歷(압)-圧 05	×濟(제)-済 11
×鑛(광)-鉱 13	×歷(력)-歴 14	×藥(약)-薬 16	×劑(제)-剤 10
×區(구)-区 04	×練(련)-練 14	×讓(양)-讓 20	×齊(제)-斉 08
×舊(구)-旧 05	×戀(련)-恋 10	×嚴(엄)-厳 17	×條(조)-条 07
×驅(구)-駆 14	×聯(련)-聯 12	×與(여)-与 03	×弔(조)-吊 06
×龜(구)-亀 11	×獵(렵)-猟 11	×譯(역)-訳 11	×從(종)-従 10
×權(권)-権 15	×勞(로)-労 07	×淵(연)-淵 11	×鑄(주)-鋳 15
×勸(권)-勧 13	×虜(로)-虜 13	×營(영)-営 12	×曾(증)-曽 11
×廐(구)-厩 13	×賴(뢰)-頼 16	×譽(예)-誉 13	×增(증)-増 14
×氣(기)-気 06	×樓(루)-楼 11	×藝(예)-芸 07	×證(증)-証 12
×單(단)-単 09	×滿(만)-満 12	×蘂(예)-蕊 20	×盡(진)-尽 06
×團(단)-団 06	×賣(매)-売 07	×冗(용)-宂 05	×刹(찰)-刹 08
×擔(담)-担 08	×發(발)-発 09	×盌(완)-碗 13	×參(참)-参 08
×斷(단)-断 11	×變(변)-変 09	×瘉(유)-癒 18	×處(처)-処 05
×當(당)-当 06	×佛(불)-仏 04	×爲(위)-為 09	×淺(천)-浅 09
×黨(당)-党 10	×辭(사)-辞 13	×應(응)-応 07	×踐(천)-践 12

×鐵(철)-鉄 13	×醉(취)-酔 11	×飆(표)-飚 21	×逈(형)-逈 13
×廳(청)-庁 05	×齒(치)-歯 12	×解(해)-觧 12	×號(호)-号 05
×體(체)-体 07	×稱(칭)-称 10	×獻(헌)-献 13	×擴(확)-拡 08
×遞(체)-逓 10	×澤(택)-沢 07	×險(험)-険 11	×歡(환)-歓 15
×觸(촉)-触 13	×擇(택)-択 07	×縣(현)-県 09	×會(회)-会 06
×冢(총)-塚 13	×撑(탱)-撑 16	×螢(형)-蛍 11	×黑(흑)-黒 11
×樞(추)-枢 08	×廢(폐)-廃 12	×荊(형)-荊 12	×熙(희)-熙 14

이상은 대법원 선정 인명용 한자에 포함되지 않은(허용되지 않은) 略俗字이다.

※ 앞에서 허용한 약속자를 성명에 사용할 경우 字劃(자획)의 산정은 실제 사용하는 약속자의 획수에 의하는 것이 타당하게 여겨진다.

　세상이 변하여 성명한자를 법적으로 제한하는 마당에 약속자를 인정하였는데, 약속자라 하여 원래 한자에 따른 原劃(원획)을 쓴다는 것은 모순이 될 수밖에 없는 것이다.

　옛날에는 자기 이름 한자가 약속자를 두었다 하여 그렇게 쓰는 사람도 없었고, 편의상 남이 썼다는 정도였으니 원래 한자의 원획을 전적으로 사용했을 것으로 짐작된다.

　중국에서 원래의 한자를 변형하여 簡体字(간체자)를 국가적으로 사용하고 있어 이름 字에도 통용되고 있을 것인데, 자획은 실제 간체자의 획수에 의할 것으로 생각한다.

5. 高麗(고려)
朝鮮(조선) 王室世系表(왕실세계표)

高麗(918~1392)
(34代 475年)

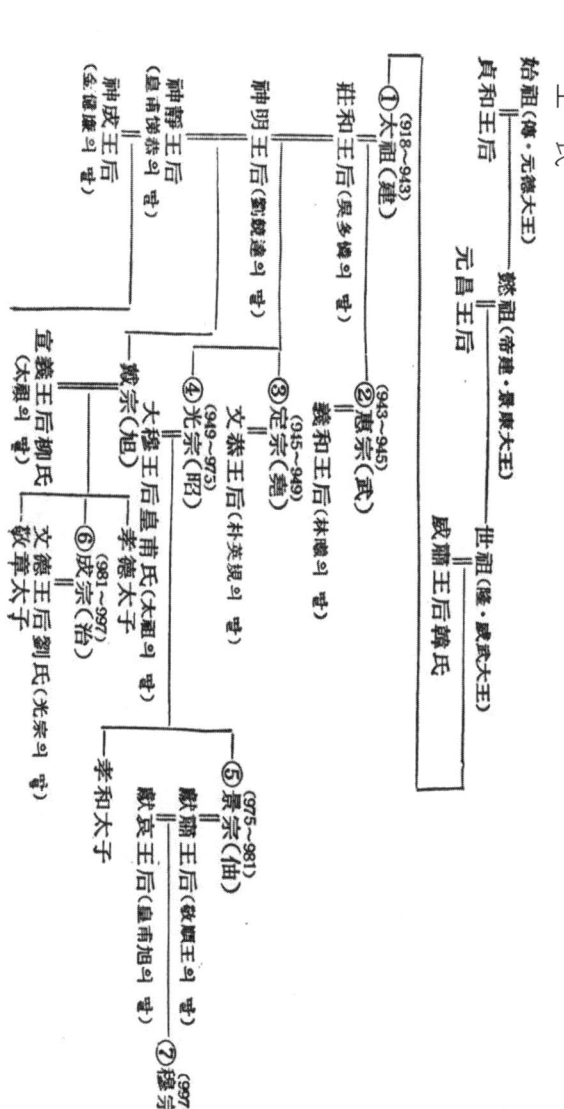

王 氏

始祖(佛・元德大王)
懿祖(帝建・景康大王)
世祖(隆・威武大王)

貞和王后 ―― 元昌王后 ―― 威肅王后韓氏

① 太祖(建)
(918~943)

莊和王后(吳多憐의 딸)
神明王后(劉兢達의 딸)
神靜王后(皇甫悌恭의 딸)
神成王后(金億廉의 딸)

② 惠宗(武)
(943~945)

③ 定宗(堯)
(945~949)
― 義和王后(林氏의 딸)

④ 光宗(昭)
(949~973)
― 大穆王后皇甫氏(太祖의 딸)
― 文恭王后(朴英規의 딸)

戴宗(旭)
― 宣義王后柳氏(太祖의 딸)
― 宣義王后(金健의 딸)

宣義王后柳氏(太祖의 딸)
― 文德王后劉氏(光宗의 딸)

⑤ 景宗(伷)
(975~981)
― 孝德太子

⑥ 成宗(治)
(981~997)
― 文德王后劉氏(光宗의 딸)

獻貞王后(戴宗의 딸)
獻哀王后(皇甫旭의 딸)
― ⑦ 穆宗(誦)
(997~1009)

孝和太子

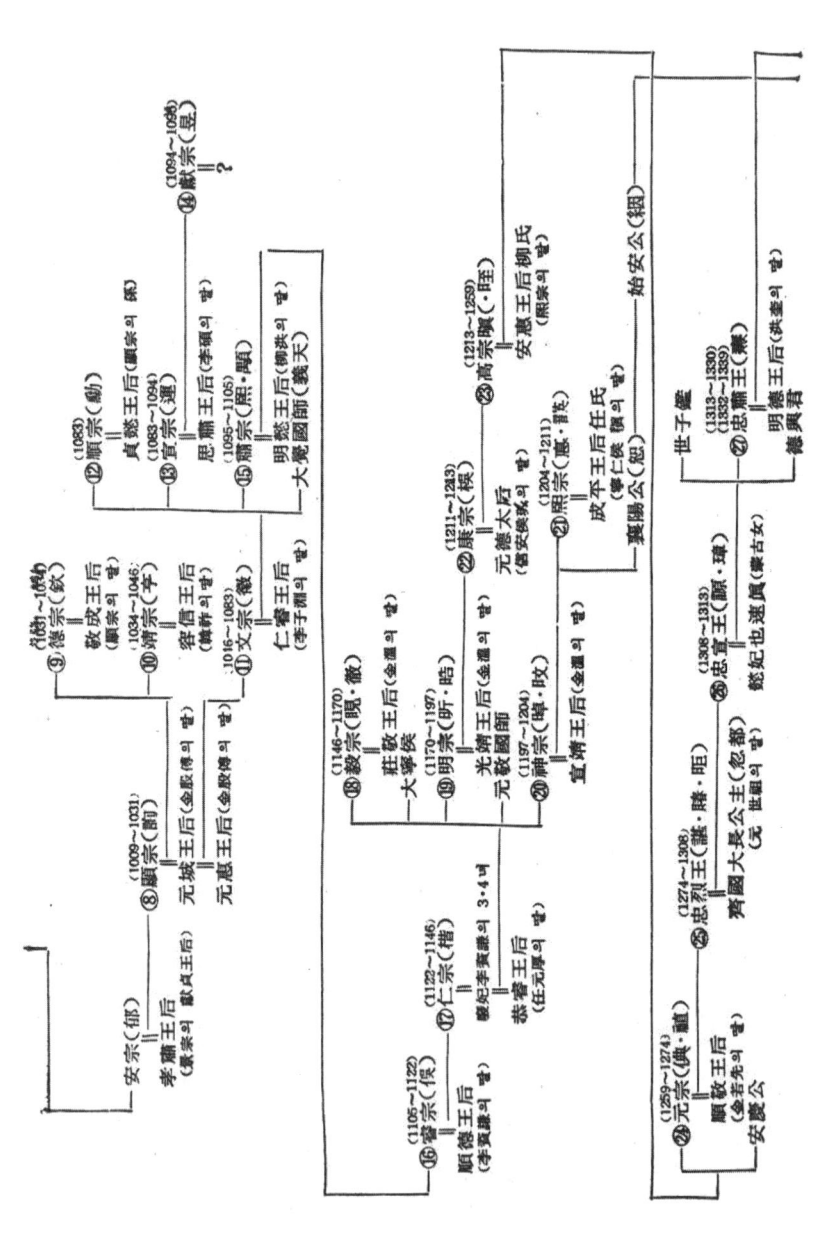

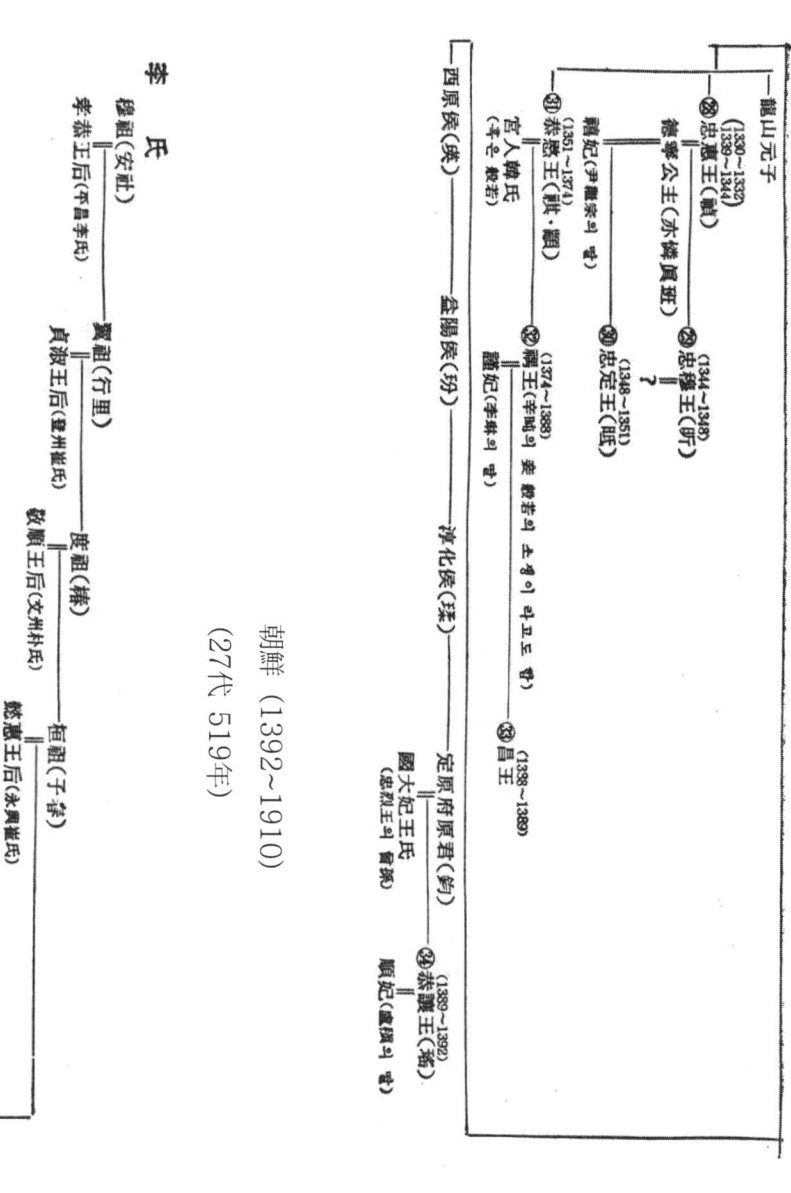

朝鮮 (1392~1910)

(27代 519年)

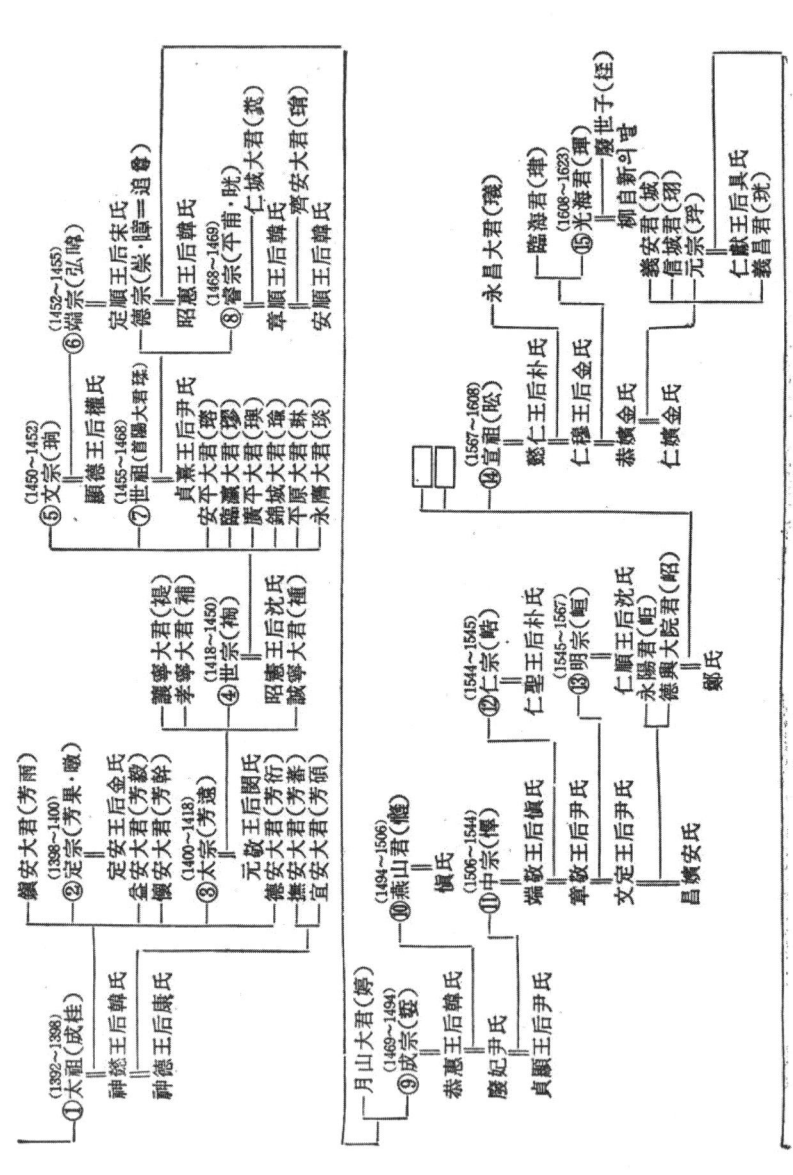

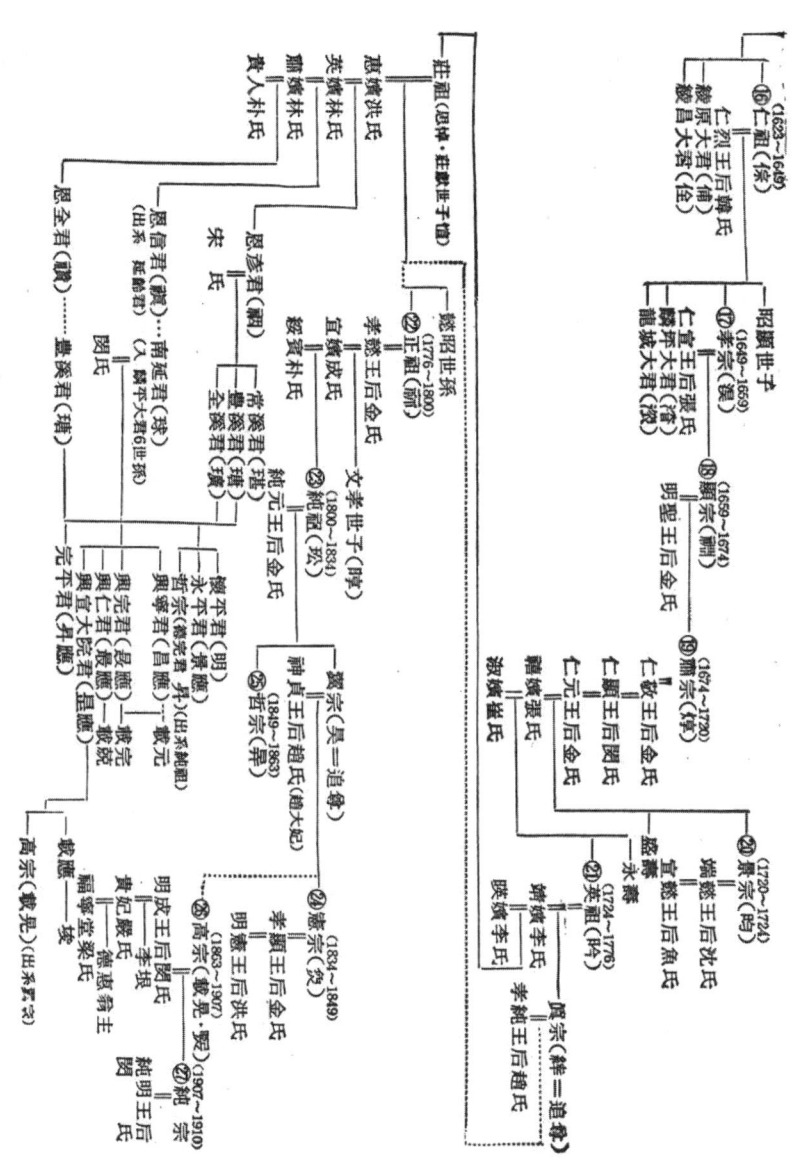

參考文獻(참고문헌)

姓名大學	蔡洙岩 著
姓名大全	嚴允文 著
號를 짓는 법과 성명철학	金一基 編著
인명용 한자사전	李讚九 編著
성명판단법	金栢滿 著
작명옥편 五行漢字典	權勢埈 編著
우리이름 교과서	정 강 著
컴퓨터 세대를 위한 성명학 대전	박용찬 著
河洛理數	宋忠錫 編譯
國史事典	李弘植 監修
인명사전	민중서관 編
한국인물대사전	한국정신문화연구원 編
인명용한자表	宋忠錫 編著

음파메세지(氣) 성명학

신비한 동양철학 51

새로운 시대에 맞는 새로운 성명학

지금까지의 모든 성명학은 모순의 극치를 이루고 있다. 이제 새로운 시대에 맞는 음파메세지(氣) 성명학이 탄생했으니 차근차근 읽어보고 복을 계속 부르는 이름을 지어 사랑하는 자녀가 행복하고 아름다운 삶을 살아갈 수 있도록 하는데 도움이 되었으면 한다.

· 청암 박재현 저

정법사주

신비한 동양철학 49

독학과 강의용 겸용의 책

이 책은 사주추명학을 연구하고자 하는 분들에게 심오한 주역의 이해를 돕고자 하는 의도에서 시작되었다. 음양오행의 상생상극에서부터 육친법과 신살법을 기초로 하여 격국과 용신 그리고 유년판단법을 활용하여 운명판단에 첩경이 될 수 있도록 했고 추리응용과 운명감정의 실례를 하나 하나 들어가면서 독학과 강의용 겸용으로 엮었다.

· 원각 김구현 저

동양철학전문출판 **삼한**

기문둔갑옥경

신비한 동양철학 32

가장 권위있고 우수한 학문!

우리나라의 기문역사는 장구하지만 상세한 문헌은 전무한 상태라 이 책을 발간하기로 했다. 기문둔갑은 천문지리는 물론 인사명리 등 제반사에 관한 길흉을 판단함에 있어서 가장 우수한 학문이며 병법과 법술방면으로도 특징과 장점이 있다. 초학자는 포국편을 열심히 익혀 설국을 자유자재로 할 수 있도록 하고 개인의 이익보다는 보국안민에 일조하기 바란다.

・도관 박흥식 저

정본・관상과 손금

신비한 동양철학 42

바로 알고 사람을 사귑시다

이 책은 관상과 손금은 인생을 행복으로 이끌기 위해 있다는 관점에서 다루었다. 그야말로 관상과 손금의 혁명이라고 할 수 있을 것이다. 여러분도 관상과 손금을 통한 예지력으로 인생의 참주인이 되기 바란다. 용기를 불어넣어 주고 행복을 찾게 하는 것이 참다운 관상과 손금술이다. 이 책으로 미래의 좋은 예지력을 한번쯤 발휘해 보기 바란다. 이 책이 일상사에 고민하는 분들에게 해결방법을 제시해 줄 것이다.

・지창룡 감수

조화원약 평주

신비한 동양철학 35

명리학의 정통교본!

이 책은 자평진전, 난강망, 명리정종, 적천수 등과 함께 명리학의 교본에 해당하는 것으로 중국 청나라 때 나온 난강망이라는 책을 서낙오 선생께서 설명을 붙인 것이다. 기존의 많은 책들이 격국과 용신으로 감정하는 것과는 달리 십간십이지와 음양오행을 각각 자연의 이치와 춘하추동의 사계절의 흐름에 대입하여 인간의 길흉화복을 알 수 있게 했다.

· 동하 정지호 편역

용의 혈 · 풍수지리 실기 100선

신비한 동양철학 30

실전에서 실감나게 적용하는 풍수지리의 길잡이 !

이 책은 풍수지리 문헌인 조선조 고무엽(古務葉) 태구승(泰九升) 부집필(父輯筆)로 된 만두산법(巒頭山法), 채성우의 명산론(明山論), 금랑경(錦囊經) 등을 알기 쉬운 주제로 간추려 풍수지리의 길잡이가 되고자 했다. 그리고 인간의 뿌리와 한 사람의 고유한 이름의 중요성을 풍수지리와 연관하여 살펴보아야 하기 때문에 씨족의 시조와 본관, 작명론(作名論)을 같이 편집했다.

· 호산 윤재우 저

천직·사주팔자로 찾은 나의 직업

신비한 동양철학 34

역경없이 탄탄하게 성공할 수 있는 방법!

잘 되겠지 하는 막연한 생각으로 의욕만 갖고 도전하는 것과 나에게 맞는 직종은 무엇이고 때는 언제인가를 알고 도전하는 것은 근본적으로 다르고, 결과 또한 다르다. 더구나 요즈음은 I.M.F.시대라 하여 모든 사람들이 정신까지 위축되어 생기를 잃어가고 있다. 이런 때 의욕만으로 팔자에도 없는 사업을 시작했다고 하자, 결과는 불을 보듯 뻔하다. 그러므로 이런 때일수록 침착과 냉정을 찾아 내 그릇부터 알고, 생활에 대처하는 지혜로움을 발휘해야 한다.

· 백우 김봉준 저

통변술해법

신비한 동양철학 21

가닥가닥 풀어내는 역학의 비법!

이 책은 역학에 대해 다 알면서도 밖으로 표출되지 않아 어려움을 겪는 사람들을 위한 실습서다. 특히 틀에 박힌 교과서적인 역술의 고정관념에서 벗어나, 한차원 높게 공부할 수 있도록 원리통달을 설명하는데 중점을 두었다. 실명감정과 이론강의라는 두 단락으로 나누어 역학의 진리를 설명했기 때문에 누구나 쉽게 이해할 수 있다. 역학계의 대가 김봉준 선생의 역서 「알기쉬운 해설·말하는 역학」의 후편이다.

· 백우 김봉준 저

주역육효 해설방법 上·下

신비한 동양철학 38

한 번만 읽으면 주역을 활용할 수 있는 책!

이 책은 주역을 해설한 것으로, 될 수 있는 한 여러 가지 사설을 덧붙이지 않고 주역을 공부하고 활용하는데 필요한 요건만을 기록했다. 따라서 주역의 근원이나 하도낙서, 음양오행에 대해서도 많은 설명을 자제했다. 다만 누구나 이 책을 한 번 읽어서 주역을 이해하고 활용할 수 있도록 하는데 중점을 두었다.

· 원공선사 저

사주명리학 핵심

신비한 동양철학 ⑲

맥을 잡아야 모든 것이 보인다!

이 책은 잡다한 설명을 배제하고 명리학자들에게 도움이 될 비법만을 모아 엮었기 때문에 초심자가 이해하기에는 다소 어려운 부분도 있겠지만 기초를 튼튼히 한 다음 정독한다면 충분히 이해할 것이다. 신살만 늘어놓으며 감정하는 사이비가 되지말기를 바란다.

· 도관 박흥식 저

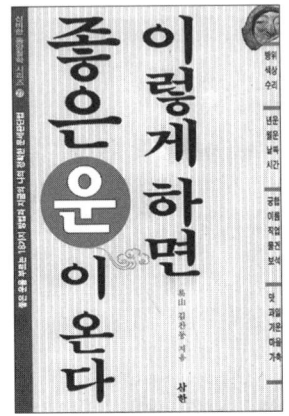

이렇게 하면 좋은 운이 온다

신비한 동양철학 ㉗

한 가정에 한 권씩 놓아두고 볼만한 책!

좋은 운을 부르는 방법은 방위·색상·수리·년운·월운·날짜·시간·궁합·이름·직업·물건·보석·맛·과일·기운·마을·가축·성격 등을 정확하게 파악하여 자신에게 길한 것은 취하고 흉한 것은 피하면 된다. 간혹 예외인 경우가 있지만 극소수에 불과하고 대부분은 적중하기 때문에 좋은 효과를 본다. 이 책의 저자는 신학대학을 졸업하고 역학계에 입문했다는 특별한 이력을 갖고 있기 때문에 더 많은 화제가 되고 있다.

· 역산 김찬동 저

말하는 역학

신비한 동양철학 ⑪

신수를 묻는 사람 앞에서 말문이 술술 열린다!

이 책은 그토록 어렵다는 사주통변술을 이해하기 쉽고 흥미롭게 고담과 덕담을 곁들여 사실적인 인물을 궁금해 하는 사람에게 생동감있게 통변하고 있다. 길흉작용을 어떻게 표현하느냐에 따라 상담자의 정곡을 찔러 핵심을 끄집어내고 여기에 대한 정답을 내려주는 것이 통변술이다. 역학계의 대가 김봉준 선생의 역작이다.

· 백우 김봉준 저

술술 읽다보면 통달하는 사주학

신비한 동양철학 ㉗

술술 읽다보면 나도 어느새 도사 !

당신은 당신 마음대로 모든 일이 이루어지던가. 지금까지 누구의 명령을 받지 않고 내 맘대로 살아왔다고, 운명 따위는 믿지도 않고 매달리지 않는다고, 이렇게 말하는 사람들이 많다. 그러나 그것은 우주법칙을 모르기 때문에 하는 소리다.

· 조철현 저

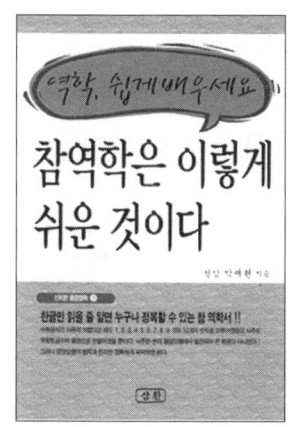

참역학은 이렇게 쉬운 것이다

신비한 동양철학 ㉔

음양오행의 이론으로 이루어진 참역학서 !

수학공식이 아무리 어렵다고 해도 1, 2, 3, 4, 5, 6, 7, 8, 9, 0의 10개의 숫자로 이루어졌듯이, 사주도 음양과 목, 화, 토, 금, 수의 오행으로 이루어졌을 뿐이다. 그러니 용신과 격국이라는 무거운 짐을 벗어버리고 음양오행의 법칙과 진리만 정확하게 파악하면 된다. 사주는 단지 음양오행의 변화일 뿐이고, 용신과 격국은 사주를 감정하는 한가지 방법에 지나지 않는다.

· 청암 박재현 저

나의 천운 운세찾기

신비한 동양철학 ⑫

놀랍다는 몽골정통 토정비결!

이 책은 역학계의 대가 김봉준 선생이 놀랍다는 몽공토 정비결을 연구 · 분석하여 우리의 인습 및 체질에 맞게 엮은 것이다. 운의 흐름을 알리고자 호운과 쇠운을 강조했으며, 현재의 나를 조명해보고 판단할 수 있도록 했다. 모쪼록 생활서나 안내서로 활용하기 바란다.

· 백우 김봉준 저

쉽게푼 역학

신비한 동양철학 ②

쉽게 배워서 적용할 수 있는 생활역학서!

이 책에서는 좀더 많은 사람들이 역학의 근본인 우주의 오묘한 진리와 법칙을 깨달아 보다 나은 삶을 영위하는데 도움이 될 수 있도록 가장 쉬운 언어와 가장 쉬운 방법으로 풀이했다. 역학계의 대가 김봉준 선생의 역작이다.

· 백우 김봉준 저

이름이 운명을 바꾼다

신비한 동양철학 ㉕

이름은 제2의 자신이다 !

이름에는 각각 고유의 뜻과 기운이 있어서 그 기운이 성격을 만들고 그 성격이 운명을 만든다. 나쁜 이름은 부르면 부를수록 불행을 부르고 좋은 이름은 부르면 부를수록 행복을 부른다. 만일 이름이 거지 같다면 아무리 운세를 잘 만나도 밥을 좀더 많이 얻어 먹을 수 있을 뿐이다. 이 책의 저자는 신학대학을 졸업하고 역학계에 입문했다는 특별한 이력을 갖고 있기 때문에 더 많은 화제가 되고 있다.

· 역산 김찬동 저

작명해명

신비한 동양철학 ㉖

누구나 쉽게 배워서 활용할 수 있는 체계적인 작명법 !

일반적인 성명학으로는 알 수 없는 한자이름, 한글이름, 영문이름, 예명, 회사명, 상호, 상품명 등의 작명방법을 여러 사례를 들어 체계적으로 분석하여 누구나 쉽게 배워서 활용할 수 있도록 서술했다.

· 도관 박홍식 저

동양철학전문출판 삼한

관상오행

신비한 동양철학 ⑳

한국인의 특성에 맞는 관상법!

좋은 관상인 것 같으나 실제로는 나쁘거나 좋은 관상이 아닌데도 잘 사는 사람이 왕왕있어 관상법 연구에 흥미를 잃는 경우가 있다. 이것은 중국의 관상법만을 익히고, 우리의 독특한 환경적인 특징을 소홀히 다루었기 때문이다. 이에 우리 한국인에게 알맞는 관상법을 연구하여 누구나 관상을 쉽게 알아보고 해석할 수 있도록 자세하게 풀어놓았다.

·송파 정상기 저

물상활용비법

신비한 동양철학 31

물상을 활용하여 오행의 흐름을 파악한다!

이 책은 물상을 통하여 오행의 흐름을 파악하고, 운명을 감정하는 방법을 연구한 책이다. 추명학의 해법을 연구하고 운명을 추리하여 오행에서 분류되는 물질의 운명 줄거리를 물상의 기물로 나들이 하는 활용법을 주제로 했다. 팔자풀이 및 운명해설에 관한 명리감정법의 체계를 세우는데 목적을 두고 초점을 맞추었다.

·해주 이학성 저

운세십진법 · 本大路

신비한 동양철학 ❶

운명을 알고 대처하는 것은 현대인의 지혜다 !

타고난 운명은 분명히 있다. 그러니 자신의 운명을 알고 대처한다면 비록 운명을 바꿀 수는 없지만 충분히 향상시킬 수 있다. 이것이 사주학을 알아야 하는 이유다. 이 책에서는 자신이 타고난 숙명과 앞으로 펼쳐질 운명행로를 찾을 수 있도록 운명의 기초를 초연하게 설명하고 있다.

· 백우 김봉준 저

국운 · 나라의 운세

신비한 동양철학 ㉒

역으로 풀어본 우리나라의 운명과 방향 !

아무리 서구사상의 파고가 높다하기로 오천년을 한결같이 가꾸며 살아온 백두의 혼이 와르르 무너지는 지경에 왔어도 누구나 입을 열어 말하는 사람이 없으니 답답하다. IMF라는 특수한 상황에서 불확실한 내일에 대한 해답을 이 책은 명쾌하게 제시하고 있다.

· 백우 김봉준

동양철학전문출판 **삼한**

명인재

신비한 동양철학 43

신기한 사주판단 비법 !

살(殺)의 활용방법을 완벽하게 제시하는 책!

이 책은 오행보다는 주로 살을 이용하는 비법이다. 시중에 나온 책들을 보면 살에 대해 설명은 많이 하면서도 실제 응용에서는 무시하고 있다. 이것은 살을 알면서도 응용할 줄 모르기 때문이다. 그러나 이 책에서는 살의 활용방법을 완전히 터득해, 어떤 살과 어떤 살이 합하면 어떻게 작용하는지를 자세하게 설명하고 있다.

· 원공선사 지음

사주학의 방정식

신비한 동양철학 18

가장 간편하고 실질적인 역서 !

이 책은 종전의 어려웠던 사주풀이의 응용과 한문을 쉬운 방법으로 터득할 수 있게 하는데 목적을 두었고, 역학의 내용이 어떤 것이며 무엇이 어디에 속하는지를 알고자 하는데 있다.

· 김용오 저

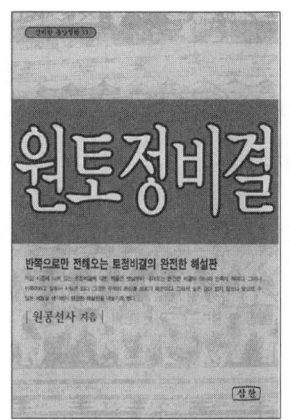

원토정비결

신비한 동양철학 53

반쪽으로만 전해오는 토정비결의 완전한 해설판

지금 시중에 나와 있는 토정비결에 대한 책들을 보면 옛날부터 내려오는 완전한 비결이 아니라 반쪽의 책이다. 그러나 반쪽이라고 말하는 사람이 없다. 그것은 주역의 원리를 모르기 때문이다. 따라서 늦은 감이 없지 않으나 앞으로의 수많은 세월을 생각하면서 완전한 해설본을 내놓기로 한 것이다.

· 원공선사 저

내가 보고 내가 바꾸는 DIY사주

신비한 동양철학 40

내가 보고 내가 바꾸는 사주비결 !

이 책은 기존의 책들과는 달리 한 사람의 사주를 체계적으로 도표화시켜 한 눈에 파악할 수 있고, DIY라는 책 제목에서 말하듯이 개운하는 방법을 제시하고 있다. 초심자는 물론 전문가도 자신의 이론을 새롭게 재조명해 볼 수 있는 케이스 스터디 북이다.

· 석오 전 광 지음

남사고의 마지막 예언

신비한 동양철학 29

이 책으로 격암유록에 대한 논란이 끝나기 바란다

감히 이 책을 21세기의 성경이라고 말한다. 〈격암유록〉은 섭리가 우리민족에게 준 위대한 복음서이며, 선물이며, 꿈이며, 인류의 희망이다. 이 책에서는 〈격암유록〉이 전하고자 하는 바를 주제별로 정리하여 문답식으로 풀어갔다. 이 책으로 〈격암유록〉에 대한 논란은 끝나기 바란다.

· 석정 박순용 저

진짜부적 가짜부적

신비한 동양철학 7

부적의 실체와 정확한 제작방법

인쇄부적에서 가짜부적에 이르기까지 많게는 몇백만원에 팔리고 있다는 보도를 종종 듣는다. 그러나 부적은 정확한 제작방법에 따라 자신의 용도에 맞게 스스로 만들어 사용하면 훨씬 더 좋은 효과를 얻을 수 있다. 이 책은 중국에서 정통부적을 연구한 국내유일의 동양오술학자가 밝힌 부적의 실체와 정확한 제작방법을 소개하고 있다.

· 오상익 저

한눈에 보는 손금

신비한 동양철학 52

논리정연하며 바로미터적인 지침서

이 책은 수상학의 연원을 초월해서 동서합일의 이론으로 집필했다. 그야말로 완벽하리만치 논리정연한 수상학을 정리한 것이다. 그래서 운명적, 철학적, 동양적, 심리학적인 면을 예증과 방편에 이르기까지 아주 상세하게 기술했다. 이 책은 수상학이라기 보다 한 인간의 바로미터적인 지침서 역할을 해줄 것이다. 독자 여러분의 꾸준한 연구와 더불어 인생성공의 지침서가 될 수 있을 것이다.

· 정도명 저

만세력 | 사륙배판·신국판
사륙판·포켓판

신비한 동양철학 45

찾기 쉬운 만세력

이 책은 완벽한 만세력으로 만세력 보는 방법을 자세하게 설명했다. 그리고 역학에 대한 기본적인 내용과 결혼하기 좋은 나이·좋은 날·좋은 시간, 아들·딸 태아감별법, 이사하기 좋은 날·좋은 방향 등을 부록으로 실었다.

· 백우 김봉준 저

동양철학전문출판 삼한

수명비결

신비한 동양철학 14

주민등록번호 13자로 숙명의 정체를 밝힌다

우리는 지금 무수히 많은 숫자의 거미줄에 매달려 허우적거리며 살아가고 있다. 1분 ·1초가 생사를 가름하고, 1등·2등이 인생을 좌우하며, 1급·2급이 신분을 구분하는 세상이다. 이 책은 수명리학으로 13자의 주민등록번호로 명예, 재산, 건강, 수명, 애정, 자녀운 등을 미리 읽어본다.

· 장충한 저

운명으로 본 나의 질병과 건강상태

신비한 동양철학 9

타고난 건강상태와 질병에 대한 대비책

이 책은 국내 유일의 동양오술학자가 사주학과 더불어 정통명리학의 양대산맥을 이루는 자미두수 이론으로 임상실험을 거쳐 작성한 표준자료다. 따라서 명리학을 응용한 최초의 완벽한 의학서로 질병을 예방하고 치료하는데 활용한다면 최고의 의사가 될 것이다. 또한 예방의학적인 차원에서 건강을 유지하는데 훌륭한 지침서로 현대의학의 새로운 장을 여는 계기가 될 것이다.

· 오상익 저

오행상극설과 진화론

신비한 동양철학 5

인간과 인생을 떠난 천리란 있을 수 없다

과학이 현대를 설정하여 설명하고 있으나 원리는 동양철학에도 있기에 그 양면을 밝히고자 노력했다. 우주에서 일어나는 모든 일을 과학으로 설명될 수는 없다. 비과학적이라고 하기보다는 과학이 따라오지 못한다고 설명하는 것이 더 솔직하고 옳은 표현일 것이다. 특히 과학분야에 종사하는 신의사가 저술했다는데 더 큰 화제가 되고 있다.

• 김태진 저

사주학의 활용법

신비한 동양철학 17

가장 실질적인 역학서

우리가 생소한 지방을 여행할 때 제대로 된 지도가 있다면 편리하고 큰 도움이 되듯이 역학이란 이와같은 인생의 길잡이다. 예측불허의 인생을 살아가는데 올바른 안내자나 그 무엇이 있다면 그 이상 마음 든든하고 큰 재산은 없을 것이다.

• 학선 류래웅 저

쉽게 푼 주역

신비한 동양철학 10

귀신도 탄복한다는 주역을 쉽고 재미있게 풀어놓은 책

주역이라는 말 한마디면 귀신도 기겁을 하고 놀라 자빠진다는데, 운수와 일진이 문제가 될까. 8×8=64괘라는 주역을 한 괘에 23개씩의 회답으로 해설하여 1472괘의 신비한 해답을 수록했다. 당신이 당면한 문제라면 무엇이든 해결할 수 있는 열쇠가 이 한 권의 책 속에 있다.

· 정도명 저

핵심 관상과 손금

신비한 동양철학 54

사람을 볼 줄 아는 안목과 지혜를 알려주는 책

오늘과 내일을 예측할 수 없을만큼 복잡하게 펼쳐지는 현실에서 살아남기 위해서는 사람을 볼줄 아는 안목과 지혜가 필요하다. 시중에 관상학에 대한 책들이 많이 나와있지만 너무 형이상학적이라 전문가도 이해하기 어렵다. 이 책에서는 누구라도 쉽게 보고 이해할 수 있도록 핵심만을 파악해서 설명했다.

· 백우 김봉준 저

진짜궁합 가짜궁합

신비한 동양철학 8

남녀궁합의 새로운 충격

중국에서 연구한 국내유일의 동양오술학자가 우리나라 역술가들의 궁합법이 잘못되었다는 것을 학술적으로 분석·비평하고, 전적과 사례연구를 통하여 궁합의 실체와 타당성을 분석했다. 합리적인「자미두수궁합법」과「남녀궁합」및 출생시간을 몰라 궁합을 못보는 사람들을 위하여「지문으로 보는 궁합법」등을 공개한다.

· 오상익 저

좋은꿈 나쁜꿈

신비한 동양철학 15

그날과 앞날의 모든 답이 여기 있다

개꿈이란 없다. 꿈은 반드시 미래를 예언한다. 이 책은 프로이드의 정신분석학적인 입장이 아닌 미래판단의 근거에 입각한 예언적인 해몽학이다. 여러 형태의 꿈을 체계적으로 정리했으니 올바른 해몽법으로 앞날을 지혜롭게 대처해 보자. 모쪼록 각 가정에서 한 권씩 두고 이용하면 생활하는데 많은 도움이 될 것이다.

· 학선 류래웅 저

완벽 만세력

신비한 동양철학 58

착각하기 쉬운 썸머타임 2도 인쇄

시중에 많은 종류의 만세력이 나와있지만 이 책은 단순한 만세력이 아니라 완벽한 만세경전으로 만세력 보는 법 등을 실었기 때문에 처음 대하는 사람이라도 쉽게 볼 수 있도록 편집되었다. 또한 부록편에는 사주명리학, 신살종합해설, 결혼과 이사택일 및 이사방향, 길흉보는 법, 우주천기와 한국의 역사 등을 수록했다.

· 백우 김봉준 저

주역 · 토정비결

신비한 동양철학 40

토정비결의 놀라운 비결

지금 시중에 나와 있는 토정비결에 대한 책들을 보면 옛날부터 내려오는 완전한 비결이 아니라 반쪽의 책이다. 그러나 반쪽이라고 말하는 사람이 없다. 그것은 주역의 원리를 모르기 때문이다. 따라서 늦은 감이 없지 않으나 앞으로의 수많은 세월을 생각하면서 완전한 해설본을 내놓기로 했다.

· 원공선사 저

현장 지리풍수

신비한 동양철학 48

현장감을 살린 지리풍수법

풍수를 업으로 삼는 사람들이 진(眞)과 가(假)를 분별할 줄 모르면서 24산의 포태사묘의 법을 익히고는 많은 법을 알았다고 자부하며 뽐내고 있다. 그리고는 재물에 눈이 어두워 불길한 산을 길하다 하고, 선하지 못한 물(水)을 선하다 하면서 죄를 범하고 있다. 이는 분수 밖의 것을 망녕되게 바라기 때문이다. 마음 가짐을 바로하고 고대 원전에 공력을 바치면서 산간을 실사하며 적공을 쏟으면 정교롭고 세밀한 경지를 얻을 수 있을 것이다.

· 전항수 · 주관장 편저

완벽 사주와 관상

신비한 동양철학 55

사주와 관상의 핵심을 한 권에

자연과 인간, 음양(陰陽)오행과 인간, 사계와 절후, 인상(人相)과 자연, 신(神)들의 이야기 등등 우리들의 삶과 관계되는 사실적 관계로만 역(易)을 설명해 누구나 쉽게 이해할 수 있도록 썼으며 특히 역(易)에 대한 관심과 흥미를 갖게 하고자 인상학(人相學)을 추록했다. 여기에 추록된 인상학(人相學)은 시중에서 흔하게 볼 수 있는 상법(相法)이 아니라 생활상법(生活相法) 즉 삶의 지식과 상식을 드리고자 했으니 생활에 유익함이 있기를 바란다.

· 김봉준 · 유오준 공저

해몽 · 해몽법

신비한 동양철학 50

해몽법을 알기 쉽게 설명한 책

인생은 꿈이 예지한 시간적 한계에서 점점 소멸되어 가는 현존물이기 때문에 반드시 꿈의 뜻을 따라야 한다. 이것은 꿈을 먹고 살아가는 인간 즉 태몽의 끝장면인 죽음을 향해 달려가고 있는 인간이기 때문이다. 꿈은 우리의 삶을 이끌어가는 이정표와도 같기에 똑바로 가도록 노력해야 한다.

· 김종일 저

역점

신비한 동양철학 57

우리나라 전통 행운찾기

주역을 무조건 미신으로 치부해버리는 생각은 버려야 한다. 주역이 점치는 책에만 불과했다면 벌써 그 존재가 없어졌을 것이다. 그러나 오랫동안 많은 학자가 연구를 계속해왔고, 그 속에서 자연과학과 형이상학적인 우주론과 인생론을 밝혀, 정치·경제·사회 등 여러 방면에서 인간의 생활에 응용해왔고, 삶의 지침서로써 그 역할을 했다. 이 책은 한 번만 읽으면 누구나 역점가가 될 수 있으니 생활에 도움이 되길 바란다.

· 문명상 편저

명리학연구

신비한 동양철학 59

체계적인 명확한 이론

이 책은 명리학 연구에 핵심적인 내용만을 모아 하나
의 독립된 장을 만들었다. 명리학은 분야가 넓어 공부
를 하다보면 주변에 머무르는 경우가 많아, 주요 내용
을 잃고 헤매는 경우가 많다. 그러므로 뼈대를 잡는 것
이 중요한데, 여기서는 「17장. 명리대요」에 핵심 내용만
을 모아 학문의 체계를 잡는데 용이하게 하였다.

· 권중주 저

쉽게 푼 풍수

신비한 동양철학 60

현장에서 활용하는 풍수지리법

산도는 매우 광범위하고, 현장에서 알아보기 힘들다.
더구나 지금은 수목이 울창해 소조산 정상에 올라가도
나무에 가려 국세를 파악하는데 애를 먹는다. 그러므로
사진을 첨부하니 많은 도움이 되길 바란다. 물론 결록
에 있고 산도가 눈에 익은 것은 혈 사진과 함께 소개하
니 참고하기 바란다. 이 책을 열심히 정독하면서 답산
하면 혈을 알아보고 용산도 할 수 있을 것이다.

· 전항수 · 주장관 편저

올바른 작명법

신비한 동양철학 61

세상의 부모들에게 가장 소중한 것이 무엇이냐고 물으면 누구든 자녀라고 할 것이다. 그런데 왜 평생을 좌우할 이름을 함부로 짓는가. 이름이 얼마나 소중한지를. 이름의 오행작용이 사람의 일생을 어떻게 좌우하는지를 모르기 때문이다. 세상만물은 음양오행의 영향을 받지 않는 것이 없다. 봄이 가면 여름이 오고, 여름이 가면 가을이 오고, 가을이 가면 겨울이 오고, 겨울이 가면 봄이 오는 것 또한 음양오행의 원리다.

· 이정재 저

신수대전

신비한 동양철학 62

흉함을 피하고 길함을 부르는 방법

신수를 보는 방법은 여러 가지가 있는데 대부분이 주역과 사주추명학에 근거를 둔다. 수많은 학설 중에서 몇 가지를 보면 사주명리, 자미두수, 관상, 점성학, 구성학, 육효, 토정비결, 매화역수, 대정수, 초씨역림, 황극책수, 하락리수, 범위수, 월영도, 현무발서, 철판신수, 육임신과, 기문둔갑, 태을신수 등이다. 역학에 정통한 고사가 아니면 제대로 추단하기 어려운데 엉터리 술사들이 넘쳐난다. 그래서 누구나 자신의 신수를 볼 수 있도록 몇 가지를 정리했다.

· 도관 박흥식

음택양택

신비한 동양철학 63

현세의 운 · 내세의 운

이 책에서는 음양택명당의 조건이나 기타 여러 가지를
설명하여 산 자와 죽은 자의 행복한 집을 만들 수 있도
록 했다. 특히 죽은 자의 집인 음택명당은 자리를 옳게
잡으면 꾸준히 생기를 발하여 흥하나, 그렇지 않으면
큰 피해를 당하니 돈보다도 행 · 불행의 근원인 음양택
명당에 관심을 기울여야 한다.

· 전항수 · 주장관 지음

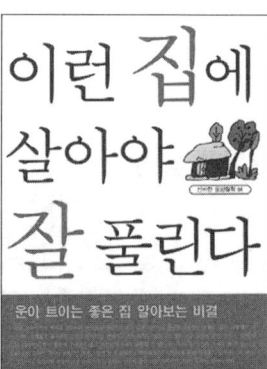

이런 집에 살아야 잘 풀린다

신비한 동양철학 64

운이 트이는 좋은 집 알아보는 비결

힘든 상황에서 내 가족이 지혜롭게 대처하고 건강을
지켜주는, 한마디로 운이 트이는 집은 모두의 꿈일 것
이다. 가족이 평온하게 생활할 수 있는 집, 나가서는 발
전을 가져다 줄 수 있는 그런 집이 있다면 얼마나 좋을
까? 그런 소망에 한 걸음이라도 가까워지려면 막연하
게 운만 기대해서는 안 된다. '호랑이를 잡으려면 호랑
이 굴로 들어가라'는 속담이 있듯이 좋은 집을 가지려
면 그만한 노력이 있어야 한다.

· 강현술 · 박흥식 감수

동양철학전문출판 삼한

사주에 모든 길이 있다

신비한 동양철학 65

사주를 간명하는데 조금이라도 도움이 되었으면 하는 바람에서 이 책을 쓰게 되었다. 간명의 근간인 오행의 왕쇠강약을 세분해서 설명했다. 그리고 대운과 세운, 세운과 월운의 연관성과, 십신과 여러 살이 운명에 미치는 암시와, 십이운성으로 세운을 판단하는 방법을 설명했다.

·정담 선사 편저

사주학

신비한 동양철학 66

5대 원서의 핵심과 실용

이 책은 사주학을 체계적으로 공부하려는 학도들을 위해 꼭 알아야 할 내용과 용어를 수록하는데 중점을 두었다. 이 학문을 공부하려고 찾아온 사람들에게 여러 가지 질문을 던져보면 거의 기초지식이 시원치 않다. 그런 상태로 사주를 읽으려니 제대로 될 리가 없다. 이 책으로 용어와 제반지식을 터득하면 빠른 시일에 소기의 목적을 이룰 수 있을 것이다.

·글갈 정대엽 저

주역 기본원리

신비한 동양철학 67

주역의 기본원리를 통달할 수 있는 책

이 책에서는 기본괘와 변화와 기본괘가 어떤 괘로 변했을 경우 일어날 수 있는 내용들을 설명하여 주역의 변화에 대한 이해를 돕는데 주력하였다. 그러나 그런 내용을 구분할 수 있는 방법을 전부 다 설명할 수는 없기에 뒷장에 간단하게설명하였고, 다른 책들과 설명의 차이점도 기록하였으니 참작하여 본다면 조금이나마 도움이 될 것이다.

· 원공선사 편저

사주특강

신비한 동양철학 68

자평진전과 적천수의 재해석

이 책은 『자평진전(子平眞詮)』과 『적천수(滴天髓)』를 근간으로 명리학(命理學)의 폭넓은 가치를 인식하고, 실전에서 유용한 기반을 다지는데 중점을 두고 썼다. 일찍이 『자평진전(子平眞詮)』을 교과서로 삼고, 『적천수(滴天髓)』로 보완하라는 서낙오(徐樂吾)의 말에 깊이 공감한다.

청월 박상의 편저

동양철학전문출판 삼한

복을 부르는방법

신비한 동양철학 69

나쁜 운을 좋은 운으로 바꾸는 비결

개운하는 방법은 여러 가지가 있으나, 이 책의 비법은 축원문을 독송하는 것이다. 독송이란 소리내 읽는다는 뜻이다. 사람의 말에는 기운이 있는데, 이 기운은 자신에게 돌아온다. 좋은 말을 하면 좋은 기운이 돌아오고, 나쁜 말을 하면 나쁜 기운이 돌아온다. 이 책은 누구나 어디서나 쉽게 비용을 들이지 않고 좋은 운을 부를 수 있는 방법을 실었다.

· 역산 김찬동 편저

인터뷰 사주학

신비한 동양철학 70

쉽고 재미있는 인터뷰 사주학

얼마전까지만 해도 사주학을 취급하는 사람들은 미신을 다루는 부류로 취급되었다. 그러나 지금은 하루가 다르게 이 학문을 공부하는 사람들이 폭증하고 있는 것으로 보인다. 젊은 층에서 사주카페니 사주방이니 사주동아리니 하는 것들이 만들어지고 그 모임이 활발하게 움직이고 있다는 점이 그것을 증명해준다. 그뿐 아니라 대학원에는 역학교수들이 점차로 증가하고 있다.

· 글갈 정대엽 편저

육효대전

신비한 동양철학 37

정확한 해설과 다양한 활용법

동양의 고전 중에서도 가장 대표적인 것이 주역이다. 주역은 옛사람들이 자연의 법칙을 거울삼아 인간이 생활을 영위해 나가는 처세에 관한 지혜를 무한히 내포하고, 피흉추길하는 얼과 슬기가 함축된 점서)인 동시에 수양·과학서요 철학·종교서라고 할 수 있다.

· 도관 박흥식 편저

사람을 보는 지혜

신비한 동양철학 73

관상학의 초보에서 완성까지

현자는 하늘이 준 명을 알고 있기에 부귀에 연연하지 않는다. 사람은 마음을 다스리는 심명이 있다. 마음의 명은 자신만이 소통하는 유일한 우주의 무형의 에너지이기 때문에 잠시도 잊으면 안된다. 관상학은 사람의 상으로 이런 마음을 살피는 학문이니 잘 이해하여 보다 나은 삶을 삶을 영위할 수 있도록 노력해야 한다.

· 이부길 편저

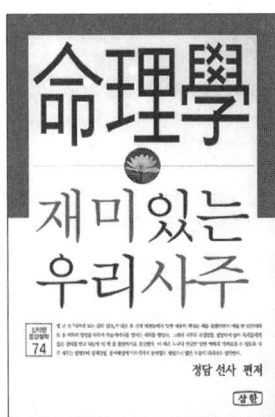

명리학 | 재미있는 우리사주

신비한 동양철학 74

사주 세우는 방법부터 용어해설 까지!!

몇 년 전 『사주에 모든 길이 있다』가 나온 후 선배 제현들께서 알찬 내용의 책다운 책을 접했다면서 매월 한 번만이라도 참 역학의 발전을 위하여 학술세미나를 열자는 제의를 받았다. 그러나 사주의 작성법을 설명하지 않아 독자들에게 많은 질타를 받고 뒤늦게 이 책을 출판하기로 결심했다. 이 책은 한글만 알면 누구나 역학과 가까워질 수 있도록 사주 세우는 방법부터 실제 간명, 용어해설에 이르기까지 분야별로 엮었다.

· 정담 선사 편저

성명학 | 바로 이 이름

신비한 동양철학 75

사주의 운기와 조화를 고려한 이름짓기

사람은 누구나 타고난 운명, 즉 숙명이라는 것이 있다. 숙명인 사주팔자는 선천운이고, 성명은 후천운이 되는 것으로 이름을 지을 때는 타고난 운기와의 조화를 고려함이 중요하다. 따라서 역학에 대한 깊은 이해가 선행되어야 함은 지극히 당연한 일이다. 부연하면 작명의 근본은 타고난 사주에 운기를 종합적으로 분석하여 부족한 점을 보강하고 결점을 개선한다는 큰 뜻이 있다고 할 수 있다.

· 정담 선사 편저

운을 잡으세요 | 개운비법

신비한 동양철학 76

염력강화로 삶의 문제를 해결한다!

염력(念力)이 강한 사람은 운명을 개척하며 행복하게 살고, 염력이 약한 사람은 운명의 노예가 되어 불행하게 살아간다. 때문에 행복과 불행은 누가 주는 것이 아니라 자기 자신이 만든다고 할 수 있다. 한 마디로 말해 의지의 힘, 즉 염력이 운명을 바꾸는 것이다. 이 책에서는 이러한 염력을 강화시켜 삶에서 일어나는 문제를 해결하는 방법을 알려준다. 누구나 가벼운 마음으로 읽고 실천한다면 반드시 목적을 이룰 수 있을 것이다.

· 역산 김찬동 편저

작명정론

신비한 동양철학 77

이름으로 보는 역대 대통령이 나오는 이치

사주팔자가 네 기둥으로 세워진 집이라면 이름은 그 집을 대표하는 문패라고 할 수 있다. 사람은 태어나면서 사주를 통해 운을 타고나고 이름이 주어진 순간부터 명(命)이 작용한다. 사주와 이름이 곧 운명을 결정한다는 것이다. 따라서 이름을 지을 때는 사주의 격에 맞추어야 한다. 사주 그릇이 작은 사람이 원대한 뜻의 이름을 쓰면 감당하지 못할 시련을 자초하게 되고 오히려 이름값을 못할 수 있다. 즉 분수에 맞는 이름으로 작명해야 하기 때문에 사주의 올바른 분석이 필요하다.

· 청월 박상의 편저

동양철학전문출판 **삼한**

원심수기 통증예방 관리비법

신비한 동양철학 78

쉽게 배워 적용할 수 있는 통증관리법

이 책을 세상에 내놓는 것은 우리 전통 민중의술도 세상의 그 어떤 의술에 못지 않게 아주 훌륭한 치료술이 있고 그 전통이 수백 년, 또는 수천 년을 내려오면서 전해지고 있는데 현재 사회를 보면 무조건 외국에서 들어온 것만이 최고라고 하는 식으로 하여 우리의 전통 민중의술을 뿌리째 버리려고 하는데 문제가 있는 것 같기에 우리것을 지키고자 하는데 그 첫째의 목적이 있다 할 수 있을 것이다.

· 원공 선사 저

사주비기

신비한 동양철학 79

역학으로 보는 대통령이 나오는 이치!!

이 책에서는 고서의 이론을 근간으로 하여 근대의 사주들을 임상하여, 적중도에 의구심이 가는 이론들은 과감하게 탈피하고 통용될 수 있는 이론만을 수용했다. 따라서 기존 역학서의 아쉬운 부분들을 충족시키며 일반인도 열정만 있으면 누구나 자신의 운명을 감정하고 피흉취길할 수 있는 생활지침서로 활용할 수 있을 것이다.

청월 박상의 편저

찾기 쉬운 명당

신비한 동양철학 44

풍수지리의 모든 것 !

이 책은 가능하면 쉽게 풀려고 노력했고, 실전에 도움이 되도록 했다. 특히 풍수지리에서 방향측정에 필수인 패철(佩鐵)사용과 나경(羅經) 9층을 각 층별로 간추려 설명했다. 그리고 이 책에 수록된 도설, 즉 오성도, 명산도, 명당 형세도 내거수 명당도, 지각(枝脚)형세도, 용의 과협출맥도, 사대혈형(穴形) 와겸유돌(窩鉗乳突) 형세도 등은 국립중앙도서관에 소장된 문헌자료인 만산도단, 만산영도, 이석당 은민산도의 원본을 참조했다.

· 호산 윤재우 저

명리입문

신비한 동양철학 41

명리학의 필독서 !

이 책은 자연의 기후변화에 의한 운명법 외에 명리학도들이 궁금해 했던 인생의 제반사들에 대해서도 상세하게 기술했다. 따라서 초보자부터 심도있게 공부한 사람들까지 세심히 읽고 숙독해야 하는 책이다. 특히 격국이나 용신뿐 아니라 십신에 대한 자세한 설명, 조후용신에 대한 보충설명, 인간의 제반사에 대해서는 독보적인 해설이 들어 있다. 초보자들에게는 더할 수 없이 훌륭한 길잡이가 될 것이다.

· 동하 정지호 편역

동양철학전문출판 삼한

육효점 정론

신비한 동양철학 80

육효학의 정수!

이 책은 주역의 원전소개와 상수역법의 꽃으로 발전한 경방학을 같이 실어 독자들의 호기심을 충족시키는데 중점을 두었습니다. 주역의 원전으로 인화의 처세술을 터득하고, 어떤 사안의 답은 육효법을 탐독하여 찾으시기 바랍니다.

· 효명 최인영 편역

작명 백과사전

신비한 동양철학 81

36가지 이름짓는 방법과 선후천 역상법 수록

이름은 나를 대표하는 생명체이므로 몸은 세상을 떠날지라도 영원히 남는다. 성명운의 유도력은 후천적으로 가공 인수되는 후존적 수기로써 조성 운화되는 작용력이 있다. 선천수기의 운기력이 50%이면 후천수기도의 운기력도50%이다. 이와 같이 성명운의 작용은 운로에 불가결한조건일 뿐 아니라, 선천명운의 범위에서 기능을 충분히 할 수 있다.

· 임삼업 편저 | 송충석 감수

사주대성

신비한 동양철학 33

초보에서 완성까지

이 책은 과거 현재 미래를 모두 알 수 있는 비결을 실었다. 그러나 모두 터득한다는 것은 어려울 것이다.역학은 수천 년간 동방의 석학들에 의해 갈고 닦은 철학이요 학문이며, 정신문화로서 영과학적인 상수문화로서 자랑할만한 위대한 학문이다.

· 도관 박흥식 저

해몽정본

신비한 동양철학 36

꿈의 모든 것 !

막상 꿈해몽을 하려고 하면 내가 꾼 꿈을 어디다 대입시켜야 할지 모를 경우가 많았을 것이다. 그러나 이 책은 찾기 쉽고, 명료하며, 최대한으로 많은 갖가지 예를 들었으니 꿈해몽을 하는데 어려움이 없을 것이다.

· 청암 박재현 저

동양철학전문출판 삼한

적천수 정설

신비한 동양철학 82

적천수 원문을 쉽고 자세하게 해설

적천수(滴天髓)는 명나라 개국공신인 유백온(劉伯溫) 선생이 처음으로 저술한 후 여러 사람이 각각 자신의 주장을 내세워 해설하여 오늘날에는 많은 분량이 되었다. 그러나 원래 유백온(劉伯溫) 선생이 저술한 적천수(滴天髓)의 원문은 내용이 그렇게 많지가 않다. 저자는 적천수(滴天髓) 원문을 보고 30년 역학(易學)의 경험을 총동원하여 감히 해설해 보았다.

· 역산 김찬동 편역

궁통보감 정설

신비한 동양철학 83

궁통보감 원문을 쉽고 자세하게 해설

『궁통보감(窮通寶鑑)』은 5대원서 중에서 가장 이론적이며 사리에 맞는 책이라고 생각한다. 이 책은 조후(調候)를 중심으로 설명하며 간명한 것이 특징이다. 역학을 공부하는 학도들에게 도움을 주려고 먼저 원문에 음독을 단 다음 해설하였다. 그리고 예문은 서낙오(徐樂吾) 선생이 해설한 것을 그대로 번역하였고, 저자가 상담한 사람들의 사주와 점서에 있는 사주들을 실었다.

· 역산 김찬동 편역